遠い空

國分直一、人と学問

安渓遊地
平川敬治 編

海鳥社

序

大阪府立弥生文化博物館館長　金関　恕

私たちが尊敬し敬慕する國分直一先生が二〇〇五年一月一一日に九六歳の生涯をとじられた。満身学問に対する情熱にあふれ、しかも常に謙虚なお人柄であり、若輩の声にもよく耳を傾けてくださった。たとえ一つの小さな謎であっても、それを解くためにはどのような苦労をもいとわれることがなかった。いや、苦労ではなく、先生にとってそれが大きな喜びであった。野外調査にお供をして心を打たれたのは、たぎるような暑熱も身の凍る酷寒をも苦にされる様子がなく作業に集中しておられたお姿であった。その先生が、四一歳までの、いわば前半生を回顧した肉筆の記録を遺されている。先生に親炙する方々がこれを読み解き、さらに先生の生き生きとした語りを加え、一冊にまとめて出版されることとなった。このような労をとられた安渓遊地さんや平川敬治さんの、たっての要請で私が序文を書かせていただく。先生の自伝に序文を書くという、そんな僭越なことが許されるだろうか。しかし顧みると先生と私たち一族は親子二代にわたる厚情に結ばれている。家族にとって特別なお方である。あえて無礼を犯すことにした。

人類学者として、台湾の原住民族や華人の形質や系統に強い関心を持っていた父の金関丈夫《たけお》が、國分先生と初めて調査をともにしたのは、一九三九年に行われた西南部の二層行渓南岸・大湖遺跡の発掘の折であり、父は先生に捧げられた古稀記念論集の序文に「当時気鋭であった博士の、台湾先史学、民族学に対する熱情に触れ、同志を得た思いでありました」と書き記している。以来、先生と父は深い友情に結ばれ、台湾でも日本でも幾多の共同研究・共同調査を行った。父が急死したとき、山口から我が家に駆けつけてくださった先生が大声で哭泣しておられたのを昨日のことのように思い出す。葬儀の手はずに心を奪われ、先生のように天真に声をあげられなかった私を情けなく感じたものだった。

敗戦とともに、台湾に在住していたほとんどの日本人は故国に引き揚げた。しかし少数の学者・技術者たちは、中華民国台湾省として発足した新政府の要請により、数年間在留し、研究・教育・技芸の仕事を援けた。國分先生も父も四年間滞在し、台湾考古学、人類学、民俗・民族学の調査研究を続行した。國分先生の活動の成果は報告や論文として次々に発表されているが、おもに考古学関係の初期の業績は『台湾考古誌』（法政大学出版局、一九七九年）や『台湾考古民族誌』（慶友社、一九八一年）にまとめられている。前者は譚継山氏によって漢訳され「光復前後先史遺跡考證」の副題付きで台北市の書肆から刊行された。現在、大発展を遂げている台湾考古学界でも、学史をたどるための必読書に数えられ、読み継がれている。後者には、おそらく先生にとって最初期の論文だと思われる「小崗山発見の先史時代遺物」（『民族學研究』第五巻四号、一九三九年）が挿図を改訂して収録されている。また、「東洋史研究」（第一一巻二号、一九五一年）に掲げられた「戦後台湾における史学民族学界――主として中国内地系学者の動きについて」という記録も収録されている。これは、日本領有時代、国民党政府による接収の時代、今では外省人とも呼ばれる有名な考古学者の来住の時代という移り変わりによって、新しい学界が形成される過程を学ぶ上に極めて貴重な記録である。

國分先生は、戦後の最初の間は台湾省立の編訳館に所属された。多くの目的をもった規模の大きな機関だったという。その目的の一つに台湾研究があり、「日本文化の接収を目指して翻訳陣を強化するとともに、日本時代の研究の未完のものはこれをある程度迄完成せしめて、その成果を学界に提供せしめようとする意図のものであった」という。しかし、一九四七年二月二八日の政府に対する反乱事件（二・二八事件）の後、編訳館は改組され、先生は台湾大学民族学研究室に移られた。大学では考古学・民族学を志す陳奇祿、宋文薫氏など、今では世界的な学者を育てられた。一九八三年、私が北京の学会でお会いした張光直教授も「國分先生の講義を受けた」と語っておられた。教育の上でも大きな功績を果たされたわけである。

國分先生はご家族を先に帰国させ単身で残られた。私たち家族も長男と次男の私が早々に帰国した。先生は父母と三男の悳《とく》の住む家に同居された。私の頼みで弟が書き綴ってくれたその当時の思い出がある。別に発表の機会をえたいと思うが、先生が如何に集中して仕事に励まれたか、どれほど夫人を愛しておられたかという話、二・二八事件のとき南部の民俗調査から命からがら逃げて台北に帰られた話などが語られている。また、食べ物、飲み物、嗜好品、音楽などの趣味、おしゃれなどの一切に興味がなく、「全身全霊を研究に集中できる人は見たことがない」という趣旨の父の感嘆も伝えている。ただ例外は映画であったという。戦後の台湾在住中は、弟を連れてよく映画館に行ってくださったらしい。「國分先生の生涯であれほどしばしば映画を見られたことはないと思う」と記している。私も先生と映画談義などした覚えはない。弟とのこうした付き合いがあったせいか、その後も弟とはよく文通しておられた。後に（一九九六年）評論家の川村湊氏が著書『「大東亜民俗学」の虚実』（講談社）の中で、戦時中に刊行された雑誌『民俗台湾』への誤解に基づく酷評を発表した。父とともにこの運動を推進した先生からの反論が本書に収録されているが、学術的な筆致の中に先生の押さえきれない怒りが伝わってくるようである。

國分先生が父の家に同居中、父は、帰国されたご夫人宛に「國分先生行状絵巻」と題する戯画入りの書状を届けた（前記『台湾考古誌』収載）。その最後に、「國分先生は何一ついけないところのない人ですが、ただ一つ遠慮深いので困ります」とあり、勉強に夢中になって夕食時間に遅れ、手数をかけるまいと、外食のために自転車で町の方に出かけられ「遠慮した罰があたって自転車もろともドブの中にスッテンコロリとはまってしまいました」とふざけている。たぶん実話であろうが、先生は九〇歳を超えても健康と体力に自信を持ち過ぎて買い物にも自転車で出掛けられた。他人に迷惑をかけることを極度にさけられた。それが入院の原因になってしまった。

先生の晩年、私は何のお世話もできず、今、後悔と罪悪感にさいなまれている。
本文にあるように、半生記の書かれているこの「回覧雑誌」は、台湾から帰国後長い間、父の手許にあり、死後に國分先生にお届けした。私には読む機会があったわけだが、手書きの記録に抵抗を感じて食指が動かなかった。この度あらためて拝読し、ご自身のことをあまり語られなかった先生のお人柄が強く胸を打った。懐かしい台湾の風物の中で展開する先生の半生が生き生きと伝わってくる。特高につけねらわれるくだりでは手に汗を握る。何という清らかな正直なそして偉大な人なのだろうか。高潔な道徳観と美しい繊細な思いやりを持った先生のような人には、老い先の短い私の人生ではもう二度と会えないような気がしてならない。

かなせき・ひろし
一九二七年、京都市生まれ。一九三六年、父丈夫の赴任に伴い、台北に転居。一九五三年、京都大学文学部史学科考古学専攻を卒業。現在、天理大学名誉教授、大阪府立弥生文化博物館館長。著書に『弥生の習俗と宗教』(学生社、二〇〇四年)、『弥生文化の研究』全一〇巻(共編著、雄山閣出版、一九八五－八九年)ほか多数。

遠い空——國分直一、人と学問◉目次

I 閉塞の時代を超えて——学問的自伝

I

閉塞の時代を超えて

――学問的自伝

幼年時代（第一回）

私の父は、私が東京は芝区白金三光町、大久保彦左衛門のお墓のあるお寺の下の小さな家に生れてから間もなく、私と母とをおいて台湾に単身渡ってきたのだと云う。

「お父さんはいっこく者だから、こうしようと思うと、誰がなんといおうが、その通りにしてしまう。おまえが生れる頃、南米移民の声があって、ブラジルという所は手をひろげて日本人を待っていると宣伝するものがあったりしたものだから、お父さんはブラジル行のことばかり考えはじめた。これは大変だと思っていると、台湾に渡っていた小野田の叔父さんが、台湾は内地人を待っている。来るなら一日でも早く来た方がよいと手紙をよこしたものだから、南米にゆくよりは大変近いし、その方がよかろうと、ちょうど手伝いにきてくれていたお前のお祖母さんもすすめ、私もすすめたのだよ。お父さんは僕にも道が開けるかも知れないと、お前が生二ケ月目かにとうとう私たちをおいて、一人で台湾にきて、花蓮港《かれんこう》というひどい淋しい所の郵便局長をしていた小野田の叔父さんの世話で、打狗《ターカウ》の郵便局につとめるようになったのだよ。それが何年だったと思う？　明治四一年の六月頃なんだよ」

「それから何ケ月が経って、私はおまえをつれてお父さんのあとを追いかけてきたのだよ。はじめて台湾にゆくという義勇艦桜丸という船に乗ってきたのだが、岡部とかいった司法大臣、それから男爵様が三人、代議士が幾人か乗っていらした。私はおまえのおしめを干すのに苦労したものだった。私たちは鉄道全通式の翌日に基隆《キールン》から打狗までのり通したものだから、どの駅もどの駅も万国旗でかざられていて、駅員は昨日のお酒がまださめないというような顔をしていたよ」

私の母は、私がもの心ついてからでも幾度この話をくり返してきかしてくれたことか、とにかくこのようにして、私たちは台湾の南部の港打狗に住むことになったもののようである。この打狗は大正期に高雄と改名されている。この地は平埔族の Takau 社のあった所であるから打狗は本来の地名を伝えているが、高雄では由来が不明になってしまっている。

辺境の土地であったものであるから、読んで聞かせてくれるような本もなかったものか、父はよく少年の日のことを話してくれた。夕ごはんのすんだあとなどで、機嫌のよい日には、遠く北の国を回想するような面持で雪の多い東北の子供たちがどんな風に育って一人前のお百姓になるのであるかといった話や、父が少年の頃聞いたという民話や、ある時には父がどうして郵便局などにはいるようになったかというような話を聞かしてくれたものである。その父の話から私がおぼろげながらつかんだ、父の人生行路とでもいってよいものは次のようなものであった。

貧しい東北の水飲百姓の次男坊に生れた父は小学校も了えることが出来なかったようである。父は田の草とりをしながら、よく汽車の通るのを眺めたものだったという。汽車はどこか見知らぬ不思議な世界から現われ、見知らぬ不思議な世界へと旅立って行く。汽車は田の草とる少年に未知の世界へのあこがれのようなものをうえつけたもののようである。

あの汽車に乗って歩ける人になったら、どんなに楽しかろうと父はよく考えたものらしい。

汽車には郵便車というものがついていて、その係というものは郵便とともに、北から南へ、南から北へと旅をするものであると村のもの知り男が父に教えてくれてからというものは、父は郵便係になることを最大の念願としたという。

父はこの話をすると必ず、「子供の頃の夢というものは馬鹿にならんもので、一生の方向がそれできまってしまうことがあるんだ。お前はおれとちがったもっとましな夢をもって、とにかくひとかどの人になってくれ。自分は箸にもかからぬ貧乏官吏だから大きなことは望めないが、まあ中学にぐらいはいれてやろうと考えている」とはげましてくれたものである。

父のいうひとかどの人というのがどんな人だか、小さい頃の私にはわからなかったが、とにかく中学にはいって、それからひとかどの人になろうと考えていた。

それがいつ頃からのことだったかはっきりはしないが、大体私の頭に浮かんでくる上限は、七つくらいにまでは遡ることが出来そうに思う。

打狗の町の西側には肩を怒らしたような形の打狗山が聳えていて、夕刻にはそのかげが私たちのいた哨船頭《しょうせんとう》という湾口に近い町の上に落ちた。この町には二階建ての巨大な洋館があって、私たち一家はその洋館に住んでいた。もちろん私たち一家だけがおさまっていたわけではなくて、階上には独身者がごろごろしていたし、階下には三組もの家族もちが住まっていたのである。その建物の前身がなんであるかはわからないが、外人が住んでいたような建物であった。

恐らく領台とともに日本政府によって接収されて、郵便局がもらったものであろう。

私たちの住居は一番はしっこに位置していて、すぐ隣には光長光太郎という、体の大きなお酒のみの赤いこわい顔をした「小父さん」がいた。「小母さん」は、やせたきれいな人だったように思うが、その「小父さん」と「小母さん」の間にミイチャンという女の子がいた。

ミイチャンのお父さんはよく鬼が島の鬼征伐だの、お酒に強い鬼のように強い勇士の話などしてくれた。その勇士というのは「大江山のシュッテン童子」というのである。ミイチャンのお母さんが「シュッテン童子ってなにですの」ときくと、「馬鹿だなお前、シュッテンのシュッは酒という字をあてるんだ。テンは何だったかな、まあ、かなにしておぼえとけ」といった調子ですこぶるあやしい物語であったが、私たちは大まじめにきいたものだった。

そしてそのあげくのはてはお酒に強いミイチャンのお父さんがシュッテン童子に見えてきたりして、日がくれたりすると大急ぎで走って帰ったものである。

ミイチャンの家の隣には背の高い胸の薄い前かがみの「小池の小父さん」夫婦がいた。小母さんはちょっといきな、今思えば芸者上りとでも思えるような人だった。

「小池の小父さん」は胸が悪そうだというので、私の一家はミイチャン一家と親しくして「小池の小父さん」一家とはあまり親しくしていなかったように思う。

洋館の周囲には広い空地を庭にとり入れて、煉瓦のかこいがその外をめぐっていた。そのかこいの外にはもの凄く大きな赤煉瓦の「苦力《クーリー》小屋」があった。苦力小屋と土地の人がよんでいたのであるから、大して大きくはなかったのであろうが、幼年の頃の私には、それがもの凄く大きく思われていたのである。打狗港は既に浚渫や港口の拡張工事を進めていたので、その工事に雇われていた労働者たちの合宿所であったらしい。べん髪を頭にまきつけた、柿渋で染めた麻地の短いパンツをはいた筋骨たくましい彼らは苦力とよばれていた。彼らは、たくましいというよりも、何か怖しいもののように思われたので、私たちは小屋の方には行かないことにしていた。多くはかこいの中でミイチャンといっしょにままごとをして遊んだもののようである。私がお父さんでミイチャンがお母さんで、弟が私たちの間の子供というような役割が決められる。私は多少きまりがわるかったが、おませのミイチャンのいいつけであるものであるから仕方がなかった。私が、そんなことより、センダンの木にでも登ろうというと、ミイチャンはもう明日から遊ばないというものであるからこまるのである。

この屋敷の中には二階の屋根も越すぐらいのセンダンがあって、私はその木によじ上ってよく遊んだものであった。私の背丈ぐらいの所が大きな股になっていたので、よじ上ったといってもそこまでではあるが。私はある時ママゴトにあきて、いやがるミイチャンを無理にセンダンの股の上におしあげた。ミイチャンは股の上にかがんで「怖いよ、怖いよ、直ちゃん下ろしてよ」と泣くものであるから、私はごみ箱をもってきて、その上に上がってミイチャンを下ろしにかかったが、私はその時ミイチャンの白い股の中を非常に驚きをもって見たのである。

ところがミイチャンはじっとまっておれなくて、驚いてのぞき込んでいる私の首にいきなりかじりついたものだから、私はミイチャンを抱いたままごみ箱の上からころがり落ちて、二人ではげしい大きな泣声をわき上がるようにあげることになった。

その後私はひとりでいる時、ひそかに私の前をはぐって、私とミイチャンがどんなにちがうかをしさいに調べてみた。

それからというものはミイチャンがすそをはだけていたりすると「ミイチャンお行儀がわるいよ、ミイチャン」といって注意したものである。ミイチャンがひざに穴のあいた着物を着ていた時、それをなんとかして着替えさせようとしたが、なかなかいうことを聞かないので、指でその穴をほじって、小さな穴を、とうとう手がはいるぐらいにあけてしまったことがある。ミイチャンはわんわん泣いてかえって別の着ものに着替えてきたが、お菓子を片手いっぱいに握って片手で口におし込みながら、私に一言ものを言わなかった。私はそのお菓子が急にたべたくなったが、欲しくないような顔をしていた。その当時、その小さな町にお菓子屋があったかなかったか記憶にないが、母親たちはめいめいの家で適当な道具を考案して子供たちのためにお菓子を作っていたものである。私はジンドを食べようといって自分の家にかえった。ジンドというのは私の母がパンを焼くようにして焼いてくれた、ふっくりふくらんだすばらしくうまいお菓子で、よそのお母さんの追随を許さないものと自他ともに許していたお菓子だったが、その名は私たちがつけたもので、意味は私たちにももちろん母にもわからない名前であった。

私が非常にきちょうめんな子供だったと言ったら、私の妻をはじめとして私を知る人は誰でもあきれたような顔をするであろうが、私は神経質できちょうめんな子供だったということである。いつでもしゃんとのりのついた着物をきて、きりっと帯をしめて、ちょっとでもよごれると日に何回でも着替えたものだと、母がよく後々までこぼしていた。寝る時にはまっ直に上をむいて、きちんと寝まきのすそを重ねて足をそろえてねむるのである。ところがねむったあとは蚊帳中をころがりまわるほどの寝相の悪さだったらしい。

局長さんの小野田さんという人はパンパンに太った背の低い人だった。これ以上太るとはじけてしまうというような太りかたをしていたものだから、やせっぽちの私は気の毒だなとよく思った。しかし局長さんは私をつかまえると「やせっぽっちの直ちゃん、小父さんのように太れるかな」といいながら、その樽のようなお腹をポンポンと叩いて見せた。その上で金色さん然と光った服のそでの金線を見せて、「どうだい小父さんのようになりたいかな」と威張って見せたものである。金スジの二本はいったのが高等官で一本が判任官、金線一本のものも二本のものも腰には剣をつっていたが、私の記憶にのこっているのは短剣をつった姿だった。はじめは長剣をつったものだというが、私の物心ついた頃には短剣にかわっていて、元日だとか天長節だとかいった式の時だけ長剣をつけることになっていた。私の父は金線一本組だったので、局長さんはそのむすこである私に二本を光らして示したのであろう。しかし私は二本の上にまだ三本のがあり、その上にたとえば総督さんなど「べた金」の帽子をかぶるのだときいていたので、私は反抗的に「二本はいやだ、三本か『べた金』がいいよ」と、とうとうある時いいかえした。局長さんは正直な人で、「おれはえらいんだと思って威張ってみせたら、直ちゃんはまだ上があることを知っていて、三本か『べた金』がいいよと答えたよ、恥をかいちゃった」と母に話したという。

そでにつけた金線の数がえらさの標準であるような所、ほかにはあこがれをもたせるようなものをもちえないような、そうした初期植民地の風景の中で育たねばならなかった少年たちほど気の毒なものはなかろう。私はそういう少年の一人であったのである。

私の七つの年の七月、第一次欧州大戦が始まった。続いて八月には対独宣戦の詔勅が下り、日墺の国交も断絶した。そして九月には日本の陸軍は山東半島に上陸し、一〇月にはヤルート島を占領、また青島の攻撃が開始された。

当時新聞は三日刊で、三日に一回配達されるのを待っていて、父が興奮して新聞を母によみきかせていたことをおぼろげにおぼえている。しかし私はなにがなんだかわからずに、世界中の興奮をよそに、その頃から蟹とりに興味をおぼえたようである。ミイチャンがママゴトをしようとさそいにきても、「あとで蟹を一匹あげるからね」などとごまかしておいて、朝ごはんがすむと海岸に出かけた。それは父の勤めていた郵便課のもち舟の水夫テンプクという小柄のきびきびした水夫が、私に教えてくれた技術であった。はじめは母がつきそっていっしょにいってくれていたが、段々なれるにつれて一人で出かけるようになった。私は非常に体の弱い子で、病気にあけて病気にくれているといってよいほどの幼年期をもっていたらしいが、私の父は、蟹とりは海にはまりこまないように注意出来るならきっと体によかろうといって、むしろ奨励するといった風であった。海岸には福建系の本島人の少年もいれば日本人の漁師の子供たちもいた。湾の内には毎日浚渫船が浮かんでいて、がらがらごろごろと海底の泥をさらえていた。一日がかりでさらえた泥は港口を出て遠く沖あいにすてにゆくのである。子供たちはその船を泥ぶねとよんでいた。泥舟が岸近くでがらがらごろごろやると蟹が逃げてしまうと、私たちは泥舟をうらんだものである。ベニツケガニといわれる種類に似た蟹がいるのであるが、色はベニではなくて暗青色をした軽快な体つきの蟹をとるのである。すばしこい蟹たちではあったが、手れんの子供たちのわざの前にはひとたまりもなかった。私たちは左手の細竹のさきに、魚のはらわたを結びつけ、右手の細竹のさきにはテグスで小さな輪をつくって、魚のはらわたで岩や石の間から蟹を誘い出し、つめの根もとをテグスの輪にひっかけてひきあげた。テグスの輪はつめの根もとの所でキュッとしまるような仕かけになっていたので、蟹はぱたぱたと手足をもがくようにして、水の中からあらわれた。じりじりに照りつける熱帯の太陽の下では蟹とりも楽ではなく、一時間もとるると、建設中であった運河の浅い所にはいってパチャパチャとやったものである。そのためにいつの間にか私は「犬かき」およぎで泳げるようになった。

夏から秋口にかけて低気圧に見まわれると、海辺のこの地方は凄惨な情景を呈したものである。海岸には夫のかえりをまつ漁師のおかみさんたちが子供の手をひいて、次第に浪立ちゆく水をながめているのが見られるのであった。哨船頭には内地人の漁師部落があって、日本式の漁舟もあったのである。海岸でまちきれない時には湾口にある山に上がってはるかに沖をながめて安否を気づかうのである。内地人のおかみさんも本島人のおかみさんもごっちゃになって湾口の山に上がっていった。そうして、それを眺めると小さい私の胸はつぶれそうに思われた。魚舟がくつがえったり、サンパン（編者注・通い舟）が流されたり、岸壁の倉庫の屋根がことごとくふき飛ばされたり、死人が出たりした。本島人側に死人が出ると、死骸は海岸にあんぺらのようなものをかけてしばらくおいておかれたように思う。白くふくれ上がった仏の足があんぺらの下から出たりしているのを見ると、痛ましさに涙が流れた。

私の父は郵便課の係員であるので、嵐がきそうだという時には、そのもち舟の処置を指図しなくてはならなくて大変だった。もち舟というのは、内地便をつんでくる本船から大事な郵便を岸壁に運ぶサンパンなのである。そのサンパンをいち早く岸壁の上に引きあげて、がっちりと鉄鎖で堅固な杭木にしばりつけて海波からサンパンを守るのである。

大戦のはじまった夏のある日南部を襲った暴風は大きな災害を与えたことで著しいものの一つであったように覚えている。両陛下より罹災者御救恤金として金七千円御下賜金があったぐらいである。私も父も罹災者の一人に数えられて金三円也かをいただき、それをいただいた夜、母が小鯛をかってきてお酒をつけて、ミイチャンとミイチャンの両親をよんで祝ったことがあるのでよく記憶している。

私の父が罹災者になったいわれを書いておかなくてはならない。

その夏の嵐は非常に急に襲ってきたものであったらしい。突如として海があれはじめたので多くの小舟がさらわれたのであった。そういうわけで郵便課のサンパン引きあげ作業も充分人を集めて行うというだけのゆとりがなくて、父も水夫たちといっしょに海にとびこんでサンパンを押し上げたのであった。私は父の責任である舟のおし流されることが心配で、雨がまだ見舞ってくる前だったので、応援に行くというミイチャンのお父さんにくっついて作業場までみにいった。港には雨はなかったが、山手にはひどいふりがあったらしく、湾内の水は早くも黄色に汚濁しはじめていた。マラリアによくやられるので色のよくない小さい体の父が、黄色の海波と戦いながら、赤銅色のたくましい水夫たちにまじって作業をしているのは見るにたえない気もちであった。ミイチャンの小父さんは大きな体をしているくせに水に入って助けようとはせずに、岸の上から「ほれ、もうひといき!」、「あれ流される!」、「この馬鹿野郎っ」といった声援を大声あげてしていた。私は次第にはらはらしてきて、何とかして自分もたすけたいと考えていた。

私は「犬かき」でおよぐすべを知っていたし、水は大してこわくなかった。ミイチャンのお父さんが「うわーっ、そーれ気をつけろーっ」と怒鳴った瞬間、大きくうねり上がった波浪がざあっと父や水夫たちをかぶせて、上がりかけていたサンパンをぐわーっと海の方にもってゆこうとした。そして父の体が波に飲まれたかと思うような騒ぎがもち上がったのである。その時、私は「父さん、僕がたすけてやるーっ」といったようなことをわめきながら、悲鳴のような声を高くあげて、夢中になって黄色の海にとびこんでしまった。

私が意識を回復したのは、それから何時間後のことであったろうか。

私はたちまち濁流にさらわれてしまったものらしい。それをテンプクさんといって、いつも私を愛してくれた本島人の水夫が追いかけて私を救ってくれたのだという。私は着物を着ていたので、着物の背中に空気がはいっていて、そのため、ふわっと浮いたまま急激に流されていったという。

あとで、母が涙を流しながら私にきかしてくれたことであった。とにかく私の応援があったため、サンパン引きあげ作業は更に一時間あまりも遅延してしまったもののようである。

父はその時の衝撃と疲労のために発熱して寝こんでしまったのである。はげしい気性だった父も、私の無鉄砲さをあまり叱らなかった。「おれのような父親でも親だと思ってこそ、ああしてとびこんだのだから」と母にいったというのを母からきいて、子供心にも大変感動したように思う。

私がまだねていた時、ミイチャンのお父さんがパンを風呂敷に入れて見舞いにきたものである。「わしがうっかりしてましてね」と、母の前で大きな体を平ぐものようにしてあやまったということである。

胃腸が弱かった私はよくパン食をさせられたためパンが好きで、パンパンと母にねだったものだったらしい。一斤五銭の食パンの頃であったが、大変高価のものだと思っていた。その頃父の月給は一七、八円のものでなかったかと思う。海岸に出ると哨船頭から旗後《きご》へ渡る渡場付近にパン屋があった。

湾口の北側の山の上には赤い美しい洋館があって、そこには金髪碧眼の西洋人が住んでいた。婦人は見たことがなかったが、中年の立派な人がうねうねとのび拡がったガジュマル樹の下で書見をしているのを、父につれられて山にのぼった時に見たことがあった。私たちは「毛唐さん」とよんでいた。その「毛唐さん」も私がパンを買う店に時々寄っていた。パン屋には色白のでっぷり太った太太《タイタイ》（編者注・中国語で夫人の意）がいて、私がパンをかいにゆくと「直ちゃん」といって私の頭をなでてくれた。あつあつのパンを胸にかかえていると体中がぽかぽかと暖かになる思いがした。

そういうことを知っていて、ミイチャンのお父さんはパンを持って見舞いにきたのであった。

父が三円也をいただいたのは嵐の海の作業のために再発したマラリアのためであったらしい。

大正三年も秋の頃になると、佐久間総督を討伐軍総司令官とする〝蕃地〟平定事業がかたづいて、各地に討伐隊の歓迎会が行われたり、招魂祭が行われたりして、台湾には世界の動乱をよそに永遠の平和が訪れたかのように思われた時があった。

そのような時に突如として世人を驚かした事件がいくつかおこった。

それは台北でピストルをもった強盗が出没したことと阿緱庁下（今の屏東郡下）の高砂族がリキリキ駐在所を襲い警部補以下二二名を殺害したこと、枋山支庁が襲撃されて支庁長以下が殺害されたこと等である。相変わらず蟹とりを業としていた少年の私にも、そうしたさわぎが影響を与えぬはずがなかった。

ピストル強盗は山口某といって間もなく縛についたが、まだ小学校に上がる前の私には台北と打狗の地理的距離などもわからず、その亜流のものがいつ自分たちの所をも襲うかも知れぬと考えて、夜ねる前には自分で窓や入口のドアの戸じまりをていねい入念に見てまわったもののようである。

高砂族の居住地における襲撃事件はその年の一〇月におきたもので、「全台〝蕃地〟平定成れり」と佐久間討伐軍総司令官の宣言があったすぐ二月ぐらいあとのことだから、世間は上を下へのざわめきだったと思うが、もとよりくわしいことは何も覚えていない。ただ父が、刀があるといってもち出して抜いて見せてくれたその大刀の刀光の光芒が、うす暗い電燈の下であやしく光っていたためか、不思議に強烈な印象を私にのこした。

しかしながら次第に上向線をたどりつつあった、所謂日本帝国主義下にあって、いつまでも襲撃が続き、恐怖が支配するはずはなく、たとえこのような事件がなくなりはしなかったにしても、事件から事件への時間的な間隔は次第にのびていった。

この年一〇月、近代劇山川浦路一座が台北朝日座で開演している。台北どまりのことはあっても日本内地の興業ものなどがはいっていたようであるが、私たちには無縁のことであった。

私の記憶に鮮明なのは、ボートレースがこの頃からはじまって毎年秋打狗湾をにぎわしたことである。父も郵便局のメンバーの一人で、マッ赤なシャツをきこんでミイチャンのおじさんとボートをこいでいた。

ボートレースは南北において行われたらしく、南部のそれは「南部短艇競漕会」とよばれていた。

レースの時には岸壁にさじきがつくられ、柱には紅白の布がまきつけられ、屋根にはまっ白な天幕がはられた。私は母とミイチャンの母さんにつれられて、ミイチャンと弟と三人手をつないで、ボートのことよりも「お重」の中のごちそうをたべる時のたのしさを思いながら毎年岸壁に行ったものである。はじめはさじきの傾斜が急で、海にすべりこみそうな気もちがして「怖いよ怖いよ」というのを、てすりがあるから大丈夫だと、母とミイチャンの母さんがなだめたという。

最初のボートレースでは父の局のボートは二等になったので、旗後という町の料理屋で慰労会をもよおしたようである。あまりかえりがおそいというので、母とミイチャンの母さんと私とミイチャンと弟が渡し場のパン屋の前で父たちのかえりをまっていた。するとよっぱらった父とミイチャンのお父さんとがサンパンから上がってきて、うーいうーいといいながら、出むかえにいっている家族たちをかまわずに肩をくみあって歩いていった。私の記憶は母が後で話してくれたことをおぼえているもののようであるが、とにかく大男のミイチャンのお父さんと小柄な父とが肩をくんで歩く様子はおかしかったものだと思う。

ミイチャンのお父さんは「誰でもこーい、局長でも、庁長でもこーい、こらっ、こんちく生！」といったようなことを声をはりあげて言うので、お酒をのむとあれだからと、ミイチャンの母さんがはらはらしたということである。

階級のやかましい官僚の気分の強い比較的初期の植民地における、めぐまれること薄い下級官吏が、お酒を飲むと欝屈しているうさをはらすための大言壮語のようなものであろうが、私やミイチャンは夫々の父親をこの世の中では相当にえらい人であろうと考えていたように思う。

ボートレースの興奮もおさまらぬうちに、私たちは青島陥落の祝捷提灯行列をもった。浜町というにぎやかな通りまで私たちは行列を見にいった。火の海とはこのことかとうなずかれるほどの提灯の波で、ことにそれが運河の水にうつるのが美しく思われた。

その印象は私の幼年の日の印象の中でも鮮明にのこっているものの一つである。

この戦勝のどよめきの消えやらぬその月の二二日、台湾同化会設立のために板垣伯爵が渡台しているが、私は何も知らなかった。

世界戦争が連合軍に都合よく進んでいた時であるし、どんなすばらしい時代がひらけてくるかわからないとも考えられた時でもあるので、父は弱い私を強くしておいて、新しい時代の躍動の中に私を立たしめたいと考えたらしく、「まず体を丈夫にしておいて、それから段々考えておかなくては」といっていたそうである。そういうわけで健康法として父がとった一つの方法は、早朝におき出て、私と弟をつれて海岸を一時間あまりも散歩することであった。

海岸では前夜漁撈に出た竹筏がもどってくる頃であったものであるから、私たちは網の目をもれた小魚などをもらってかえった。私はこうして朝は朝、日中は日中で潮の香の中に生きていた。朝の散歩がすんで帰ってくると、母はあつあつの味噌汁とごはんを用意してまっていてくれた。

その頃のことであるが、ある時湾口に立って、海風をあびながら出船を見送っていると、船長のしくじりであろう、どうかじとりをちがえたものか、巨船が旗後半島側の湾口近くの岩礁の上にのり上げて見る見るうちに傾斜しはじめたという大騒ぎがもち上がってしまった。船はくつがえるには至らなかったが、まことに港をあげての大騒ぎとなってしまい、湾中の小蒸気船は太いマニラ麻のロープをつんでことごとく湾口に集まってくるという情景が展開した。いつまで見ていても仕方がないから帰ろうじゃないかと、私と弟をうながして父は家路をいそいだが、私は悲しさでいっぱいだった。船のことはともかくとして、船にのりこんでいる人たちがどうなるであろうと考えると、いつもたのしい朝の食事がのどを通らなかった。おひるのごはんも晩のごはんもたべずに胸を痛めているものであるから、母は早く船が下りたらよいと、私といっしょになって心配しはじめた。翌朝父につれられて湾口にいってみると満潮をまって離礁したとかで、黒々とした海岸に波浪が白くしぶきをあげていた。

私ははじめてほっとして散歩から帰ってくるとごはんを幾杯もたべた。それを見ていた父は「さあ、うんとくって大きくなれよ」とよろこびをこめていってくれた。

弟はくりくり太ってほがらかな面白い子供であったのに、私は細くやせていて、きまじめで涙もろいのを私の両親たちはたえず気にしていたらしい。

年中四季の区別など思いもよらぬような常夏の港の町の、読みもの一つないような小さな世界の中にあって、私はこのようにして幼年の日をもった。

［後記］

これは自伝的なフィクションの第一部であります。

フィクションではありますが、ある時期ある時期の台湾のある面を私の仕方で切ったものをかいてゆこうと思います。残念なことはまずい切り方ですから、よいセクションをお見せ出来そうにはないのでありますが、しかし台湾時代の思い出のために、みすぼらしい私をさらけ出すことにいたします。

（國分）

［コメント］

國分先生は、あく迄清純な気質と感じやすい心とをもって自分を見詰め、その自分を社会の動きの中に置く態度をくずさず、今度はいよいよ、ひらき直って、長篇に構成される最初の「幼年時代」を発表された。

（立石鉄臣・「同人回覧雑誌」第六号）

幼年時代（第二回）

一

改造社の日本地理大系には三尾良次郎氏が「中南部唯一の良港として、広大な背面地を控え、且つ南支南洋に相対する高雄港の将来は実に洋々たるものであり、高雄市は台湾に於いて最も活気ある都市である」と書いているが、三尾良次郎氏がこの文を書いた時から、ほぼ一〇年前の高雄は打狗と書かれていて、新興の気運ははらみながらも、未だ築港は完成せず、都市的発展はなお初期に属していた。それだけに、思えば、その頃から第一次世界大戦の期間を間にはさんでの僅々一〇年間のこの港市の発展ぶりには目覚ましいものがあったといえる。

私のいた哨船頭の町から、新設中の運河に沿って打狗山の麓を北にゆくと、運河の北のはずれに近い山ぎわに赤煉瓦の二階建の学校があった。

打狗尋常高等小学校である。

駅からなら歩いて一〇分、私の家からなら歩いて約四〇分――いずれも子供の足で――の所にあった。山の草の匂いが漂うほどの山すその学校であったものであるから、私たちは山の学校とよんでいた。

ひ弱かった私もいつの間にか成長して学校へ行くようになっていた。

母は私のこの日のために早くから新しい絣をしたてていてくれた。そしてそれは久留米絣といって、いちばんいい織物だといっていた。袴は小倉の縞のばりばりの袴、草履は麻裏の草履というようにいろいろと準備して、なかなかお金が要るものだと嬉しそうにこぼしていた。

しかしいよいよ晴の入学式の前の日になって、母のむし歯がひどく痛み出したのである。

「歯医者さんにゆくとずい分かかるでしょうね、お父さん」

「うん」

「根治水ばかりつけているとぼろぼろになるっていう人があるけど、根治水でおさえておきましょうね、お父さん」

「うん」

常日頃は貧しさからくるどんなかげのようなものさえ感じたことのなかった私にそのかげを感じさせた最初の機会を与えたのがこの時の父と母との会話であったように思っている。

しかし入学の日には、父も母も晴々とした顔をしていた。父は弟の手をひいて哨船頭の町はずれまで送ってくれた。

私は母とミイチャンのお母さんにともなわれて、葡萄茶の袴をつけたミイチャンの手をひいて、山の学校へ歩いていった。

哨船頭をはなれて運河にかかると間もなく、山すそに木造の青ペンキで塗り上げられた警察署があった。母は私とミイチャンに「ここはこわい所だから学校のゆきかえりにはわき目をふらずにさっさと通るのですよ」と教えた。

折も折、その朝は前夜打狗港外で阿片の密輸ジャンクが監視船にとらえられたとかいうことで、人相のいかにも恐ろしそうな密輸業者たちが一網打尽にからめられて、後手に縛られ数珠つなぎにされて庭の榕樹《ようじゅ》の下にうずくまっていた。そしてその足もとには、いびつになった缶のさけ目からまっ黒なねちゃねちゃしたものが蜜のように、奇怪な樹根のはいまわる乾いた大地に流れていた。私とミイチャンはそれを横目でからんで通りながら、

「あの黒いものが、おそろしい阿片というものだそうですよ。あのいやらしいものをのむといい気もちになってねむってしまって、仕事がいやになり、段々やせて青白くなり、そして死んでしまうというんですってね」

といった母たちの会話に、世にも恐ろしい魔薬があるものだと思いながら、きき耳を立てていた。

ちょうどその時、前庭の独立した一隅の建物の中から、ピシャーリ、ピシャーリという鞭の音と思われる音につれて、アイヨー、アイヨーと泣き叫ぶ、世にも痛ましい悲鳴がきこえてきたものだから、その瞬間、母たちもミイチャンも私も一生懸命にその前を走り出した。

それからというものは、学校は楽しかったが、青ペンキ――私たちは警察署をそのようによんでいた――の前を通るのが怖かった。学校への往還に「青ペンキ」の庭の一隅から、しばしばもれてくる悲鳴に胸がつぶれそうになるからであった。

当時は笞刑《ちけい》(編者注・ムチで尻を打つ刑)という原始的な刑がまだ残っていたものか、むき出しにされたお尻を赤くはらして、歩けないものだから、四つんばいにはいながら出てくる罪人を見ることさえあった。

そういうことがあったりしたものだから、私はピカピカした太いサーベルをさげたおまわりさんを極度に恐怖するようになった。

父はそれを心配して、ある時、私に向っていった。

おまわりさんと、さんとつけてよぶのはおまわりさんが有り難い人だからなんだよ。おまわりさんのおかげで泥棒のとりしまりもしてもらえるし、ローマだってむちゃな乱暴をすることは出来ないし、安心して町にも学校にもゆけるし、枕を高くしてねむることも出来るというものだ。悪事をする人だけがお尻を叩かれるのだよ。おまわりさんのおうちにだって、赤ちゃんもいればミイチャンのような女の子もいる。

それから父は私に、学校のゆきがけに時々鼠を「青ペンキ」にとどけるといいといった。その当時はペストの危険が全くなかったわけではなく、防遏《ぼうあつ》のために鼠とりが奨励されていた。そして一匹もってゆくと五銭という大金がもらえた。

私はこまったことになったと考えたが、父の命には絶対に従わねばならないことになっていたから、それから何日かたって小さな鼠が鼠とり器にかかった時、母が新聞紙で作った状袋に入れて、袋の上の方を恐る恐るつまんで——なぜかなら鼠にはペスト菌がいると教えられていたので——もってゆくことになった。一人ではこわかったし、ミイチャンはいっしょに行ってくれないというし、友だちの金太をさそって行こうかと、海辺の漁師村に立ちより、遠くから「きんたー」とよぶと、金太が「おっかあ、いってくるーっ」といいのこしてかけ出してきた。「青ペンキ」によってくれないかと鼠の袋をさし出してきいてみると、「おまわりんとこか……うん」といって同行を承諾してくれた。

金太と二人手をつないで「青ペンキ」の門をはいってゆくと、体がふるえた。ひげのはえたおまわりさんはじろりと私たちの方を眺めると、袋のまま傍らの金網の中にほうりこんで五銭玉をぱちりとテーブルの上においた。そして「坊や、これから学校かね」とにこりと笑ったように思えた。ああこの人の所にはミイチャンのような女の子がいるのだと思いながら、それでも怖くて、金太と二人走るようにして「青ペンキ」を後にした。

二

金太は姓を門田といい、蟹とりをしていて知り合った友だちだった。学校に上がってみると、同じクラスだったものだから、一層仲よしになったのである。学校に上がるようになって間もなく、金太は私に忠告した。「女と男と手をつないで歩いていると豆男といわれるよ」と。

それからというものは豆男といわれるのがいやで、ミイチャンは女の子たちといっしょに、私は金太といっしょに学校に通うことになってしまった。

金太は喧嘩は無類に強く、魚つり、蟹とり、何でもこいで、水泳は達人だった。金太は学校のかえりに、「青ペンキ」からは遠く離れた所で、本とぬいだ着物を私にもたせておいて、易々と運河を横断して見せてくれたこともあった。

ところがそんな時には金太がお腹のあたりにたえず気を配って、背中の方を私の方に見せようと力をこめていた。しかし私は間もなく、それは金太の臍が、おそろしくつき出した出臍であるためであることを知った。

身体検査が入学して一月もすると行われたが、主任の小柳隆吉という若い先生は、男の子も女の子もすっぱだかにして、体重、身長等々と計測していった。ところがその時、金太ははだかではあったが、お腹に帯をしめて立っていた。白黒様々のはだかの中に、ひときわ目立って黒光りのする全身赤銅色の金太が黒いよれよれの帯をお腹にまきつけた姿は異様に見えた。小柳先生はそれを見つけると、金太、帯をとけと命じられた。そして嫌がる金太の帯を無理にといたものだから赤黒い金太の出臍が太鼓のように張ったお腹のまん中に飛び出し、そしてそれを見出した瞬間、生徒たちはみんなわーと笑ってしまった。その上になおも悲しいことには、小柳先生が「金太でべそかい」といってヒヒ……と生徒たちといっしょに笑ったことであった。

色のなまっ白い、大金持の土木請負業者の息子の大野庫一はいよいよ腹をかかえるようにして笑った。そういう嘲笑の中で金太は眉一つ動かさず、傲然と出臍をつき出して悲しみをかみつぶしていた。そして、金太への同情から、笑うどころか、泣き出したいような気もちと懸命に戦っている私の方をちらちらと眺めた。

私の体格総評は「丁」とつけられたのだから、ひどい体をしていたと思われる。

かえって「丁」の報告をすると父も母も悲しそうな顔をして、せめて「丙」ぐらいにはならなくてはといったが、金太の出臍の話になると母はひどく気の毒がり、「一銭銅貨を布にまいて、おへその上をおさえてしばっておくとなおるときいているが、金太さんのお母さん知らないのかしら」といった。そして気の早い母は「明日にでもいってみましょうか」と父に聞いた。父は「金太のうちは漁師さんだから、もしまちがうとこわいぞ」といって母をおさえた。

舟底一枚下は地獄の魚とり稼業、腕一本で熱い南の港にまで押し渡り、本島人漁師たちに対抗してはその技術においておさえていた。彼等内地人漁師たちの群には、金線帽子に金ぴか短剣をつった官吏グループに対して、「なんでえあいつら、こけおどしの剣なんかつりさげやがって……」というように反発するぐらいの気概が見られたらしい。父はそれを知っていたのである。

官吏のグループ、会社や銀行員のグループ、商人のグループ、ブローカーたちのグループ、漁師のグループ、そのほか仲仕のような労働者のグループ……そうしたグループグループにあって、それぞれの社会の気分があり、お互いに軽蔑したり、うらやんだり、ねたんだりするそれぞれの心があった。

ただ救われていたのは、上昇期の時代の波の上にあって、どんなグループのどんな貧小下級の層といえども、よくなるよくなるといった希望をもたせられていたことによるものであろう。

「この戦争がうまくすむと、日本も世界の舞台の上にいよいよのり出せることになるだろう。僕も中学ぐらい出ていたらよかったなあ、英語ぐらいやっておかなくては」

そういいながら父はナショナルリーダーの巻三あたりを自習していた。打狗の郵便局にはしばしば外国郵便がまいこむものであるから、簡単な英語の知識ぐらい必要であったからでもあろうが、それよりかもっとちがう心がその底にあったのである。

そういうわけで私を中学に入れるための貯金をぼつぼつやっていたし、学力の方もつけておかなくてはと、夕食の後、毎日父母の前で復習をさせられたものである。

私は直立不動の姿勢でまず一日あったすべてのことを報告するのである。学校で便所に何回いったということまで報告する。それから読本を読んだり、暗算をやってみせたり、体操の如きは座敷中を習った通りに歩いたり走ったりまでしてみせたものであった。

三

私は金太の出臍を見てヒヒ……と笑った先生をその時にはうらめしく思ったが、常には神のように尊敬していた。

私たちは唱歌の時間の最初に「日の丸の旗」という歌を習った。

しろじにあかく
ひのまるそめて
ああうつくしや
にほんのはたは

祝祭日にはかかげていつでも眺める旗ではあるが、こうして歌いあげてみると、特別な感慨が少年たちの胸にも湧いてくる。

この旗は日清の役にも、日露の役にも、日本の国から遠い外の国でひるがえりました。朝鮮半島にも、遼東の野にも、黄海の波の上にも、みなさんのいるこの台湾にも、この旗がひるがえると敵がなくなりました。こんどは南洋の島々にも青島の要塞の上にもこの旗がひるがえっています。戦争がはじまってから打狗の港にはいる船はずい分多くなったでしょう。その船の胸の所と船尾の所には必ず日の丸の旗がありますね。

台湾を除いたら朝鮮も遼東も、黄海も南洋も青島も、私たちの頭にはその位置を地理的に理解することなどはもとより出来なかったが、クラスの担任の小柳先生の興奮は少年たちにも伝わり、私はなにか昂揚するような気もちを覚えたように思う。

それからというものは毎日「しろじにあかく」を大声を上げて歌って歩いたものである。ところがどうしたものか「ああ美しや」という所を「アアクシヤ」と覚えてしまって、「アアクシヤ、ニホンノハタハ」と声をはり上げた。母は「アアクシヤ」っておかしい。「ああうつくしや」でしょうといってくれたが、小柳先生は「アアクシヤ」と歌われたからといってきかなかった。油のようにとろっとたたえて波一つあげぬ静かな港内に長途の疲れを休めている日の丸をかかげた御用船などをながめて、金太と二人で「アアクシヤ、ニホンノハタハ」と歌いあげる気もちはよかった。

ところがその年の夏、「日の丸」よりも、もっと美しい日本の旗のあることを知った。第三艦隊が打狗沖にあらわれたためである。港口が狭く、水も浅いので、港内には小さな駆逐艦がはいったきりで、大部分の艦艇は蜿蜒《えんえん》と艦列をつくって港外はるか沖の方に碇泊した。

六月の中旬の暑いさかりの休みの日であった。私は金太をさそい、弟とミイチャンと四人仲よく、父母のさきに立って「アアクシヤ」を歌いながら、港口北側の信号所のある丘の上に上がって沖合の艦列をながめた。

沖の軍艦からは一隻一隻ボートが下ろされて、真っ白な水兵服をきた水兵さんたちがオールをそろえて港口めがけて漕いでくるのである。そのボートの群の中をかきわけるようにポンポンとエンジンの音をさせて、小さな艦載蒸気船が士官たちをのせて白波をけたてた。

あくる日は海軍軍楽隊を先頭に立てて水兵さんたちが市内を行進した。私も金太もミイチャンも、先生につれられて水兵さんの行進を見にいった。軍楽隊のすぐ後には軍艦旗が捧持されて進んでいった。白地に赤い日の丸の旗よりも、もっと美しい日本の旗がそこにあった。勇ましいマーチの音がほこりっぽい新開の町に流れた。

夕ごはんの時、父は母に、「昨日、今日はしみじみと日本の威力のようなものを感じたね」と話していた。そこへ局のサンパン漕ぎのテンプクさんが私のために釣鉤を作ってもってきてくれた。母が縫針をテンプクさんにわたしてたのんでいたものである。テンプクさんは「勇ましかったね」と日本語でいってにこっと笑ったが、私たちのように歓喜する顔ではなかった。

テンプクさんが帰ってゆくと、父はまたしても軍艦の話をはじめて、その中でこんなこともいった。

時々きてくれるといいなあ、あの威風の前にはどんな反乱事件もおこりえないよ。僕がこちらへきてからでも、ほとんど毎日なにかの事件が全島のどこかでおきていたが、この頃はきかなくなった。

その夜はめずらしく、徳利にお酒を一本つけてもらって、酒は日本酒に限るとよい機嫌であった。

母は「皇帝豆」という大きな豆を入れ、お酒をおとし、お醬油でちょっと色をつけた御飯をたいて、めいめいに一匹ずつ小鯛をつけてくれた。

大きなお豆だね、静岡でも見ないし東京にだってありはしなかったよ。皇帝っていう名前がつくだけあるわ、静岡のお祖母ちゃんにたべさしたいわ。

そういいながら、自慢の「皇帝豆ごはん」をどんどんよそって、それくえ、やれくえという有様だった。

私と弟は魚にくいついて、身はもとよりのこと骨までしゃぶってちゅっちゅっと音をさせて叱られたりした。

ごはんがすむと母は私たちに「まもるもせめるもくろがねの……」という歌を教えてくれた。それは私がその時まで知っていたどんな歌よりも勇ましい歌だったが「日の丸の旗」などとは比較にならぬほど文句がむずかしく思われた。軍楽隊がぶかぶかどんどんとやっていった時の歌はこの歌だったといわれてみると、薄暗い一六燭光の電燈の下で、昼間見た軍艦旗を捧持した水兵さんたちの勇ましい行進のイメージがうかび上がってきた。

四

一学期がすむと通信簿をいただき、大事にハンカチに包んでかえった。体格は「丁」だったが、学課の成績欄には全部甲がならんでいた。母はそれを手にすると神棚にあげてパチパチと手をたたいて拝んでいた。

休暇は七月一一日から八月の末までであった。佐久間将軍総督がやめたのが五月、六月には安東将軍総督が着任していたようである。そして夏休みのはじまった頃、「総督さん」は中南部巡視にこられて、哨船頭の一角にもその勇姿をあらわした。

私は哨船頭といえば相当な町だから、総督さんがこられるのもあたりまえのことだと思った。日はいつだったか、はっきり覚えていないが、七月のじりじり照りの太陽の下を人力車で港口の見晴らしのいい港務部長官舎に向うのを、母に手をひかれて迎えた。

道路面には山の珊瑚石灰岩をくだいた砂利を敷きつめてあったから白く美しかったが、車輪がきしりこんで車夫は走りにくそうに見えた。しかし梶棒の先に綱をもって走るもの、車の後ろから後押しするものと合わせると三人がかりのものものしい人力車であった。小豆色のみがき上げたような人力車の上には話にきいていた「べた金」の帽子をかぶって、安東将軍総督が悠然と腰をすえていた。総督さんの車が私たちの前にさしかかった時、母が大将様だよといったものだから、私は大将を拝む千載一遇の機会であると考えて、三、四歩徒列する群衆の前にすすみ出てうやうやしく、学校でならっていた最も鄭重な礼だといわれる最敬礼をしたものである。大将はもとより、この一介のやせっぽっちの少年に答礼するはずはなく、群衆の間からくすくすというしのび笑いがおきたばかりであり、そしてそのしのび笑いの声をきくときまりわるくなって、顔に血がぽっと上がってくるのを覚えた。

その夏は領台以来のもっとも暑い夏といわれ、最高気温は台北で九九度五分、高雄では一〇〇度（編者注・セ氏約三八度）を少し越えたといわれる。そのうだるような暑熱の中で突如として勃発したのが、唯吧呼事件である。

台南庁唯吧呼支庁南庄派出所その他数ケ所の派出所が匪徒の襲撃を受け、本田警部補以下の一八名が殺害された。その暴動は、山の高砂族のおこしたものではなく、曾文渓上流地方の農民を糾合しておこされたもので、その首領余清芳が台明慈悲国大元師と称したことからでもその暴動が帰還中華の性質をもったものであったことがわかる。しかし常時にあっては詳細が一般にわかろうはずもなく、ただただ重大な事件らしいということがひそひそと人々の口の端に上がった。

さきに第三艦隊の来訪があり、つい二、三週間前には安東将軍総督が全島を巡視して歩いたばかりではないか。台湾には永久の平和がきたらしい。そろそろそのように考えられはじめていた時であるから、全島の内地人の驚愕は大きかったようである。

しかし誰もが、事件は極めて早く片づくものと考えていた。父も先年の阿緱庁下の高砂族による傷害事件の時のように刀などとり出したりはしなかった。そして十数日もすると事件は台南の駐屯軍によって鎮圧されてしまった。「雨ふって地固まる」だといった比喩をもってこの事件後の台湾の将来を考えんとするものも多かった。

召集日に学校にゆくと、担任の小柳先生は、「あんな事件いくらおきたって平気だ、大陸軍と大艦隊があることを田舎の人たち知らないんだからおかしい」というようなことを私たちに向って昂然と話された。

何が故にこうした事件が、世界大戦に活躍するまでに成長してきている日本の国勢下にあってさえおきたのであるか、その原因を敗戦によって支配下におかれた民族の感慨などを考えて、深い反省の上に将来に対処するといったものの考え方は小学校の若手の先生にだってさえ出来ていなかったのだから、一般内地人の庶民層にそうした理解のあろうはずもなく、俄に本島人社会に対する警戒、非難の気もちが頭をもたげはじめた。そうしてそうした動きが、少年たちの世界にも一時反映したことがあった。そうして内地人少年群と本島人少年群の衝突さえ見られた。哨船頭の苦力小屋付近は古い本島人町をなしていたが、その町の本島系少年と哨船頭在住の内地人少年とが大喧嘩をしたのもその頃のことであった。

内地人少年仲間の総大将はポピーさんという高等科の生徒だった。そしてそのグループの一員に金太も参加していた。金太にポピーさんって名前どういうわけときくと、「汽車のように走るのが早いんだい」といっていた。

ポピーさんたち幹部は毎日作戦をねっていた。そうして八月の休みの終り頃に近いある日、遂にポピーさんの一隊は敢然苦力小屋付近に進出してなぐるける、追うおっかけるの大喧嘩をやってしまった。

センダンの花は散り、新緑はいつか濃緑にかわっていた。センダンによじ登って、その濃緑の葉のしげみの中から私は息をころして観戦していた。

誰一人この頃の少年のように洋服など着ているものはなかった。着物のすそをはし折って縄の帯などをまきつけて、はだしになって棒きれをもっていた。ポピーさんはひときわ目立って大きく、袴をつけていたのが異様であった。両方から斥候が出たり、よせたりかえしたり。郵便局官舎の周囲で戦争がはじまった。そしてとうとうポピー部隊長を先頭に苦力小屋前に肉迫して打つけるの大乱戦になったが、苦力たちのおかみさん連のかなきり声をあげての騒ぎにさーっと退却していった——男の苦力たちは仕事に出払っていたのである。

泣く子を抱き上げる國分少年

この騒ぎで内地人少年側に目に小石のつぶてをくらって負傷するものがあったりして、小学校公学校両方の先生が出て将来をいましめ且つとりしまるといったようなことになった。

先生方が町まわりをするようになってから、金太は「直ちゃん」と私を蟹とりにさそい出しにきたが、母は恐れて私を外に出さなかった。

しかし、その後いつの間にかそうした不幸な対立は消えていった。始政二〇周年事業の一つとして断髪、纏足禁止が実施され、新たに新風を奉ずるに至ったものの数一二〇万人に達したと発表されたのは、この夏も過ぎる頃であった。

［コメント］

沢山のすぐれた素材が惜し気なくまき散らされてある。作者が貪婪でないことはすがすがしくて気もちがいい。しかし、貪婪でないと云うことは、意識不足ということでもある。これを見てすがすがしい気もちになるのは、近代の意識過剰文学にわれわれが疲れているからであろう。作家意識の少ないと云うことは「作者」が希薄だということになる。これによってわれわれが救われるのは、創作童話から炉辺の昔噺に戻ったときの救いと同じである。昔話には作者はなかった。

しかし、國分さんは作家意識を養って作家になろうとする人では恐らくあるまい。われわれは今のままの國分さんの今のままの作品の中に時々休憩させて貰うことは、大変ありがたいことだと思っている。

（金関丈夫・「同人回覧雑誌」第七号）

郷愁記

一

私は昭和五年三月、はじめて下鴨糺《ただす》の森の南側、蒼倉町《(ママ)》に間借りしたが、翌月には修学院のある農家に引っ越してしまった。

後水尾上皇の修学院御幸絵巻を見ると、藁葺の農家立ち並ぶ「山鼻」という村があるが、今は山端と書き、瓦葺の商家も増え、菓子屋が一軒、かしわ売る店が二軒、八百屋が何軒というような様々な店が出来ていた。

その「山端」から、叡山山麓に真っ白についた白河石のくずれた美しい砂利を踏んでゆくと、修学院に出る。村のすぐ上は秀麗な叡山になっている。朝方など叡山の影が村の上に落ちる。その叡山の肩のあたりに南朝の忠臣千種忠顕の碑が、晴れた日にはちかっと白く見えた。

私の間借りした農家は代々の儒家で、御一新の頃にはまだ弟子をとっていたというが、次第に食えなくなり、いつか農耕をはじめたという家柄であった。

柿の木の枝が窓にさしかかる二階で、私は静けさにひたった。近所に「おみっちゃん」という女の子がいて、「とんとん叩くはだーれじゃ」といって毎朝寝坊の私を起しにきてくれた。私は彼の女に案内されて、はじめて一乗寺の曼殊院を知った。鷺森という鎮守の森を越えると見事な松並木のあるだらだら坂になり、その坂を登りつめると寺があった。

白く清浄な前庭は銀閣寺の前庭に似て、しきつめた細かい白い砂利には落ちた松葉が浮き上がって見えた。玄関の破風は桃山建築の様式をとどめ、その精神がひそんでいた。

寺には天台の重鎮久田全晃氏がいるというので、貧寒な書生であった私は一人で訪ねることを躊躇していたが、我慢が出来なくなって全晃師に面接願ったのが昭和六年の五月であった。私は閑寂な書院から書院を案内してもらった後、恐る恐る切り出して、寺においてもらうことを懇願し、成功した。

寺には酒好きの執事さん、叡山中学にいっていたお弟子、小学校に通っていた小僧さん、喘息もちの寺男がいた。そのうち酒飲みの執事が去って、若いお弟子が中学を出て執事になった。この寺は門跡寺院であったから、所謂檀家はなかったが、代々の法親王の御墓があった。延暦年間最澄の開粉《かいそう》になるものであるというが、伏見貞常親王の御子慈運、後奈良天皇の皇子覚恕親王が住持となってからは歴朝の皇子が法燈を継いだが、明暦二年良尚法親王によって堂宇がこの四明西麓に構営されたこと『山州名跡志』に見えている。

材には太く大まかな白木材を裕々と用いてある。つくりは戸ぶくろに至るまでたんねんな心がこめてあり、至る所に茶道の精神が生かされていた。

書院をめぐる壁の色は古代朱のように落ちついていた。書院の一室に「黄昏の間」と言うのがあり、初夏の頃には夕陽が林泉の新緑を朱の壁に映し出すのである。

庭の唐門には「推敲」の文字があり、書院の楣《まぐさ》の上には「塵慮盡」の文字があった。玄関の襖には永徳の竹と猛虎の絵がはめこまれていた。けんらんたる金箔の地は時代の色を帯びてしまったが、その雄渾さと華麗さは、はじめて時代精神と芸術の関係をしみじみと考えさしてくれた。

小堀遠州の作という庭があった。白い砂の湖面、その湖心に島があり、老松が樹枝をさしのべていた。霧島つつじの巨木がその白い湖をとりまいていた。しかもそれは森閑とした松と杉の森林につづいていた。

春になり若草が萌えると、白い湖面に砂はかがやき、若やぐのである。やがて霧島が咲くと、それはひどく艶麗なものに見えて胸がときめいた。

二

一年に二回、近江の坂本から七〇あまりの老婆が衣類や夜具のつくろいに来ることと、門主のお弟子の尼僧がごくたまに訪ねてくることを例外とすれば、寺は全く女人禁制の世界であって、私も僧のような心で生活した。その頃私は、人の声でも機械の音でも、それが耳に入ると精神を集中出来ない病的な状態にあったものであるから、深夜かすかに聞こえてくる叡山電車の音からも遂に逃れて、最も奥深い一室を居城とさしてもらった。八畳の室の周囲は一室の入口だけをのこして書物で埋め、書物の中に座っていた。

門主は、お弟子の教育は極めて峻烈であったが、私のそうした生活は笑ってとがめることがなかった。私は吉田のかえりに、よく門主からたのまれて、ひき茶を買って帰った。茶室に門主と対座して、門主のたててくれる茶をほろにがいと思って飲んだ。

寺男のことを「おじさん」とよんでいたが、おじさんは野菜をつくり、薪を割り、飯をたき、その他一切をやった。おじさんが機嫌よく「今日は御馳走するかな」という日はきまって、「山端」に出て豆腐を買ってくることを意味した。おじさんは孤独で枯木のような人であったが、たった一度だけ執事部屋で私と若い執事に目もさめるような春画をひろげて見せようとした。私はまぶしくてよく見ることが出来なかった。

寺の境内には孟宗のすばらしい竹林があったから、五月にでもなれば、そろそろ竹の子が出はじめる。竹の子が出はじめると、その季節中は竹の子を食わされる。秋になれば朝も夕もくる日の限り、きのこを食うのである。ただでさえ侘びしい寺院は冬の季節には一層侘びしさのまさるものである。おじさんはこの季節にはよく納豆をつくった。よくむらさにゃならんからと蒲団の中に入れてねるのであるが、時々大きな音をさして放屁をするので、納豆を食う時それを思い出していやな気持ちがした。

雪がとけてくると早春のさえた空がのぞき、暖かさも加わってくると、白壁をささえる石垣にも庭の隅にも、裏の山にも坂の路にも、寺をとりまく段畠のあぜにも若草が萌え出てきて、たまらないほどの生命の喜悦を感じる。その頃になると、つくしが田畑や畦の若草の間に出はじめる。それを小僧さんといっしょにつんできて、真っ黒にすすけた庫裏の板の間で、ひげ（編者注・はかま）をとって「つくしめし」の支度をするのである。「つくしめし」は実にうまかったが、竹の子と木の子とつくしではどうしても目が疲労して仕方がないので、門主が月一度末寺を廻るその留守をねらって、私は小僧さんをつれて三条京極の牛屋に肉を食いにいった。牛肉をたらふく食うと、私たちは満足して三条の大橋を渡り、鴨川の西の柳の堤を、町の灯を眺めながら舗道に足駄の音高く歩いた。その気持ちを出家する小僧さんも半出家の私も、すてきに楽しいと思った。

おみっちゃんも村の子供も寺には滅多に近よってこなかった。そうした寺であるといえばその寺の階級性を考えないわけにはゆかないが、村の人や子供たちはこの寺を「宮さん」とよんで、畏敬と同時に親しみの心をもっていた。

三

夏が近づくと、私は八百屋の店さきに夏蜜柑の出るのを待った。後悔しないでいい日を送ったと思う日には、幸福な気持ちで夏蜜柑を買いに出た。吉田まで電車に乗らずに歩き、その僅かな余剰さえ夏には夏蜜柑に、秋には柿に廻した。高等学校時代のヘル（編者注・丈夫な毛織物）地の服をボタンだけかえて冬服にあて、新調に要する費用を果物と山行にあてたこともあった。

吉田に出るには、一乗寺の村を通り、吉川英治の『宮本武蔵』に出てくる八大神社の石華表（編者注・鳥居）の前を過ぎ、吉岡又七郎の切られた「下り松」の下を通るのである。そこからやや山手に石川丈山の詩仙堂があった。昔は大原へ通ずるこの山下の路から田園竹林の間に三層の嘯月楼を望み見ることが出来たと思うが、当時はすでに人家に妨げられていた。この付近にはまた金福寺がある。私は吉田からの帰りにはよくこの寺によった。蕪村の「芭蕉庵再興の記」には、

鶏犬の声籬をへだて樵牧の路門をめぐり、豆腐売る小屋も近く酒を沽う肆も遠きにあらず

とあって、如何にも暖かい人生への郷愁を心のどこかにもっていた詩人蕪村の故地である。蕪村が再興した芭蕉庵はすっかりよそおいを新たにしているが、彼の墓は四条派の画祖英春《（ママ）》、その弟景文の墓と並んで、いずれも小さく、ささやかに苔むしていた。

緑苔やや百年の人跡を埋むといへども幽篁なお一爐の茶煙をふくむが如し、水行き雲とどまり樹老い鳥睡りてしきりに懐古の情に堪へず

こうした蕪村の文章をよく思い出しながら、山麓の道を歩いた。

一乗寺は山裾に出来た村であるから、東西の道はみなだらだら坂。それにつながる狭い道もまっ直でなく、平坦でなく、家の片側は石垣の台地をなして、その石の面には青く苔がむしていた。石垣の上には藁すべのむき出しの黄色い荒壁の土塀が立ち、その塀の上から美しく刈りこまれた山茶花の垣と石畳と白壁とがある。椿は殊に多く、晩春の頃など、その落花で真っ赤に屋根を埋めつくした藁葺の古びた門をよく見かけた。椿はもとより、この村ばかりではない。八瀬、大原、西の京にも巴のように咲いた。「つや葉木」といわれるぐらいその葉にはつやがある。

この村には一軒尼寺があって、晩春の午後など若い尼僧がはだしで落椿をはきよせているのを見かけた。村にはまた菓子屋があって、良っちゃんという可愛らしい女の子がいた。笑くぼがとても可愛くて、私は笑くぼを見

るために買わないでもよい菓子を買いによった。修学院はこの村からいうと北にあり、曼殊院はこれらの村を底辺とする三角形の頂点に位置し、これらの村を見下ろすほど高い所にあった。

四

雪の日には私と小僧さんとで門主の大事にしていた孟宗竹の太い幹を切って原始的なスキーをつくり、それをはいて寺を下った。

春雨が降ると一雨毎に雪もとけて、黒い土がもり上がるように顔を出した。

桜が咲き、花が散り、つくしの時期になると野には蒲公英《たんぽぽ》が咲く。摘まれても踏まれても次々に花をつける強さは六道能化《ろくどうのうげ》の地蔵菩薩に立願したからだとおじさんが話してくれた。享保の頃支那から渡来したという山茱萸《さんしゅゆ》が全梢黄色に色づく。椿がすぎると野も山も緑にもえて、雲雀が丘の草から舞い上がった。私はそうしたゆたかな変化に対して、時には喜悦とも不安ともつかないような気もちにおち入ることもあったが、夏ははるかに平和であった。夕方、孟宗に雨が煙って、叡山が雲間に見えかくれするのを釜風呂の湯気の中から眺める気もちはよかった。

夏がすぎると気温が次第に下って、萩が嫋々《じょうじょう》とたわみ、柿が色づいてくる。

私は学校の関係で、一週に一回ずつ土曜か日曜に洗濯することにしていた。古井戸の水を汲み上げるのがつらくて、一山の洗いものをかついで叡山の谷に出かけた。昔山法師が往き来した雲母《きらら》坂の下を流れる音川という渓を上がって河原の円石に腰をおろして、なにもかももみくちゃにして洗った。夏など、すっかり洗ってしまうと着ていたものまでぬいで洗い、帰りははだかで竹林の間を帰った。町から買ってきた葡萄の実を上流の水につけておくと洗濯のすむ頃には冷えている。それを五つぶも六つぶも頰張って、小さな青い種を河原の白い砂の上にまきちらしつつ食った。

京都帝国大学の研究室にて（後列左から３人目）

音川に薄氷がはるようになると洗濯はつらくなる。氷を割って、むちゃくちゃなスピードでよごれをもみ出すが、洗濯物はすぐ凍った。

暖かい季節には河原でよく本を読んだ。その読んだ書物の中には、ディルタイの『世界観の研究』などがあった。門主がカントに明るかったりして、寺には一種の哲学的雰囲気があったことが影響していたと思う。

五

私がこうした環境に沈潜していた昭和六年から八年にかけての時代は、わが国の思想運動史上では忘れることの出来ない、弾圧の強化されつつあった時代であった。

私は六年の秋頃から、友人といっしょにヘーゲルの歴史哲学を東大の鈴木権三郎講師の訳とレクラムの原書とをつき合わしてよんだ。一方ブハーリンをはじめとする若干の唯物史観の翻訳書もよんだ。昭和七年の最も深い思い出は田辺元博士の哲学通論の講義を聴いたことであった。博士はヘーゲルとマルクスの上に立とうとされていた。私は博士の絶対弁証法を食い破らんとして講義をききにゆき、絶対弁証法のとりことなって講堂を出た。

左翼への圧迫が強化されるにつれて、友人の中には寺を利用しようとするものも出てきた。「中世の村落」を書いて着実な中世史家として歩みはじめている清水三男君なども、その頃は「赤旗」、「前衛」、「ナップ」、「戦旗」などをもちこんだ。たまにはドイツのローテファーネなどももってくることもあった。私はそれらを仏壇の隅においたり、仏像の蓮台の下に入れたりしてかくしておいた。

ある時など、大阪のある町の長屋で家賃値上げ反対の騒動がおきているが、その檄文を書く手伝いをしないかといってきた友人もいた。

七年の冬だったか、水谷長三郎の応援演説の草稿をこれこれの趣旨のもとに書いてくれと、もちこんでくるものもいた。「プロレタリア科学」は、発禁になって市場に出ないものまで毎号とどけられた。友人たちは私を次第に実践の方へひいて行こうとしていた。しかし私は清水君やその他友人たちの革命への見通しについて懐疑的であったし、彼らのいう実践的運動なるものの意義についても懐疑的であったり、その上に私の臆病さもあったりして、容易に動かないでいるうちに、私の周囲からは次々にそうした友人が特高たちの手によって奪われていった。

私は一種の焦燥にかられつつ、もやもやする気もちで近世初頭を扱う卒業論文をまとめた。足利末期から安土桃山期にかけて、我が国封建制度は近世的組織へ再編成されつつあった。その混乱に際して商工業が発展し、楽市、楽座が出現し、資本主義的な精神がこの時代の精神の上に顕現しつつあった。そうした時代の精神を下部構造との関連の上に考えんとしたのが私の卒業論文であったが、私の周囲の切迫した時代が私にそうしたテーマをえらばしめたものである。

六

八年の三月卒業証書をもらった日には、友人たちは皆おでん屋にはいって、春なれど寒々と就職のことなど思いながら一杯やっていたが、私は酒が飲めないので大福餅をしこたま買って寺にかえった。もとより私とて就職の心配はあり、勉強を続けたい悩みはあり、しかも人よりは食うに困る身分だったが、その日は物を思わず、薄暗い執事部屋に大福をずらっとならべて、執事さん、小僧さん、めしたきのおじさん等と、番茶をくみながら腹一杯餅をくった。段々生きにくい世の中になってきたという話の途中で、若い執事が瀬戸内海の小さな島で兎でも飼って暮したいといい出した。その時、私は大阪の富家住友吉左衛門氏が同じ国史科にいたことを思い出し、彼に金を借りれば小さな島ぐらい買えるかも知れないという意見を発表した所、みんなが両手をあげて歓呼した。しかし私は夜になってから独りになると、そんな事で金を貸してくれるはずがなかろうと思ったので、大福を食った翌日から、中学時代につくってもらったちんちくりんの小倉の袴を一着に及んで、履歴書を懐中にして新聞社をたずねたり、先輩のつとめている学校に履歴書を送ったりしたが空しかった。

ちょうどあいにく、麻生豊が「只野凡児」を大阪朝日に連載中であったので、只野凡児そっくりの自分を見出して苦笑した。大学を出たからというので父からの送金が絶えてしまってからは、この寺の朱の壁も林泉も眼の中から消えて、職探しに忙しかった。「やはり唯物論は正しいですね」と若い執事は皮肉とも同情ともつかぬようなことをまじめな顔をしていった。しかし「凡児」の悩みなどに関わりなく春は花を爛漫と咲かせ、また爛漫と散らせた。

花の散る頃、村の小学校で、兵隊にいった先生が帰ってくるまで代用教員の口があるというので、私は「先生」になった。私は四年生のまずしい女の子のクラスをもたされた。

私のクラスには貧しくて上草履のはけない子や、お昼に弁当をもってこられない子が幾人もあった。私は「給五十五円也」のサラリーから割いて、ひそかに半斤五銭のパンを小使室で食わせることにした。クラスには色盲で、家でも木でも山でも空でもうすい茶色一色にぬる子とか、片足がひどく短くて、どんな簡単な遠足にもゆけない子とか、四年生にもなって鼻をたらしている子とか、ひどく早口で人の悪口ばかりいっている子とか、「ぽ」

と「ま」の区別がわからず、「たんぽぽ」を「たんまま」と書く子とか様々の子がいた。そして大学を出た「宮さん」の先生だといってみんな私を尊敬してくれた。

私は一学期の終りに、彼の女たちに――今まで「操行丙」とつけられていたものにまで――みんな「操行甲」をつけた。校長は私を呼んで、こんな成績はないといったが、私は押し通した。

しかし日曜日など、ませた女の子が寺をたずねてきて、寺門のかげから「先生は××村の×××さんにほれていーる」などと大声でどなられたりするようなことがあって閉口したが、門主はそれをにやにや笑ってみていた。

昭和八年の春が過ぎると母校の学園には大騒ぎがおこった。所謂「滝川教授事件」である。

私は村の学校から、ある日早くぬけて学園を訪ねてみると、折しも学生たちがスクラムをくむようにして大デモンストレーションを開始する所であった。しばらくすると、どうしたはずみか、私もまた学生たちと肩をくんで足をふみならしているのを見出した。

それは日本における自由主義の終焉を意味する事件だといわれた。畑や森林を越えて、周囲の厚い壁をこえて、外の世界のはげしい空気は寺院の中にまでひたひたと伝わってきた。

（一九四六・六・一四）

［コメント］

神様の中での大ブルジョワ出雲の大黒さんの仮面をひんむいて大いに時局思想を発揮したつもりでいたところが、この方は國分先生にすっかりしてやられた。國分先生、立石夫人をホロリとさせる骨などもちゃんと心得ていて仲々のくせ物だ、油断がならない。

僕は曼珠院の門跡寺の様に恐れをなしてついに拝観しなかったが、その頃國分先生がおなら臭い納豆になやんでいると知っていたら出掛けてゆくのだった、惜しいことをした。曼珠院は遠見で見ただけだがあのあたりのことはよく記憶していて非常になつかしい。詩仙堂から金福寺。國分先生の云う尼寺は円光寺のことだろう。ここの尼さんの座禅ぶりを一度窓先きから覗いたことがある。中央に枯木の如き老師が正面を向きその左右に流れる数十人の尼さんはどう云うわけか皆窓、壁の方に面している。窓からひょいと覗くと目の前に円い頭があって鼻をつき合せそうになった。その時の老僧（男性）の顔は今でも覚えている。

五月頃金福寺の境内の何の木かしらぬが見事な若芽を吹き出す。日光がすき透ってサンランたるものだ。蕪村の絵にはたしかにこの若芽がある。しかしその光はない。

國分先生の誤植訂正をする。「蒼倉町」は「蓼倉町」、「四条派の画祖英春」は「呉春」でしょう。

「國分さんて罪な人やなあ。こんなの読んだら、京都へいにとうていにとうてたまらんようになるわ。ねえ早ういにまほ。そして詩仙堂の近所に家一軒建てとくれやす。國分先生の好きやった娘さんてまだいはるやろか」

「馬鹿、それよりおれの戎三郎はどうだ」

「あんたのはいつでもエロできらいや」

「よくぞ申した。預言者はいつでも故郷に容れられずだ。それから何が面白かった*」

「松山さんの歌。松山さんてあんなおとなしい顔していて、ようあんなもの作らはるなあ。キンさんキン出す……」

「何云ってるんだ。キンさんはキンタマなんか出さないよ」

（金関丈夫・「同人回覧雑誌」第一号）

「？　？　？」

＊　キンさん　キンだす　あの話
　　だめとなるなら　われは　かなせき

（松山虔三「ニタニタ集」〔「同人回覧雑誌」第一号〕）

［拙文について］

日僑帰還の声のおさまるにつれて郷愁のような気持でおもい出されたのは京都です。京都以外には十分身にしみるように土地の影響をうけたことが私にはありませんので、自然に京都をおもうのでしょう。台湾では私に京都をうかび上がらせてくれる人が二人ありました。一人は台南高等工業学校の電気工学の教授で桂田徳勝氏、そして今一人は金関先生の奥様。桂田氏は、きっすいの京都っ子で、京都言葉で通していました。

金関先生の奥様は同人諸兄みな御存じの通り、私は先生のお宅に上がるごとに奥様のお言葉を通して京都の雰囲気を色々につかみ出したり思ったりします。私は京都がすきですから、桂田さんも大好きになり、それから金関先生の奥様も大好きになりました（先生はふんがいして、もうおれの所にはきていけない、といわれるかもしれないとおそれますが、呵々）。

あの中に出てくるおみっちゃんというのは七つぐらいの女の子で、良っちゃんは尋常四年生の女の子です。今頃はいずれもよきお百姓の若者にとついで、一人や二人の子供をもつようになっていると思います。呉春を英春とかいたり、蓼倉町の蓼をまちがえたりして先生から御教示をいただき有り難う存じます。ただしこれだから日本史を専攻したなどと大きな顔もならず、はずかしいことに存じます。私は先生の奥様が京都に帰りたくなったとおっしゃったときいて愉快だと申しましたら、先生は愉快じゃないといわれました。私は先生の奥様が京都をお忘れになっていないんだと思って共鳴しましたので愉快だといったのですが、先生は最愛の奥様が先生をおいて京都に帰ってしまわれることがあったらとおそれておられるのでしょう。

（「同人回覧雑誌」第一号）

離愁

一

自昭和八年四月　至八月末日之間
期間代用教員を命ず

修学院村小学校長M氏からそのような辞令をもらってかえると、河原町の食堂スターにはいって二、三のたべものを注文。食事が済むと賀茂川堤に出てみた。

友人たちはほとんど京都を去って散っていったのに、自分はしばらくは京都にふみ留まることが出来る。京都は私にささやかな自活の道を与えてくれたのだ。私は感謝にみちて、ようやく若草のもえはじめた堤の上を歩いた。

私は準備のために三、四日の余裕を願った。私は「教案の立て方」だとか「小学校各教科の教科課程の研究」だとか「学級経営論」など幾種類かのあまり面白くない参考書を買って帰ってくると、高等学校時代から着通しのヘル地の、もうすでにひどく痛んだ服のボタンを黒いボタンにかえた。それくらいで、時間が充分あまることになったので、あとは山歩きにあてることにした。

京都のよさは色々の面から考えられるであろうが、山の美しさは最も大切な要素の一つだと思っていた。私が新しい人生のスタートを切った日を記念して、山と歓喜を共にしてくることは意味深いことのように思われた。

三高の学生で、来春東大の薬学科を受験するのだとはりきっていた、ある大阪の薬屋の息子の日下尚が学校を休んで同行しようということになった。

私は就職探しで鵜の目鷹の目になっていた頃、修学院鷺森の付近で捨犬をひろった。生れてから間もない白と茶のまだらの犬であったが、私はこの子犬をたすけなくてはならないと考えた。そして犬をだいて、ちょっとした店のある山端に出ると、肉屋だとか饅頭屋だとか、喫茶店だとかを回って歩いたことがある。素姓のはっきりしているテリヤだなどと自信のないことをいいながら頼んで歩いている時、偶然に私を助けて薬屋に売りこんでくれたのが、日下だった。日下は色の白いやせ形の、どこかおどけた所のある学生だった。

我々は八瀬を経て、途中越を越え安曇川に出て、坂下村から蓬莱岳に上がろうと考えた。

比良と比叡をもつ地塊と丹波高原地塊との間の大きな断層谷は、途中越の要隘《ようあい》を堺として北に安曇川を、南に高野川をもっているのである。

八瀬は高野川の断層谷に出来た狭い山村である。花が散ったあとのこれから、青葉の準備をととのえようとするわかみどりの自然の中に入母屋草屋根の群落がある。草屋根の棟は特別に五寸以上の厚葺にして、その上を杉皮で覆い横木をわたし、之をおさえるために針目覆を九本、七本、五本等色々にのせて置千木の代りにして、最上端に太い孟宗竹をわたしてあった。山家であれば夫は木を樵り、妻はこれを頭上にのせて（馬につけてゆくのは段々に少なくなった）日々京に出るのである。

木買はう木買はう小原木めされ候へ　小原静原　芹生の里　朧の清水にかげは八瀬の里

狂言「若菜」の中に出てくるあの小原女である。小原女は帯をしないで広い二幅半または三幅前垂を腰につけ、足に脚半、手に甲掛をつけるのである。そして健康そうな、食べてしまいたいような赤い頬をしていた。

あのほっぺたにキッスしたいなと日下はいって笑った。

大原では萱葺棟飾は針目覆が千木に変ってX字形に屋上に高く並べられるようになるが、この千木は途中越を越えて安曇川に出ても見られた。峠を越えると比良の連嶺が白い雪に包まれて、麓の若やいでゆこうとする若葉の世界と清らかな対象を示していた。

坂下村の駄菓子売る店に、その日は泊めてもらうことにした。

武奈岳(一二一四メートル)と蓬萊岳(一一七四メートル)が半ば以上の山谷を残雪に埋めて、光って眉の上にあった。

店の小さな女の子が味噌汁をたいて、雑煮餅を大きなお盆に幾杯ももってくれた。真っ赤な頰のその少女が可愛くて、京都で買ってきた菓子類をほとんど、もらっておくれといってくれてしまった。夜は炉に薪をくべてねた。

私たちは朝早く村を立つと蓬萊岳の鞍部に近い小広い笹原の中にある小女郎ヶ池へと「京都東北部」の地図をたよりに登っていったが、池に辿りつく前から、もう山態を示さぬほどに残雪に覆われていた。

比良の連嶺が丹波高原の東縁に当るため、江若国境の低い山地を越えた裏日本の雪がことごとくその山谷を埋め、湖国に春が訪れても、深雪が屋根を覆っているという比良の雪の知識をもたずに来たものであるから、すくうと冷たい、白いざらめのような感触のある雪中をあみ上げ靴のまま、ざくり、ざくりとあえぐように歩いた。

手袋は私のもっていたものを日下に片手、私に片手とわけた。寒気は真冬のように強く、手足の先は間もなく感覚をなくしてしまったが、昼食のあとも休まずに懸命に努力して尾根に出た。晴れていたなら湖国は恐らく一望の下に俯瞰できたであろうが、折から上昇してきた濃霧は谷も屋根も嶺々もすべてを包んで、日下と私を白い冷たい不安な孤独の世界にのこした。

我々は甘いものを非常に欲した。しかし一粒のキャラメルも残っていなかった。キャラメルの包み紙ぐらい残っていないかと、日下は雪の中に腰を下ろしたまま聞いた。「紙をどうするの」と聞くと、飴がちっとでもついていはしないかと思うのだと返事をした。しかしそれもなかった。楽しかった高野川から安曇川への断層谷沿いのヒルワンダリング（編者注・丘歩き）のよろこびも洛北礼賛もすっかり消えてしまった。

私は谷を下るよりほかないと考えた。そこで岳頂のやや南側の金比羅谷へ下るスロープと思われるあたりを下る決心をして、あちらこちら下り口をあさって日下の所へ帰ってみると、彼はうとうとと霧と残雪の中で眠りはじめていた。私は急に不吉な予感に襲われて、日下をひき立てると、ついてくるようにといいながら雪を踏みしめて下った。午後四時であった。

比良の山々は、琵琶湖岸から仰ぎ見たものなら、太湖に迫って急斜し、至る所白い崖崩をなして山骨を露出している山態を思い出すであろう。私はそのことを意識しながら、やがて懸崖の上に出るなと思いながら下った。三〇分も下ったかと思う頃、心配していた地形が急にひらけてきた。

ふと気がつくと、段々下るにつれて、うまくゆけば山谷のどこかの人家に辿りつけるかも知れないという希望が湧いてきて、元気づいたものか、日下がオーバーを腰にして、今しも脚下に開けてきた大懸崖めがけて辷《すべ》っているではないか、私は全身の血が凍りつく思いがして、声を限りに呼んだのである。

日下ーっ、ピッケルを突き立てろー。

日下はやっと懸崖の三、四〇メートル手前で、胸と腹を雪面に押しつけて、ピッケルのブレードを深くつき立てて止まった。私は一つ一つ足場を切って日下をひき上げた。日下は夢のような気もちで辷っていたという。私たちは懸崖の西北側をまいて、美しい急峻なスロープが遠く谷底めがけて消えている斜面を見つけた。私はその斜面に立って、着ていたオーバーをぬいで、谷底になげ下ろしてみた。オーバーがどんな風に斜面を落下してゆくかを見ようとしたのである。雪にまみれた私のオーバーは斜面の残雪の上を辷って緩やかに落下していった。オーバーがとまらないで辷ってゆくぐらいだから大変なスロープだねと私がいうと、アプザイレン（編者注・懸垂降下）してシュタイクアイゼン（編者注・登山靴に滑り止めとしてつける鋼鉄製のツメ）を打ちこんでこういう所は下りてゆくものだと日下がいった。

「アイゼンもなければザイルもないじゃないか、僕はオーバーのように落下してみようと思うよ。僕が成功したら、僕のとおりにして辷り下りてくるんだ」。私はそういいながら、ピッケルのブレードを斜面に突き立てると頭を上にし、足をひらいて、全身をぴったり雪の斜面につけて、稜線にかけた片手を離した。私は急速に、雪けむりを上げて、長大な斜面を、はじめにとった姿勢のまま、目もくらむように谷底へと落下していった。勾配が緩やかになると、じゃーっというような音を立てて、私は谷底にたたきつけられたような衝撃をうけて止まった。私は成功したのだ。私の服のポケットというポケットには雪がぎっしりとつまって、ボタンは全部ちぎれとんでいた。

日下は私がとったと全く同じ姿勢をとって、やがて雪けむりをあげて落下してきた。

「ヒラはアイヌ語の崖という意味だそうだよ」。私はポケットの雪をつまみ出しながらそういうと、茫然とつっ立っていた日下は雪にまみれたまま、いきなり私にとびついて私の頰に接吻した。私が非常に驚いて、きたないなと思いながら、とっさには言う言葉もなくて立っていると「かんにんしーや、命が助かったのやし」と関西言葉で言った。そして続けて「國分さんが娘さんやったらよかったのになあー」と言って笑った。

「よく歯もみがいて、うがいでもしたあとでなくては、人の頰ぺたに口などつけるものではないよ」と私が不機嫌な顔をしていうと、日下はどっと笑った。そして粉をまぶしたようについていた日下の体の雪が気もちよく散った。

それから間もなく、うすらいでゆく夕の霧の中から湖畔の燈火が見えはじめた。非常に速いスピードで私たちは下っていった。足の下には水の音が高く聞こえてきた。夜の闇は湖畔の景観のすべてを我々の目からさえぎっていた。

「琵琶湖の景色が見えたら、國分さんはきっとまた湖国の景は金比羅谷に極まると言いやはるな」。日下はそういう冗談をいうぐらい元気を恢復していた。私たちはまさしく金比羅谷を下ったのであった。比良口から江若鉄道に乗って、その夜のうちに京都に帰った。雪にまみれたわれわれの洋服は車中の暖かさですっかり水にぬれた。私たちは立ったままで、人前もはばからず、八百戸の民家でしこたま買ってきた餅をむしゃむしゃと頬ばりつづけた。

「ヒラというのは崖を意味するのかなあー」と日下は時々思い出したように言いながら餅を食っていた。

その後、日下は凍傷のために大阪にしばらく帰った。

私は凍傷の左手（右手には手袋があった）を気にしながらも、新しい生命力のようなものが体の内にみなぎってくるような思いを楽しみながら、下山の翌々日から修学院村尋常高等小学校に登校した。

二

私の受けもったのは尋常四年生の女の子のクラスであった。驚いたことには菓子屋の良っちゃんがその組にいた。良っちゃんは大変満足して、学校がひけて私が寺に帰る時には、私にぶら下がるようにしていっしょに帰った。

私は間もなく、クラスのすべての子供たちと非常に親しい友達になった。

唱歌の時間は、二年の男女合併組の草野というピアノを学校では誰よりもよく弾くというひとに受けもってもらった。そのかわり私は草野さんのクラスの図画の時間を受けもたねばならなかった（立石鉄臣兄よ、驚く勿れ！）。

私は毎日準備に忙殺された。私の一番苦心したのは体操の時間だった。体操は一番はじめ、秩序運動というものから始めねばならない。それには集合、番号、転向、開列などを適宜に行うのである。精神と体を体操に入るための良き状態に導いておくためである。それから下肢に始まる一連の身体運動にはいるのである。そしてそれはみな、私が体操の虎の巻から学んだものである。

「運動というものはね、なるべく心臓の遠い部分からはじめてゆかなくてはならない」。学年主任の古田という教師がしかつめらしい顔をして教えてくれた。

号令をかける場合には、生徒と教師の位置関係は生徒を底辺とする三角形の頂点に教師は立たねばならなかった。また方向転換をかける場合には、生徒たちの左の足が地につく所で、ちょうど号令がかからねばだめなのである。

ところが三角形の頂点に立って、自分を目がけて前進してくる生徒に対していると、関係位置をいつでも等しく保つために努力することが一苦労である。その上相手が小さな女の子であっても、なにか一種の集団の力といったものが迫ってきて、しまいにはどちらの足が右か左か判断出来なくなって、かけた号令が右にかかったり、左にかかったりして混乱をひきおこした。

下肢、頸、上肢、体側、懸垂、平均、行進、跳躍と順々に運動がすむとドリブルボールのような遊戯をして、最後に静かな整理運動をもって終るのである。

しかし間もなく私はそんな体操はやめてしまった。体操の時間には近所の鷺森という森に出かけることにした。森の奥には鎮守の社があり、森に行くには古い銀杏の並木を通るのである。森の閑寂さを破って子供たちが散ってゆくと、私は松の根にねて書物を読んだりした。

理科の時間はどんな学科よりも楽しいものであった。時間割は特別教室を考慮すれば大体自由にクラス担任がきめることが出来たので、私はその時間を昼めしの後にまわしておいた。

弁当をもって野外に出るためである。自然の中で観察したものはノートにまとめて、歌を歌って帰るのである。しかし一度、私はすっかり混乱した野外授業をもったことがある。「蓮」というテーマであった。実物の蓮を見なくてはと、私は子供たちをつれて、私の寺の前にある小さな蓮池に出かけた。

池には上総蓮、長蓮、餅蓮などとよばれる白蓮と晩生の赤蓮とがあった。しかし鰊〆粕や大豆粕、木灰等を施して作っている蓮田とちがうので、弱々しい水葉が水の上にならんでいた。最もいけないのは蓮池の上に古い松が枝をのばして日の光をさえぎっていることであろう。

葉、葉柄、地下茎、池、池を包む環境、それをどう観察してゆこうか、などと注意をしたり相談をしたりして、それから観察にかかるのである。私は生徒たちをいくつかのグループにわけた。共同のレポートを作らせるためである。生徒たちは大喜びで、中にはきたない風呂敷をもってきているものもあった。蓮根を採集してもって帰ろうというつもりらしかった。

めしがすむと間もなく、私は生徒たちに池にはいることを許した。白河石の黴爛《びらん》して出来た白い砂が池底をなしているので、私は安心して子供を水に入れた。

やがて生徒たちはスカートや着物をかかげて池に入りはじめたが、くさった松葉のぬるぬるする感触を気もち悪がって、きゃーと叫ぶもの、衣類をぬらして声をあげるもの、いつのまにか、ひそかにもってきていた水着にきがえてばちゃばちゃはじめるもの、水をかけたとか、かけられたとかで喧嘩をするものなど、雑多な混乱がおきてしまった。相当時間が経過してから一同を上げてみると、やせた蓮根をそれぞれ手にしていた。
※　葉が小さくて葉柄が短くて、水面に浮かんでいる葉がありました。
※　葉柄が長く水の上に出て、大きな葉をつけているものがあります。
※　大きな葉は私たちの手を五つ合わしたぐらいありました。
※　蓮根は泥の中にありました。
※　蓮根には灰色のものと赤いのとありました。
※　割ってみると、ねばねばした糸をひきました。

大騒ぎのあとではあったが、各グループではこういった様々のノートがつくられていった。次の時間には、そのレポートをもとにして検討するのである。

私がある時、草野先生の二年生の図画を受けもっている時のことである。画題は自由、生徒たちはクレヨンを使って様々な絵をらんまんと書いていた。机間をまわって「すごいや」とか「これは何を書いたの」とか、何も書かないでぽっとしている子供には「君の好きなものは何だったかね」などと画題を誘い出したりして歩いていると、最前列のカンちゃんというそのクラスで一ばん可愛らしい女の子のすぐ前の床に手をつき膝をつけて、首を上にねじって懸命にカンちゃんのまたの間をのぞきこんでいる男の子がいた。私は驚いて「こら、何をしている?」といってそのえり首をとって引きおこすと、伊太郎というその子はぴょこっと立って「のぞいていたのや」とわるびれもせず答えた。

「見えたか」

「うん、みえヘン」

「馬鹿、男の子が女の子を下からのぞいてみたりしたら、えらくなれないんだぞ」

「はい」

この騒ぎの間にも佳境にはいっていた生徒たちは、みんな肩をいからして描いていた。大ていの子供はそれほど絵を描くのが好きである。

見られたカンちゃんは見られたことなど知らないで、今しも女の子の人形の着物の柄に赤い花を描きこんでいる所だった。花びらが大きくて着物の外の方にはみ出していた。

私は子供たちの絵を描こうとする楽しい気もちをこわさぬこと、下手な弱々しい自分の絵などによって悪い影響を与えてはならぬこと——そんなことを考えていた。

一時間描くとあとの一時間はみんなの絵を壁一面にはって、みんなで眺めて楽しんだ。

その頃「少年赤十字社」を通じて外国の少年たちの絵が時々回ってきた。言葉のことがあって、私はその絵や絵につけられた手紙の整理をすることになっていた。それで観賞の時間には外国の子供の絵も時々並べて楽しんだ。

ミシシッピーの下流の広大な綿の畠の中の小さな小学校――生徒の手紙には女の校長先生一人と生徒七人と書いてあった――の子供の書いた「綿をつむ人たち」といった絵があったり、ドイツの子供たちの描いた、たんねん精密な機関車の絵があったり、深いフィヨルドを矢車草の花のしんのような色にそめ上げたノルウェーの子供の作品があったりした。

四年生ぐらいの子供になると、いくらか理知的になり、絵が写実性をもとうとしてくるが、まだ楽しい絵があった。クレヨン、ペーパーをもって写生に出かけても、生徒たちは写生と創作とをまじえて絵を作っていた。

三

教員たちには様々のタイプがあった。校長のM氏は音楽家の山田耕筰によく似たつるつるの美しい頭と、またよく似た顔の人であった。いつもにこにこと温和な表情をたたえていた。京都師範で生物を教えていたが、ある年の秋保護鳥を射って、そのため一度退職して小学校に出てきた人だということだった。うっかり保護鳥を射つような人だから、どこかぬけている所のある善良な人だった。

私が宿直している時、「どうです、なれましたか」といってビールを携えてきたことがあった。

教員たちの中にはせっせと検定試験の準備のための勉強をしているものもいた。そういう人には功利的な感じの強い人が多かった。

ただ黙々といつでもドイツ語を勉強している、福岡公平という私より五つぐらい年上のまだ独身の教師がいた。私はこの人とふとしたことから深い親交をもつようになった。

私の四年生の学年主任の古田謹二という人は眇《すがめ》のしゃくり鼻の、顔色が黄色のずるそうな感じの人だったが、その通りの人で、いつでも世俗的な話を私にしてきかした。「教員をしていて家を建てる方法」だとか、「町の学校にゆかなくては、もらうものがない」だとか、話題は常にそうしたことにかかっていた。

私は急速に教員生活になれていったが、自然が若葉から濃い緑に移っていることを気づかぬほど生活に没入していた。

夏の休みも近い頃、古田は私にささやくように教えてくれた。「君、みたまえ、××君がいねむりをしているだろう。あれはね、きのうの夜の房事が過ぎたからだよ。暑くなると、あれをしたあくる日はみないねむりさ」と。私には房事の意味がはじめはわからなかったが、やがて気がついた。それから私は絶対に古田の輩とは話をしないことにした。またいねむりをしている人の顔もなるべくみないようにし、自分もいねむりなどしないようにしなくてはならぬと考えた。

教員の中には不思議な結社にはいっている人もいた。ある時、若い、てかてかと油で髪を固めた、色白の顔の広い教師が私に『ボヴァリー夫人』を読んだかといきなり聞いた。私が読んだと答えると、あんな外国のものでなくて、日本の現代作品で×××のないものを読む結社があるのだと声をひそめていうのである。それを読めば色々の技巧もわかるし、現に××君など夫婦生活がずっと面白くなったと感謝しているんだ。会費は月三円、入会するなら世話するが、そのかわりおごりなさい」といった。彼は修学院村第一の画家をもって任じている男で、下鴨糺の森のほとりにある鹿之子木画塾に通っていた。

私ははじめて、京都という美しい土地にも、私などの思いも及ばぬようなことを楽しみながら生活している人々のあることを知った。

こうした軟派に対して、柔道三段をほこって、剛健な気風を生徒たちにつくらねばと口ぐせのように言い、のっしのっしと歩く坂田という教師がいた。その体つきといい顔といい、詩人の春山行夫氏にそっくりであったが、私は彼が嫌いで、いつか衝突することがあるのではないかと恐れていた。

こうした男子グループの外に、女性グループがあった。その中で、私が教員生活の開始とともに早く交渉をもったのは草野さんだった。私は草野さんに唱歌の時間はもってもらったものの、なんとかして、私もオルガンやピアノを叩いて子供たちといっしょに歌を歌いたいものだと考えて、時折は生徒たちを帰した後の唱歌教室にそっとはいってみた。

私のクラスの子供たちは貧しい子供たちばかりだったが、他の特別組（女学校受験組）には高野川ぶちなどに別荘をもっているものもちの家の子供もいたので、そんな子供たちの親たちからの寄付金を集めて買ったピアノが一台あった。私がこわごわとキイを叩いて「君が代」をひいたりしていると、いつの間にか草野さんがきていて、私が気づくとにっこりと笑った。「指のおき方からなおしましょう」と、その美しい指を私の骨ばった手の上に重ねることもあった。そんな時には私の指は固くなって頬がほてって、いよいよつまづいた。

草野さんは小柄なきりっとした、それでいてやさしい人だった。体操のない日など、よく私服に長い折目の美しくついた袴をつけてきていた。

私は私の読んだ作品の中から色々の女性を探し出してきて草野さんにあてはめてみたが、だれもあてはまるとは思われなかったし、だれよりも草野さんはなつかしい人に思われた。「京都にはこういう人がいるのだから」と、またしても私は京都をもち出して考えてみた。

私はある日、草野さんにトゥロイメライを弾くようにと頼んだ。私には、この曲は感傷的に余韻嫋々と弾かれると、子供の夢などうかんでこないように思われた。素朴に明るく健康にと私はつけ加えた。

しかし、草野さんがわらって弾きはじめると、私はやがて草野さんの指に眼を奪われていった。

私は子供の夢や、健やかな澄んだ明るさ——そういうものをひき出すのだ。そう思っていたのであるが、メロディよりも流れるような、それでいてしっかり確実に叩いてゆく草野さんの指の動きを見ながら、次第に絶望的な気もちにとらえられていった。「僕はピアノなんかならうがらではない。自分には一〇年たってもああいう叩き方は身についてこないであろう」

私はそれから、段々ピアノやオルガンを弾く勉強から遠のいていった。

しかしある時、古田は私に注意した。「君、草野さんはね、奥さんなんだよ。そしてもう子供もいるんだ」。私はその話を聞いて驚嘆した。奥さんになると家事に忙しくて、子供でも出来るともう世帯じみてしまうと聞いていたが、草野さんにはそれがちっともない。草野さんは新鮮で、おそらくかんでみたら、もぎたての林檎のような歯にしみる人であろう。古田は私がだまって返事をしないでいるので「おい」といって私の背中をどやした。

私は、古田などに私の心がわかるものかと反発した。

私が楽器から遠ざかった後も、草野さんは私を軽蔑などしなかった。草野さんは私に、これまでにまして助言やら手伝いをしてくれた。生徒に対しても誰に対しても、草野さんは愛情と誠実さとをもっていた。

四

六月の初めだったか、あやめが桶にすいすいといれられて花屋に見られる頃であった。

教員の体格検査が行われた。私はどこも悪くないが、虚弱に見えるという理由で「丙」とつけられた。

学校には、Kさんという御主人を亡くした婦人が学校看護婦をつとめていた。まだ二〇代にしか見えない、にこやかなきれいな人だったが、古田は「もう三五のおばあちゃんや」といった。

端正な顔立ちであったが、看護婦さん看護婦さんと、子供たちに慕いよられるようなやさしさをたたえていた。しかしどうかすると愁いにかげっていると思われるようなことがあった。

検査がすんで太った半白の頭の医師が帰ったあとで、Kさんは私に「お話にいらっしゃい」と言った。私は看護婦室で重大なことを聞かなくてはならなかった。

『丙』だと教育課への報告としては都合が悪いのです。校長先生にお願いして『乙』にかきかえておこうかと思うのですが」

私はこの人の前でやせた体をみせたことを思うと、ものかげにかくれてしまいたいほどの恥じらいだ気もちにかられた。

「校長がお許しになったとしても校医の方は？」

と私は勇気をふるってききかえした。

「校医さんには校長先生からお話していただきますの、どこかでお食事をして、今夜ごいっしょにおたずねしましょう」

私は山寺三年の生活がいくらか結果しているであろうなどと思ったりしつつ、とにかく彼の女に従うよりほかなかった。

「私に病気がないことが確実なら、『丙』だとしても、私にも教員生活を続ける資格がある」。私はそう思いながらKさんと並んで白河原の白い砂粒に埋められた離宮道を――普段は歓喜しながら歩くその道を――とぼとぼと歩いた。

スターでめしをすませると、長い賀茂川の堤を歩いて上賀茂のM校長の宿舎をたずねた。

校長は、なんでもないことだとKさんの申出をすぐにひきうけてくれた。それから期間代用の期間を都合により一〇月までのばしていただくことになったといった。

校長は女子師範を来年出るという娘さんまで紹介して、沈んでいる私を明るくさせようと気をつかっていた。娘さんは校長によく似た可愛らしい女学生だった。私は次第になごんだ気もちを抱いて、再びあの長い松並木の堤の上を通って叡電に辿りついてみると、一二時に近くで最終の電車はすでに発ってしまっていた。私はKさんにくれぐれも礼を言って、暗い軌道を歩いて寺まで帰るのだというと、こんなにおそくなったのだからどうしても泊まってゆけといってきかないままに、私はしぶしぶKさんに従った。Kさんはその姪の人といっしょにいるときいていたので、Kさんと二人きりになることはないと自分で自分にいって聞かせながらKさんの家に着いてみると、姪の人は大阪に所用があって出て、いないのだという。それから私はKさんのいうままに、二人で叡電停留所の近所の風呂にいった。女の姉妹のない私は、姉というものがあったら、恐らくこんな感じのものであろうかと考えたりした。風呂から帰ってくると、私は無理に彼の女の浴衣をきせられた。それには何か水色の模様がついていたように思うがはっきりしない。この浴衣にはKさんの膚《はだ》がふれたこともあろうと思うと、私は浴衣の中で身のちぢまる思いがした。Kさんは山が好きだといって沢山の山の写真を見せてくれたが、私はすっかり疲れてしまって、Kさんからなるべく離れた所で早くねたいと思った。一時もとうに過ぎて、静けさはKさんの家もその家を囲む巷をも包んでいた。

私が母親以外の女性とふとんを並べてねたのはこの時がはじめてであった。

私はどうしてもねつかれなかったが、ねむったふりをしていた。そのうち私の足の上に重いものがのったように思った。毛布の下から、私はそれがKさんの足らしいと気づくと、私の血管の中で全部の血が急にとまったように思われた。そして次の瞬間熱いものが顔に上がってきて、私の顔はかあっと赤くなったであろうと思った。私は、Kさんってなんと寝相のわるい人であろうと思った。また女の人の足ってだれもがこんなに重いものであろうかと考えたりしはじめた。しかし間もなく、私のえり首になにかなめらかなすべすべした感触がしたかと思うと、私は胸がはだけるようにぐいっと強くKさんの方に引かれた。私は全身を固くした。何か恐怖のようなものが私を支配した。Kさんの手はまだ私のえりをにぎっていた。Kさんが私を風呂につれていったりしたのは何のためだったのか——私は急にはずかしさに全身がほてって、起きて蚊帳の外の電気をつけた。Kさんも起きて明るい電気の下で私をまぶしそうに見た。

「僕はどうもなれた所でないとねむれませんので帰りたいのですが」といいながら、私は洋服に着替えようとしたが、慌てているものであるから、片方のズボンの足に両方の足を入れようとしたり、上衣の袖にひっかかって容易に手が通らなかったりした。

「こんなにおそくおかえりになるなんて」。Kさんは消え入るようにいった。

Kさんはきちっと清潔なかすりをきていて、すべての秘密をその衣類の下に包んでいた。

私はつゆにぬれた叡電の軌道を冷たい空気を切るようにして歩き、山寺にたどりつくと、私は山門をのり越え、私にあてられている奥の僧房でこんこんと深くねむった。

五

Kさんはその後、私がほそぼそとではあるが作りはじめていた教室文庫の箱（といっても私のこわれかけた本箱をかつぎこんだもの）の上にペスタロッチーの胸像をかざってくれた。私はなるべくKさんに会わないようにしていたが、ペスタロッチーの胸像を見ていると、胸像がぼやけて、飛白《かすり》をきたまぶしそうな眼をしたKさんが浮かび上がってきた。

私は教師になるとすぐから、ひまを見ては、まじめにはじめていた仕事があった。

私は村々やそこにある人生を美しい自然の一部として眺めて陶酔することがあった。

しかし子供たちを見るには、どうしてもその生活の基礎から見てゆかねばならなかった。私はやがて村々の階級的な構成と生態とをつかまえようとした。現実の労働＝生産の関係をしっかり見ておかなくてはならないと思った。村々を歩いて農民の生活を見たり考えたり、それを子供たちの学校生活における生活態度との関連の上に考えたりすることが始まっていった。

子供たちと歌を歌って鷺森に出かける時にも図画の時間にも、私の子供への考察はそうした基礎の上に行われるようになっていった。

自作農、小作農、零細な日雇い農、そして京都市周辺のこの洛北の村々にもルンペンプロレタリアートといってよいような人々もすんでいた。父親が七条の工場にいっていたのが、胸がわるくなってにげてきて、母親がせんべいをやいているもの——そのせんべい屋の子はまだ幼いのにヒステリーのような発作を時折おこすことがあった。——くず買い、高野川で布をさらすのを業としているもの。

私のノートは夏休みを前にしてほぼ出来上がっていた。私は子供たちをいよいよ深く愛した。

暗き陰に走る一条の路に、爪上りなる向ふから大原女が来る。牛が来る。京の春は牛の尿《いばり》の尽きざる程に長く且つ静かである。

漱石が『虞美人草』の中で見たような京の静けさに私もひたり、また愛してきた。しかし私の時代は漱石の時代とはちがっていた。敏感な青年の心には時代の苦悩がひびいていないはずはなかった。しかも「ナップ」も「プロ科」も「唯物史観」も、私がこのノート作りで得たほど深く静けさの奥の現実について思い至らせることはなかったのである。

また都市近郊のこうした農村を見ただけでも、ナップなどに出る農民物——例えば立野信之の『小作人』、細野孝二郎の『吹雪』などを見よ——が如何に現実をはなれて観念的に農民をえがいているかが思われた。農民は労働にあけて労働にくれているのに、プロ作家たちのえがくものは朝から夜まで奔走、集会、闘争する。私は多くの農村を知らないが、少なくとも私が見た洛北の村々の農民たちには、そんなゆとりはなかった。第一労働をよそに奔走と集会と闘争とだけがあればよいという村が、どこにありうるのだ。

一学期の終り、職員会議があった。その時硬教育ということが問題になった。硬教育ということはただきびしくしつけること、著しいのになると軍隊的なながぐる教育を意味するとさえ考えられていた。

柔道三段の坂田は一同をにらみまわしたあと、「どうも教育というものはなぐるのが一番近道のように思う。なぐるとじーんと応える。軍隊をみたまえ。わしは軍隊生活をしている（彼は四ケ月の短期現役を終えたのである）。京都大学の野上教授も、この頃は硬教育を主張しておられる」。坂田は私のクラスのセンベイ屋の娘の宮木きんをなぐったことがある。おじぎの仕方がわるいということから、彼が注意をしたのを（彼の注意には愛情が全く欠けて、とげとげしていたにちがいない）きんがふくれ顔をしたという理由で。

私は坂田の話をきいているうちに、いきどおりが体の中にみちてきた。坂田を許すことが出来ないと思いはじめた。

「硬教育というのは単純になぐる教育を意味するのではないでしょう。意志的に鍛錬的に子供の意欲を創造的な生活へともってゆく――きたえてゆくといってもよい――ことが暴力を用いる教育と同一に考えられるということはおかしなことだと思います。あなたは野上先生のどういう本をおよみになりましたか、そしておよみになったものにどんな風に説明してあったのです」

「子供たちは家庭でよくたたかれます。野良の仕事は全力をつくしてかえってくると、すっかりゆとりがなくなってしまうことが多いのでしょう。母親は一層大変です。野良仕事、野菜の売出し、その上老人や夫や子供たちの世話まで、みんなやってゆかなくてはならない。やさしいはずの母親でさえ、やさしく子供によくわかるようにいってきかせたり、導いたりしてゆくいとまがないのです。勢い手でぴしゃりとかたづけることになりがちです。そうして育てられる子供たちであってみれば――地主や富農の子供たち、別荘のブルジョワの子供たちは別ですよ――あなたのいうようになぐるのが、一番手近なこたえさせる方法かも知れません。そうだとするなら、子供たちが静かにものを聞いて、善悪を考えたり、心から納得して新しい決意をしたりするような機会というものを、かれらはいつもつことが出来るでしょうか。

より力のあるもの、より支配的な立場にあるものならば、その力や立場を利用して、手っとり早く自分の意志を押しつけたりしてよろしいといえるでしょうか、しかし子供たちは、そういう仕方で人生はゆくべきものだと、肉体にしみて学びとるでしょう」

人前でしゃべったりしたことのない私は、どもったりつまづいたり赤くなったりしながら、そんなことを懸命にしゃべって、坂田説に反対を唱えた。

草野さんもKさんもそこにはいた。坂田は色をなして立って、どんとこぶしで彼の前のテーブルを打つと「國分君、きみは滝川教授にかぶれているんでないかね、京都大学という所は河上肇以来実にけしからん教授がいる所だ。それに君は真の日本の教育者というものを知らん。君はペスタロッチーの徒だろう。もっとも君は期間代用だから、間もなくここからは去ってゆくがね」

おりしも京都大学の学園には滝川教授の『刑法読本』をめぐって展開してきた学問自由擁護のための法経教授の大部分と法経学生のすべてをあげての闘争が行われていたのである。

「私は滝川先生の御講義をきいたことはありません。しかし先生を尊敬申し上げています。あなたは先生を攻撃するなら、先生のいけない所をいまここでいいなさい。私はペスタロッチーを偉大な教育者だと信じています。そんなこと、いうも馬鹿げたことです。しかし日本の教育者を軽蔑したりするのではありません。私にどうしてそんな資格がありますか。だが日本の偉大な教育者をとってくるなら、その人たちの教育者としてのねうちは、世界のどこの教育者も同じことながら、誠実なヒューマニティーにうらづけられていることにあるのではないですか」

大男の坂田に私はくってかかった。そばにいた古田は私の背広のすそをひいて「坂田は君をあとでなぐるだろう」といってとめた。M校長が遂に立って「なぐる時にはなぐらねばならぬが、愛をもって涙をもってなぐらねばならない。しかしなぐることが教育でないことは國分君の言う通りだ」というようなことで、私たちの論争を中止せよと宣言した。

上向線をたどる成長期もゆきづまって下降線をたどる時を日本ももった。第一次大戦後のひどい不況の頃から、社会の内部の矛盾が目立って表面にあらわれ、摩擦は音をたてるようになり、病症は指摘するに苦しまなくなってきた。そこから生れる苦悩はこの時代の苦悩として、時代の生産関係の車輪の下にもみくちゃにされつつある人たちにはもちろんのこと、その外にいる人々でも、現実を直視する人々にとっては胸にいたくせまる苦悩であった。

その矛盾や苦悩に向けられる民衆の批判的な眼を新しい対外問題へむけてゆくゆき方、それが政治の現実の上に見られはじめていた。

大陸の東北にまきおこされた強力な行動は、この年の春には山海関の占拠によって北支へ波及する形勢を示していたが、遂に五月には北京に迫った。その後の国際連盟脱退、日支停戦協定の成立、綿業者印綿不買決議、関東防空大演習 —— 職員会議の前に私はその大きく写された砲煙けむる武蔵野の写真を見た —— 等々国民は切迫してゆく時代の動きを目を皿のようにして見ようとせざるをえなくなった。こうした空気の中に国粋的なファッショ的な傾向が次第に見られて、滝川事件などを境として強く教育の世界にも影響を与えようとしてきた。

小さな村の一小学校の職員会議の上にも時代が反映していないとすることは出来ないのである。

職員会議がすんだ後まで私の耳にのこっている言葉があった。「君は期間代用だから、間もなくここを去っていくであろうが」。この一語は私の胸にささっていた。「私は夢中になって今日の日まできたが、私は去ってゆかなくてはならない。その準備もはじめなくてはならない」。愁いのような思いが湧いてきた。

門を出てみるとくもっていて、雨は近いと思う午後の空があった。私が、今日は良っちゃんの所によってお菓子を買ってかえろうと思いながら歩いていると、草野さんが後から走るようにしてきて、私をのぞきこむようにして「はらはらしましたわ」といった。「先生はなにかおかなしみになることがあるのでないのですか、今日はうしろから見ていますとね、お肩のあたりが淋しそうに見えますの」ともいった。「僕はごらんの通りのやせっぽっちだから、いつも肩のあたりどころか、どこも淋しそうに見えるのですよ、寒くなると寒そうにも見える」。そういって私は笑った。

草野さんとわかれると、福岡さんがあとから追いつくようにして、高野川に出ませんかといった。

「私はあなたに同意でした。あなたをたすけなくてすまないと思っています。しかしだまっていました。ああいう所では馬鹿らしくてものがいえないといって逃げるのではありません。私は私個人のある事情から、ものをいうことも――同僚に対してです――心うとく思うようになっているのです」

福岡さんからこのように話しかけられたのははじめてであった。

「あなたは私に『先生』とよんではいけません。私もあなたに『先生』とよびかけはしません。ひとりよがり、虚偽、臆病、保身、卑劣、その言葉からそういったものがにおったり、ひびいたりしてくる」

「教員の世界ってそんなに悲しいものなのですか」

「そうです。あなたもこの仕事をつづけるのなら、視学の所にかなりのものをもっていって運動というやつをしなくてはなりませんね」

「みんなそういうことをするのですか」

「そうです。みんなするのです。校長はよい人だが教務主任にはどうしても。またよい報告をしてもらうために学年主任にも。しかし私はしないできました。それで私は変だということにされ、昇進などもいちばんあとからついてゆきました。その上、私は昨年失恋をしました。そのことを古田や坂田は知っているのです。私はものをいうと奴らに軽蔑されるので、何もいわないのです」

私は僅かなサラリーをもらって煩雑な仕事をおしつけられている教員の世界の内幕をはっきりと知った。草野さんのような人だっているでないですかといおうとしたが、思い止まった。福岡さんの失恋の話も意外だったが、立ち入らなかった。ただ私はいろいろな感慨をこめて「驚くなあ」というと、「あなたは感傷的にものを美化してみようとするから現実にぶつかると驚くのです」と、私の甘い所をぐさっとついた。彼は私をいつの間にか観察していたのだ。

私たちは高野川の堤を日がくれるまで歩いた。福岡さんは休みになったら叡山に上がりましょうといった。夜がきて、八瀬から四明岳へ至るケーブルの沿線に沿って、黒い山腹にちかちかと赤い燈火が望まれた。

六

休暇がきた。あるいはこの休みこそ私の京都時代の最後の休みであろうとも思われた。

私はふだん怠けていた勉強をすること、将来の方向をきめること、叡山にゆくこと、そういうプランを考えた。

私は学生時代に大化改新、平安末期から鎌倉初期にかけての時代、近世初頭（室町末期から安土桃山期）の三つの過渡期の精神の傾向を、下部構造との関連の上に把握しようと努力したことがあるので、それらに続けて明治をやってみたいと考えていた。

私は明治文学をみてみたいと考えた。社会的構成において、その作品の占める地位をつかむこと、作品に反映している社会意識を分析してみること。

ロマンチシズムから自然主義のプロセスを「美しい夢の破綻」だとか「近世科学の影響」だとかによって説明されうるとするようなゆき方には不満であった。

「その根底にある、それを可能ならしめた社会的根拠を把握しなくてはならない」

私は次第に再び学問的な情熱――学生時代にもったような――といったようなものを恢復しはじめた。

「羽仁五郎氏に会ってみたいな、そして書くものを見てもらいたいなあ」

そんなことも思った。

日がくれると、おじさんも小僧さんたちもすぐにねてしまうので、寺の夜は完全に孤独であり、すべての時間は自分のものであった。

福岡さんの紹介で関戸という人の経営する「関西小国民新聞」に日本社会史についてものを書く機会が与えられて、私はこの夏はじめて書いたものを活字にしてながめることが出来た。

クラスの子供たちどころでなくもっと広く多数の小国民の目に入るのだ。私は熱情するものが、少年少女たちを打つこともありうるのだ。

土屋喬雄氏（当時東大経済学部助教授）――私は社会経済史家としてこの人を最も尊敬していた――が「教育科学」に書いた「日本社会史」をもっとずっとかみくだいて、日本の社会の成り立ちを六年生から高等科の子供たちにわかるぐらいのやさしさで書こう。冷静に、しかし子供たちが建築を自分でくみ立てるかのような気もちでよめるように、素材をやさしくなげ出してやりながら段々くみあげてゆくのだ。

私の原稿はやがて小さな新聞にのりはじめて、夏休みの間二〇回ばかりのった。

Kさんの飛白はまだ時々私の目にうかび、草野さんの笑顔が思い出されたりしたが、寺は私をすぐ静かな気もちにしてくれた。子供たちは寺をはるかに見上げるだけでたずねて来なかった。それは淋しいが有難いことであった。

小僧さんといっしょにしっくいをねってバケツに入れて屋根に上がることもあった。寺院の壮観を屋根の上から見るのも面白い。大小のかわら屋根が垂直的にも水平的にも複雑な構成をもって古い松の群落の中にあった。庭園の白い砂があり、古井戸のそばには孟宗のやぶがあり、おじさんが、けしずみをむしろの上にひろげたりしていた。

おじさんの薪わりを手伝うこともあり、大好きな洗濯に音川までゆくこともある。叡山には福岡さんとの約束もあり、数回上がった。

八瀬口から一度、白川口から一度、雲母坂からは度々、そのいずれの時も坂本まで下って、また京都にその日にかえるという歩き方をした。

四明岳に夕刻頃つくことをはかって多くは上がったので、たいていは四明岳のケーブルステーションの階上でライスカレーをくった。そのあとではきまってアイスコーヒーをのんだ。貧しい私たちはそれを無上の食事だと考えた。カレーの中の肉をかみしめたり、冷たいコーヒーをひといきひといき味わったりした。

四明山頂の最澄の石像を安置する石室の所までくると、きまって南面崖上の将門岩の上に立った。脚下には急斜する白河谷があった。

北には比良があり、やや東北には太湖をへだてて湖岸の雄峯伊吹の山容が望まれた。伊吹からはやがて白山御岳につながるのですと福岡さんはいつも言った。福岡さんの故郷の山だからであった。北から西には鞍馬、愛宕などの辺縁をなす山々があり、南には如意、大文字等の低い嶺があって、東山三六峯、醍醐田上の山々までそこにある。

私たちは、あれがなにであれが何だと、一々自分のクラスの子供の名前をあげるようにあげることが出来た。京の市街、八幡、山崎の峡隘も指呼出来た。竪田、唐崎、大津、膳所、瀬田、矢橋、すべてが我々の眉端にあった。

ああ実にこれが山城か。しかし城のようないかめしさはなく、やさしく美しい女性のような山城。

平安朝以来、このすぐれた風景の土地に、日本人の中では少なくとも一流の人たちが集まっていたのだ。大陸の精神はとってもってこの都にうえつけられた。京都の自然と日本人の感性はそれを次第にリファインしたものに育ててあげた。

若い人たちはそれらの文化を単に貴族の文化であるというようないい方をして、なぜ軽蔑するのだろう。

度々の戦乱で都は焼かれることがあった。法燈は長く伝えられているとはいえ、すべての今にのこる伽藍は近世のものである。しかし私たちは千年の歴史をまざまざと感ずることが出来た。

将門岩は砂質粘板岩の大岩塊であったが、長い風化の時代のあとに変質作用をうけて、小さな黒雲母岩がぱちぱちと浮かんで見えていた。

私たちはこの将門岩の上に腰を下ろして、ぼんやりと白川谷を俯瞰したり、近江盆地を見やったりした。そんな時には、郷愁のようなものが私たちを支配した。しかし、それはなにかイデアールな悩みであった。

比叡山は高野川断崖と琵琶湖の西岸とを走る断層にはさまれた一種の地塁であった。そしてそれは古生層とそれを貫いて噴出した黒雲母花崗岩から出来ているといわれている。

黒雲母花崗岩は寒暑風雲のために膨張収縮し易く、黴爛し、流失して美しい砂礫を東塔、無動寺、西塔、横川の四つの谷に流し出していた。

我々は谷に下ってその白い砂の上を歩いたこともあった。

日下は比良以来、吉田の方へ移って一度も顔を合わせることもないその頃、福岡さんは新たなヒルワンダリングの友であった。戒壇院を経て、大講堂の前を過ぎ根本中堂に出た。それから鋼索線によらずに坂本に下った。中堂駅の前谷をへだてて、木工頭紀貫之の墓が見えた。

夕方など、高く天空を擘《はく》して立っている老杉の間から、湖がちかっと光って見えた。

坂本に下るとわれわれは必ずそばを食った。そばを食うとまた根本中堂に出て、四明に上がり、雲母坂を下った。月のある夜の比叡は夢幻の世界である。杉木立の間から月光が飛白のようにしまのようにもれて、光の影を作るのである。つゆにぬれて、月の光をあびた薨、青白くかすみわたる湖水の面。

私たちはやはり新しい時代の傾向についてもっとも懐疑し、もっともそのことを話し合った。山は静寂で森閑としていて、我々がなにを話すことも許してくれた。

※　近代開放とよばれて尊重されているものとファッショ的傾向とよばれるものの相違をどう説明したらよいものか。

※　それは近代的解放の方向とは、そっくり反対のものだといえるでしょう。
※　従来の人間解放では共利社会的着眼の上に立っている――生産部面における労働者の団結などがそれです。――それに対して民族国家という共同社会が押し出されてくる。
※　だとすると内部的な矛盾への解決の努力はどうなってゆくのか。
※　横の方にのこされて忘れさられようとすることになるでしょう。
※　統制の高調がはじまるであろう。
※　主知主義に対して行動主義が対立してくるでしょう。
※　戦争への危険が高まってくる。民族国家の名において国民が興奮の中に追いこまれはしませんか。
私たちは何とかして動いてゆくものを知的に把握しておきたいと考えていた。しかし、民族（国家）の名において幸福をもち来そうとするのは独裁と統制と行動主義によるよりほかなしと考えるに至りつつある人たちを、我々は単純に軽蔑することも出来ないのである。民族（国家）に対しての最も立派な努力であると信じているのであるから。

福岡さんは一度自分の失恋の話をしようといい出して話しかけたが、それどころではないですねといってやめてしまった。新しい大変な時代の跫音《あしおと》は、山の老杉の木立の間でもきかれるようになっていた。

私がなんとかして、小学校の教師として将来も、いや一生、生きてみたいとする希望は、教員過剰の名のもとに当局にきき入れられないことが八月のはじめにはわかっていたので、いろいろと方針を考えたりする必要もあって、山にゆくことも中止しようとした。

ところが休暇も終末に近くなってから、この夏最後の夏季学校のために歴史の話をするようにといわれて――M校長のあっせんによるとあとできいた――黒谷青龍寺付近のテント村に五日間上がることになった。

私は『若菜集』から『破戒』の書かれた頃までの若い日本の成長史の上に、急速な日本の資本主義の進展による社会的矛盾の文学の上に見られる反映、古いイデオロギーに対する闘争、そういったものをなるべく言葉に気をつけて話すことにきめた。それは私が休暇のはじめにたてたプランの中のテーマでもあったので。ああしかし、その話のために私は教員として適当の思想のもち主でないということにされてしまい（教務主任の伊藤が視学に報告したということがあとになってわかる）、私を支持してくれたM氏を苦しい立場に立たせるという結果をひきおこしてしまった。あとで知ったことではあるが。

講演会の最後の日の最後には茶話会があった。一人が歌えば、それはいつの間にかコーラスとなった。

岡を越えてゆくよ
　霞の空はほがらかに晴れて
たのしい心
　……………………

青春を遠い昔に終えてしまったような老教師まで楽しそうに歌った。コーラスは谷をうめている杉の森林の中へ流れていった。新しい歌がそれに続いてわいてきた。強く軍靴のひびきのように勇ましく——

用意は出来たぞ
　みんなでかけようよ
正義に仇する
　敵を亡ぼせーえ

歌はやがて嵐のような合唱となった。私もあとをつけようと思った。冷静な福岡さんさえ歌っているではないか。しかし坂田がこの歌を歌う第一の資格があるものは自分だというような顔をして歌っているのを見て、私は頑固に押しだまっていた。

歌はイタリアファシスト青年団の歌であった。

休みは夢のように過ぎた。羽仁氏へ見てもらおうと思ったアルバイトは手をつけたばかり。

洛北には、はや秋のくる気配が感じられた。空の色が変ってきていた。雲の位置が高くなっていた。女郎花《おみなえし》、野菊、男郎花《おとこえし》、萩、桔梗などの秋の花は野にあった。日中の暑さはうすらぎ、ことに夕方からの冷涼さはもう夏ではなかった。

庄司萬太郎先生から九月のはじめにお便りをうけた。台湾の方では用意をしてあるというお言葉。

七

久しぶりに登校すると、良っちゃん、宮木きん、その他クラスの子供たち多数、カンちゃん、伊太郎の奴までどっと集ってきて、「先生ーあのなー……」といった調子で、それぞれの休暇中の報告をしようというのである。みんな黒くなっていた。

草野さんはやはり美しく、Kさんは子供たちのようにやや日やけしていた。みんなお別れだな――私は心の中で悲しみに耐えた。

門主の留守の日、私はかしわをはりこんでかえった。おじさんは、すまんことやといいながら、山端へ出て豆腐を買ってきた。

広大な寺院の、その最も奥の仏間の前の広い縁側ですき焼き会をひらくことにした。

おわかれの会なのである。おじさんはにやにやして酒を二升ほどさげてきた。どうしたのですというと、御門主のやつをそっといただいたのやといった。

月が杉の林をもれて縁側に冷たい光をなげる頃には、おじさんは早くも一升は平らげていた。小僧の全晃が「國分さん、仏様に悪うはないかな」と心配そうにきいた。「仏さまは君たちが、おいしいおいしいとよろこんで食べているのをごらんになったら、きっとおよろこびになるにちがいない。仏様ってそういう方なんだよ」というと、かたずをのんで聞いていた今一人の全立坊までが安心したような顔になって、二人ともまた肉を食いはじめた。

執事の全信坊はとうとう仏間の大木魚をとり出してきて、ぽこ、ぽこ、ぽこ、ぽこと打ちはじめた。おじさんは「こたえられへん」といって仏間にはいってゆくと、仏様の前でぴょこっとおじぎをして「おどりをお目にかけます」といって、またくるりとひきかえしてきた。

おじさんのおどりがはじまった。

チャカチャカ　チャンチャン
チャカチャカ　チャンチャン

とはやしをみんなで入れなくてはならないのである。何でも妖怪退治の場面であるらしかった。仏間のすみで支度をすませると、おじさんは腰をからげ、ものさしをさして、短い白いかみの頭にはちまきをして、みっしみっしと縁側に出てきた。あごひげはぼさぼさのばしたまま、せまいとがった鼻、赤褐色の顔にはかん骨が高くみえた。猫背でやせてひょろひょろしているおじさんが、なにか毅然とした様子で、さあやりますぜと叫んだ。

チャカチャカ　チャンチャン
チャカチャカ　チャンチャン

小僧さんたちがはやしを入れると、おじさんの奇怪なおどりがはじまった。

身どもはさっしゅう鹿児島の
鬼といわれたムニャ　ムニャ　ムニャ

おじさんはせりふをはじめからわすれていてごまかした。

…………………

…………………

その妖怪をためさんと
尼寺さして　えっさっさ　えっさっさ

そこでおじさんは足を高く後ろにあげて、縁側を、車ひきが走るように走った。やせたおじさんの足の間から
ふんどしが白く見えた。

その尼寺にきてみれば
あちらのすみでも　ごっそ　ごそ

こちらのすみでも　ごっそ　ごそ

おじさんの手は、いかにもおそろしさにふるえ足はちぢみ、声は泣き出しそうになっていった。「チャカチャカ　チャンチャン」は、そこでひとしきりはげしくなった。

この時妖怪あらわれて
おいどん目がけてとびかかる

そこでおじさんは顔をひきつらして絶望的な表情をした。

おいどん目がけてとびかかる　とびかかる

おじさんはふるえるような声でいいながら、腰のものさしをぬこうとした。それも、さも大刀であるかのように腰をひねってぬこうとした。足はとんとんとひょうしをとっていた。

おだわら剣術役立たず

せりふはそこでつまってしまった。せりふがつまると、おじさんはうっかり刀をぬくわけにいかない。

……役立たず　役立たず

といっておじさんは腰をひねりつづけた。一同は「チャカチャカ　チャンチャン」をやめて、大声を上げて笑った。上をむいたり横を向いたり、中には腹ばいになって足をばたばたさしたりして笑った。

私も、のどのあなが見えるほどの大口をあけて馬鹿笑いをした。

ふとおじさんをみると、縁のさきの方で腰をひねっていたはずのおじさんがどこにも見えなくなっていた。縁先に走りよってみると、琵琶湖をかたどった小堀遠州作の湖面の白い砂の上におじさんは落ちて、手と足をあげて「おちました、おちました」と、しゃがれた声をあげていた。ものさしも手ぬぐいも、どこかにとんでしまっていた。

月光が白い砂をうすく黄色にそめている。その光のかげの中で、おじさんは岩からはがれた古木の根といったかっこうでやがてのびてしまった。

翌朝おきてみると、朝早く全信坊でもきたのか、古代朱の色にそめた私の部屋の壁に、上はしと下端を包み紙から出るように包んだネクタイがかけてあった。

そして「大丸」の包み紙の上には黒々と、次のように書いてあった。

國分さんよ　ちと辺幅を飾れ　全信
全晃
全立
のんべのおじさん

彼らが私におくったせんべつの品だ！　離愁、そういった気もちが俄に湧いてきて、次第に強く私を支配していった。

［コメント］

國分君のものは、今度はじめて本式に拝読の機会を得たのであるが、実に面白く感銘深いものがあった。

（幻塵居主人・「同人回覧雑誌」第二号）

國分さんのものには全部に緊張した感じが行渡っているのに敬服したのであるが、大作の「離愁」に至って、更にその感を深くした。

（森於菟・「同人回覧雑誌」第二号第三分冊）

棉の木のある学校

一

嘉南平野のまん中に大莆林という小さな村がある。東には広漠とした甘蔗畑を越えて新高連山が蜿蜒《えんえん》と望まれる。山脚地帯まで三里、海岸まで一〇里余り、北と南には無限の平野が続いている。

父はこの村の三等郵便局長をしていた。私が昭和八年九月、約四年ぶりで京都から帰ってくると、「兄さん何年ぶりだね。相変わらずやせっぽっちだね」と弟たちは笑って私を迎えた。母は「仕送りも満足にいかんですまないことだったが、色もよくなって帰ってくれて嬉しいことだ」と喜んで、手や足のおき所がないようであった。父は父で、思想運動のことなどわからないながらも心配していたようである。

「お前は女学校に行くというが、女の子というものはむずかしいものだそうだよ。おまえには姉さんが一人あったから生きていればよかったが、早く死んでしまってね」などと、私をまだ子供かなにかのように思っているらしかった。

その夜、父はしみじみとした調子で、「おまえも仕上がったから、いずれおれたち内地へかえろうと思う」というのである。

息子が一人でも学校を出ると大体あとを新しい人にゆずることになっているのだと聞いていたが、その上「あまり外聞のよくない問題」がおきていたのである。

中学三年の多可司《たかし》が「僕のことでね」といって頭をかくのを、四年の四方司《よもじ》は「多可司のやつ喧嘩ばかりするのでね」と憤慨するように言った。

父があまり外聞のよくない問題だといって話し出す所を聞いてみると、多可司がある有力な役人の息子——父はそういう言い方をした——をなぐったというのである。なんでもその息子さんが多可司の友だちの姉さんに恋文を書いたというので軟弱だといってなぐったというのである。被害者の父親なる人から学校に厳しい談判があったりして、多可司は無期停学の処分を受けたのだという。しかも校長はひきとってもらいたいという腹でいるようであると、気もちを昂ぶらせるようなこともなく平静な調子で父は話した。子供が悪いのは親も悪いからだというようなことも言った。母は涙を一杯眼にためていた。

私は赴任地の台南に出る前に、この方の話をかたづけておかなくてはと考えた。翌日早速嘉義中学に出かけた。校長の渡辺節治氏はいくらか前かがみの胸の薄い四角い神経質らしい青い顔つきをしていた。

「ああ君が兄さんか。國分はこまる生徒だよ、なにしろあの体格で、大きな喧嘩といえばいつでも一役買っているのだからね。上の方はおちついた性質だが、三年の國分ときては困ったものだ。僕の修身の時間には奇声をあげるし、またわしのことをカニ（蟹）と公然と言うのだよ。わしの娘で嘉義高等女学校へいっている奴に『カニの子ガニまた』といったのは三年の國分に違いないと考えているが、ああいう生徒がいては教育の障害だよ。無期停学としているが、どこかに転学でもさしてくれないかね」

校長は私に挨拶の言葉を述べるいと間もあたえず、一気にまくしたてた。

そういう生徒を作りあげてきたということには、学校の側もいくらか責任があるのではないかと、私は無意識の中に反抗的になっていたが、恐縮しないわけにはいかず、悲しみをかくして引き下がるより他なかった。

校長は静かに出てゆこうとする私を不意に背後からよびとめて、「君は一体なにをしているのかね」と聞いた。「私は最近京都から帰ってきて、台南の第一高等女学校に赴任するものです」と答えると、校長は「京都大学

台湾台南第一高等女学校に赴任し，
公務員（判任官）の制服姿で

だろう、京大事件の」といって、ちょっと軽蔑するように私を見た。それから「大学出はだらしなくていけないね。外地には外地の特殊な事情というものがあるのだ。君、この服をつけているということを考えないといけないよ」。校長は少しの愛情もふくまない調子で、その白い、官服とこの土地でいわれている制服をさしていった。

あの服を着て歩いている人たちは、みんな何かを意識しているのであろうか、しかもそれはパブリックサーヴァントというような意識ではなしに、民衆の上にあるというような、おれは官吏であるというような外地的な官僚の意識があるのではないか、それにしても銃剣をがちゃがちゃつけて歩いていた時代よりは変ってきているであろうか、そういう思いにもってゆかれた。

父母は弟たちをつれて母の里の静岡の方にひき上げてゆくことになった。父は明治四一年渡台以来はじめての内地帰還だというので、多可司は「お父さんは浦島太郎のようだ」などと一人喜んでいた。そうすると私も急に、みんなについて再び内地へ引きかえして行きたいという気もちにかられたが、父が「自分はこの地に骨を埋めたいと考えていたのに、それを果たさずに残念である。貧しい官吏のはしくれではあっても、何かこんなことをしたと思い出すような思い出もないのだから淋しいや。せめておまえだけでも仕事をのこしてくれないか」というものであるから、仕事を残す自信などあろうはずはなかったが、思い止まることにした。

多可司は「兄さん頑張って下さい」とよそ行きの調子でいうと、あとは何らの感傷も止めていないような顔つきで四方司と二人意気揚々として、大きなトランクを下げて父母の前に立って歩いた。父母も、その気分にひき立てられて笑いながら発っていった。

九月もくれる頃とはいいながら熱い太陽が頭上にあった。しかし父母の笑顔と弟たちの揚々たる様子があったればこそ、私にとってはこの土地に生きてゆく道が開けてきたとも言えるのである。

多可司の同級生であった渡辺校長の長男の春一君は、その後校長秘蔵の春画を学校にもっていってクラスの生徒たちに見せたことが問題となって、この人も多可司の後を追うようにして内地へかえったということである。

二

台南の街には、どんな入りこんだ片隅の街巷でさえも砂塵からまぬがれることの出来ぬような砂の季節が来ていた。

約一個師団の軍隊を入れることが出来るという駅前の広場、その一隅にあって、すべての街の歴史を知っているかのように巨然として立っている森のような榕樹、西の方には真直に台車道が下っていて、この街が西方に傾斜していることを示していた。榕樹の下から、美しい鳳凰木の並木道が南の方についていた。並木路は間もなく黒々としたビルマネムのかげの、白い児玉さんの像のあるロータリーに出る。そこから古めかしい州庁舎の洋館と広東風の美しい両広会館の前を通って僅かに行くと、官舎街に出る。その南の角の大きな柳のある家を左に折れると、つきあたりが鄭成功を祀る開山神社の赤い壁になっており、赤い壁に行くまでの南側の丘の上に落ちついた感じの学校がある。

門をはいるとすぐ玄関の前に、この学校を象徴するかのようにのびのびと枝を天空にのばした、樹皮の白い棉の木があった。

私ははじめての日、若い声、幼い声、いたずらそうな少女たちの視線、おかっぱの頭をなでてやりたいような可愛らしい少女、面と向ったなら、女性を感じさせられるような成長した少女たちの中に立って、はるばると職を求めてここに来たことを悔ゆる気もちになった。曼殊院の僧坊深く住んでいた私には、心の疲れるような世界がそこにあったからである。

校長は松平治郎吉先生、教師の半数が、あるいはより以上がまた女性であった。

松平先生は私の中学時代の恩師であった。新鮮でものの考え方がリベラルで、私が最もひきつけられた先生であった。

しかし私が久しぶりで先生の前に立ってなつかしさで言葉も出ないでいると、先生はいきなり「君の履歴書の字はまずいね」といわれた。それから、「台北の視学官の所によって来たかね」と聞かれた。よってこなかったと答えると、「視学官には手土産でももって、いんぎんに挨拶してくるものだ」と叱られた。それから「この学校でも教頭と庶務主任には、やはりなにかもって挨拶をしなくちゃいけない。そういううかつさでは君、これからやってゆけないね」

「君はざんぎり頭じゃないか、のばしたことはないのか」

「上級の生徒たちは君なんかより精神年齢がまさっているよ」などと次々に戒めるような調子で言われた。「先生は生徒であった私に処世の術を教えて下さっているのであろうが、いや、いつまでも中学生のような子供くさい私を不満に思われるのであろう」と私は小さくなっていた。

「先生は変ってしまったなあ」と思いながらも、その夜私は追い立てられるようにして急行をつかんで、台北の新起町の市場に、内地産の二十世紀の箱を幾箱も買いととのえるべく出かけねばならなかった。

私は二十世紀をたずさえて、主席視学官大浦精一先生を訪ねた。先生は高等学校時代の恩師であったので、ただの視学官のような気がしなかった。寡黙謹厳なことで名のある人だったから、私は二十世紀などさし出したら一喝を食らうにちがいないと思って、恐る恐る先生の玄関をたたくと、「やあ、とうとう帰ってきたね」とらいらくに笑って私を迎えて下さった。

先生はいろいろな話の末に「僕は酒ものむしね、芸者もかうし、ダンスもうまくなったよ」といわれた。「先生はそのようにくだけることにも人間修業の手段があることを示そうとされますが、視学官という地位が先生をそのような人にかえたのか、先生をして酒や女人に近づけるようにさしたのは、どういう人たちなのか」。私はぼんやりそのようなことを考えていると、「君、女学校では笑ったり興じたりしてはいけないよ」と急に真面目な調子にかえってゆかれた。話題は時代の思想のことにもふれた。

「松岡洋右氏や中野正剛氏などが正しい主張を書いているね。権藤氏の所論も注目すべきだ。日本精神にかえれというのだろう。しかし台湾は君のん気だよ。まだペスタロッチーが研究会などにゆくとかつぎ出されるのだからね」

「赴任して早速する仕事は教授細目をつくることだよ」

恩師大浦先生は消えて、主席視学官大浦先生が時々大きく圧するように私の眼に映った。

私はそれから西洋史の講義を聞いた庄司萬太郎先生をお訪ねした。色の黒い長身の先生は、小さな奥様といっしょに私をなにくれとなくもてなして、これから台湾史をほり下げて見るような勉強をしなさいなどと親切な暖かいお言葉を下さった。

話の途中で先生は「月給はいくらか」と聞かれた。知らなかった私は「まだ聞いていません」というと、「のん気だね。五給どころかな、四月には任官するでしょう」といわれた。

五給がなんであるか、任官がなにであるか私はしらなかった。

二十世紀のおかげで松平校長は機嫌を直された。「先生はたしかに変られた。しかしなにが先生をかえたのであろうか」

「内地の仏教の方のある学校からこられた善良な先生が、その後、数ケ年に及ぶこの土地の官僚の空気の中に様々のことを学ばれて、段々身の処し方だとか、ものの考え方などを変えてゆかれたのではなかろうか」

先生は私に不満を示されたが、私は私で、心の中で悲しく思った。

私は桶盤浅という、面白い地名の台地の上に家をかりて、食事を近所のアパートにとりにゆくことにした。

三

教頭の松井実先生のはからいで、歴史の芝原仙雄先生の授業を見せてもらった。テーマは「イタリアにおける文芸復興の運動」というのであった。生徒たちは瀬川秀雄博士の教科書をひろげていた。板書された〝ルネッサンス〟にはｓが一字ぬけていた。

先生はいそいでいるらしく、ダンテとかペトラルカとか、ボッカチオの名前が出てもその作品についてはふれられなかったし、ミケランジェロが話されても一枚の写真も示されなかった。

一方的なレクチャーであったが、時間の終り頃になって一人の質問者が立った。

「先生ダンテの神曲についてお話をして下さい」

「神曲の説明というと大変だね。一〇月になってまだルネッサンスをやっているようでは到底すまないからね」

と教科書のあまりをめくって見ていた。

「ベアトリーチェってどんな女性なのでしょうか」。少女は、こんどは可愛らしい笑くぼを見せて聞いた。

「ベアトリーチェはダンテの青年の頃の愛人だった人だが、くわしいことは知らないでもいい」

「いやです」、「いやでーす」といった声があちらこちらにおこった。

「いやです、いやでーすって、君たち女の子でないか。そういう口のきき方を家庭でもするのかね」

一同は、がやがやしたりにやにやしたりしていた。中には怒ったような顔をしているものもいた。

新米のくせに私は芝原先生の授業に不満であった。一方では中世が築き上げた封建制度の構造が気味わるくゆれ出すそばから、他方では近代文明を打ち立てるための土台工事が徐々に進む時代、そうした大きく移りゆく時代の舞台の上にヒューマニストたちがどのように生き、またどのように歴史の進み方に影響を与え、また一方では歴史的制約を受けていったか、ということを考えることほど、人と歴史との関係を感銘深く考えさせられることはなかろうと思われる。この時代が、ただあのように扱われてよいものであろうか。

授業がすむと、鼻の下に短いひげをたくわえた人の好さそうな芝原先生は、やあといって私とならんで廊下に出た。

解放された生徒たちは私たちをすりぬけて、廊下を流れ出ていった。生徒たちは袖の短いじゅばんのような白いシャツ一枚で腕をあらわに出していた。大きな種痘のあとのあるような腕と腕をおし合うようにして生徒たちが通ってゆくと、汗のにおいに髪の油のにおいのまじったような不思議なにおいが鼻についた。

「明日からこうした生徒たちとまともにむきあって、ものを言わなくてはならないのだが……」

「國分君」と芝原先生は私の臆病な思念を中断していった。「君、ぼくはね、台北Y中学の方にゆくのだがね、で、君は後任というわけだよ。女の子はね、頭が悪いから教科書以外のことにふれると試験の時に苦しめることになるから、注意したまえ。今日は急ぐので失敬するが、なにか聞きたいことがあるなら僕の家にきたまえ」。そういってあたふたと教員室へかえっていった。

校長も教頭も「要領はわかったかね」と私に聞いた。

「あの人は学者にはならなかったが、歴史教育の上では立派な人なんだよ。趣味は蘭、随分沢山つくっているよ」

教頭はそうつけ加えた。

「学校を出て何年になるでしょう」

「一二、四年かな」

学校にはのんびりした空気があった。女生徒たちは内地の少女に較べると明らかに風土的な影響を受けていた。

ただに生徒たちに限ることではないが、ことに眼につくのである。色の黒いのはあたりまえであるとしても、皮膚に生気がなく、デリカな表情と生き生きとした動きに欠けるように思われた。

「どうです、京都の女の子とちがいますか。黒いでしょう。しかしね、なれるときれいに見えるようになりますよ。そんな所にぼんやりしていないで、ちょっとまあ、わしの所にきませんか。わしは訓育部長兼運動部長ってえらい肩書をもっていましてね。絵を描くこと以外にはね、朝から晩まで女の子と暮していますよ」

頭の頂には髪をほとんどとどめていないが、後頭部に漆黒の髪をぱさぱさとたくわえた、赤黒い顔の御園生暢《みそのおちよう》哉《さい》先生が、蓮霧樹のかげで女生徒たちのハードルレースを見ている私によびかけてくれた。

先生についてゆくと、先生は運動場を横切り、あたりを見まわした上、鳳凰木のかげのイカダカズラ（編者注・ブーゲンビリア）の生垣の底にあけられた穴を犬のようにはって、がさがさとはい出した。私もはい出してみると、そこが先生の宿舎の庭であった。

おーいビールと先生は奥さんをよんだ。その中に「こーりゃ暢哉」とよぶ声がしたかと思うと、全身赤銅色の体操の先生があらわれた。「どうせそんなことだと思ってつけてきたよ」とにこにこしながら、彼は縁先に腰を下ろした。

「江頭ですよ、暢哉の弟分で」と私に挨拶をしてくれた。

　　あなをはい出てビールをぬいて　いきをぬいたら
　　放課　放課の鐘がなーる

江頭先生は運動場の生徒に聞こえはしないかと思われるような声をあげて出まかせの歌を歌った。

しばらくすると、我々はまたカズラの下をくぐって校庭にかえった。暢哉先生はバレーコートにいって運動部長らしく緊張した顔を見せて「しっかりせーい」と声をかけた。声は腹にこたえるような声であるが、その眼はやさしい人の眼であった。御園生先生と江頭先生はやがて私を凡児とよぶようになった。私はこの二人の先輩を「暢哉先生」とか「江頭君」とかよぶようになった。凡児とは麻生豊の「只野凡児」から思いついたもののようであった。

女生徒たちの授業というものはむつかしいよ、むやみに教師が笑ったりしてはいけないしね、一人の生徒に二度あててもいけないしね、きれいな生徒の顔ばかり見るなんて大変なご法度ものさ、などときかされていたが、教師と生徒たちとがお互いにもっている材料を与えたりひき出したりしながら結論を組み立ててゆく授業の過程の楽しさは、大きな女生徒たちを相手にしても変わるはずはないであろうと思っていた。

上級の生徒の時間が私の最初の時間として私を待っていた。新米の先生がどんな授業をするのかと、いたずらそうな眼ではじめての私の眼をかっきりと迎えた。

修学院の良っちゃんやおみっちゃんとはちがう大人になりかけの女の子ばかりであるので、私はいくらか上がっている気もちをおちつけるために、「ダンテからボッカチオへ」といった題を黒板に書いたように思う。しかしその時間がすむと、私は女生徒たちを恐れる気もちから救われていた。

「ダンテにとっては天国の幸福だけが永遠に続くほんとうに導くものであると考えるのです。その点においてダンテはまだ中世の詩人だといえるでしょう。それに較べると『十日物語』ではがらりと様子が変わってきて、僧侶や尼僧たちでさえも、あたりまえの人たちと同じような欲望や感情で生きている。しかもどちらかといえば、あまり信用の出来ない種類の人間としてかかれています」

こういった仕方で、ならべて比較させせながら、私は教科書からすっかりずれた時間をもってしまった。

一定の時間に一定の強制された方法をもって同じ頁をひろげて読む教科書ほど面白くないものはなかろう。教科書そのものが面白くないのではない、そういった仕方で教科書を読まされることが面白くないのである。その上教科書へ教科書へと縛りつけていったとしたら、教師の欲する所とは反対にみんな教科書から逃げてしまうに違いない。私はそう考えていた。また「教授法」という学科が師範系の学校にあることは知っていたが、教授上の技術などもとるに足る問題とは考えなかった。

女の先生のことを男の教師たちは女先生《じょせんせい》とよんでいた。その女先生の中に中村宗亥という人がいた。一番年長で家事を教えていた。その美しい横顔を見ていると優しい人がらが思われた。

私が授業をはじめて間もない頃、中村先生が私に、「凡児先生」とにこやかに笑いながらよびかけた。

「お授業はどうです。面白い？　お勉強は？」

「上手な授業はしたくとも、出来ないでしょうが、いくらかでも深い授業をしたいと思うのですが、それには、それをめぐって授業が深くなってゆくというような生活のもち方が大切だと考えていますが、まだ浮いたような気もちでいます」

私がまじめに切り出したものだから、先生もまじめな顔つきになりながらいうのであった。

「この土地に生活するものでなくてはもてぬような、そんな授業をもちたいと思います。例えば家事のことなどもち出して恐縮ですが、おかっぽうのことなどね、この土地の風土と食生活のことをめぐって考えてみるのです。この土地のものをわれわれに向くように変えてみるとか、様式のそれとこちらの技術とを組み合わせてみるとか、風土や環境をめぐって考えてみるのです。家事といえばおかっぽうのことばかりではありませんので、そういう仕方で考えてみますと勉強することが沢山ありますわ。どうかすると否定的な態度に傾きがちな若い人の足を地につけさせること、この土地における教育の上の一つのねらいのようなものが、そこにあるのではないでしょうか」

中村先生の話にはよい暗示があった。この人のような生き方で打ちこんでゆくなら、浮動的なものがなくなって、ほんとうの生活が出来るであろうと思われた。こうして私にも段々親しい人が出来てきて、心の落ちつく日が早くきた。

四

国語と東洋史をうけもつ松井富美さんは教頭の先生と同姓なので、生徒たちは女の松井先生とよんでいた。色の白い、ふちなしの眼鏡をかけた明るい快活な人だった。私は松井さんとその人をよんでいた。

その松井さんと私と二人で、高雄の高雄高等女学校の歴史研究室を見にゆくことになった。

「独身もの二人でゆくのだから注意してね」。教頭にそういう注意をうけると、気はずかしい気もちがした。

高雄の町のすべての青いものは灰白の塵埃をあびて、水々しさはどこにもなかった。

「乾燥季節にはどこでもこうだったかな、荒涼たるものですね」と私がいうと、松井さんは「海が見たいわ」と言った。松井さんは私と肩をすれすれに、男のように活発に歩いた。

本田校長は色の黒い長身のおだやかな人だった。

「なかなか熱心だね。夏休みに生徒たちに手伝ってもらって歴史科の先生がやったのだがね、神社のお写真が全国的に集っていますよ」

教室を一つつぶして皇太神宮から国幣社に至るまで、黒い台紙にはめこまれて壁面一杯にならべられていた。東郷元帥の文字などもあり、四隅にはつやつやしたクロトンの鉢植が、神社とは反対に南国的なエキゾチックな感じを出していた。

「春には桜の写真や絵葉書、秋には紅葉というように、この部屋で内地を紹介してゆくのです」と本田先生は抱負を語った。

生徒図書室には塚本哲三の『国文解釈法』、小野圭次郎の『英文の解釈』、諏訪徳太郎の『最も要領を得たる日本歴史』といった類のものがならべられていた。

「小説類はよみふけって学業をおろそかにするので、おかないことにしている」というような話であった。

私たちは学校の見学もそこそこに、寿山に上がって海を眺めてこようとほこりっぽい街を歩いた。

「文学に対する理解のある校長先生って少ないと思うけど、高雄高女はうちよりひどい所だわ。上級の生徒になると、女学生って身内に染みわたってゆくような、文学に対する思慕というか郷愁というか、そういうものをもつものだのに可哀想だわ」

松井さんは寿山への道すがら、高雄高女のことを思い出して私に話した。

「第一本田先生ってどんな方って思う。あのお部屋なあーに」

「本田先生はまじめに、あのようなコレクションに意味があると考えているようですね。文化的には貧弱な図書館が一つあるきりの、この荒涼とした港の街で、学校にゆけばあの様な指導精神が支配しているとするなら、生徒が可哀想です」

「そうねー。神社のお写真をならべてみて、そこになにか日本の精神の流れをうかび上がらせようってなさるのでしょうか。生徒たち、あのお部屋に近づかないわきっと。しかし、時代のはたらきかけ、ということがあそこには考えられますわね」

「満州事変からこちら、社会情勢というものが次第に緊張を見せようとしているようですね。これまでに社会情勢などとは別個の所で営んできたといえるような教育の世界にも転機がきますよ。しかし、時代の風潮というものを現実的な探究の対象としてとりあげないで、抹梢的な興奮を形式的に形の上に反映させるだけで身がまえが出来たと錯綜するようなことがはじまりますよ」

私たちはそのようなことを話しあいながら、寿山を登っていた。スロープのゆるやかな、自動車も上がれるような道が頂上の方までついていた。山は乾燥していたが、眉のような細葉を満身につけた相思樹の樹林が、いくらかうるおいをみせていた。からんからんの珊瑚石灰岩の間には、緑珊瑚といって珊瑚のように緑の梢《すぎ》のような樹枝を出してはびこる植物や、いかにも暑い国の花のような、それでいてひなびた朱赤色の小さな沢山の頭上花をつけるランタナなどがあった。

西洋人がエープヒルとよんでいたので猿がいるかと思って注意していたが、猿は見あたらなかった。一〇月も下旬というのに、夏の太陽は一一〇〇尺の山頂にもあった。しかし西の方、見下ろすような山裾をとりまき拡がっている青い海峡の上をふき上げてくる風には、流石に季節の冷々しさが感じられた。

頂上にある小さな屋根の下で、昼飯を食った。「台湾のようなあつい所で、殊に私たちのような地方にいて勉強するって大変なことですね」

「自分の志す研究の分野を拓いてゆくということは非常にむずかしいでしょうね。しかし自分の分野にだけは少なくとも関心を持っていて、おくれないでついてゆくような努力をはらっていて、しかも教育者として立派になってゆくということは出来ないものでしょうか」

「そうねえ、どちらもやれなくて中途半端な所にいて、自らをなげいている人が多いと思うわ。何かやるとしても、一種のディレッタントぐらいの所で終るという悲しみがありますわ。かえりみてほかのことのみいうみたいだけど、私なんか、どっちにもなれなくて、その上に無神経で……」

「そんなことはありませんでしょう。しかし私は中村宗亥さんに感心しています。あの人は足を地につけています」

「中村先生ですか、よい方ですわ。あなたのこと凡児先生っておっしゃるのよ。一面面白い方ですわ」

おにぎりを食べる間もそんな話しをした。そして話しながら、私はずるずるっと時が運んでゆく五年一〇年後のことを思っていた。頭の髪を角がりのようにかって口ひげをたくわえた、私の前任者の芝原仙雄先生が浮かんできた。私ははげしく手をふって打ち消そうとした。松井さんが「なにをなさるの」とびっくりした顔をした。

海峡と反対の側の寿山山麓には高雄の街があり、港には少数の汽船が煙をおさめて碇泊していた。市街のわずかに北のはずれには、傾動地塊の平屏山が船をくつがえしたような形で横たわっていた。第三紀頁岩層の上に石灰岩がかぶっている様子が西方の崖をなす斜面においてはっきり見られた。そしてその少し南側に、かって鳳山県治のおかれた県域の地があって、荒廃した残骸を僅かに止めていた。

「巡視台湾御史張湄の詩に『蓮辨芹絲一気香しく、天然の津水宮牆をめぐらす』という句があります。町の名は興隆荘街、しかしその繁華はしのぶによしないものになりましたね。はげしい太陽の下ではだめですが、雨の日だとか、そうぼうとくれてゆく夕刻のひと時には、あの苗城の城址は詩情にとむと思います。しかし、私が高等学校の学生の頃この山に友人と登った時、やはりそのようなことを述べると、君、そういう退廃の美に感傷するよりは何か生産的な建設的なものに美を見出さなくちゃと、その後ある大学の経済にいったその友人が私をたしなめたのです。あの苗城に続いて山麓に次第に発達しつつある工場の街を見よ、と彼は言いましたよ」

「まあそれで……」

「その友人の言うことはもっともなことです」

「お友だちの方、その後どうなさいましたか?」

「彼はこの町の出身者ですがね。結局ひっぱられていったきりです」

「まあ……」

私たちは午後の山を下った。

「山に登ったなんて教頭の先生にはだまっておきましょうね」と松井さんがまじめな顔をしていった。

五

一一月のはじめには修学旅行があった。私は四年生の我鑾鼻方面への旅行につきそって行くことにきめられた。クラスの主任はそれぞれのクラスについてゆくが、主任以外の教師たちはどこかの学年に割りあてられた。

生徒たちは紺サージの冬服にするか、夏服のままで行くかを問題にしていた。長く着なれた夏衣をぬいで冬の支度をしてゆきたいと思うものと歩くと汗をかくからという実質派とがあったが、衣がえをして、いくらかあらたまった気持ちで行こうという方がいつでも勝をしめるらしかった。

「白からセル（編者注・薄地の毛織物。セルジ、サージ）へ、セルからあわせというように、気温の変化につれて自然の変化に応じるように着ものを替えてゆくあの気持ち、ここの子供たち知らないから可哀想ですわ。精神的な生活の上にもデリケートな影響があるでしょうね」

と中村先生が旅行の準備をしながら、生徒たちの服装問題に関連してそのように話した。

中村先生はまた松井さんに静かにたのんでいた。

「よくはいってありますが、万一のこともありますし、衛生係としては用意をしておいて下さい。旅行に出ますと、急に変化をおこす子がありますので」

なんのことであるかわからなかったが、聞いてみるのもいけないことのように思われた。

放課後、一同が講堂に集まると、松平校長から訓話があった。

「女学生は、女学生の対面を保っていつでも行動しなくてはいけません。旅館にとまったら、女中さんなどに迷惑をかけないように。町をぶらぶら一人で散歩してはいけません。知らない男の人がよってきたら、ものをいわないようにして、すぐに付添いの先生にお話しなさい………」

そこまでくると生徒たちはくすくす笑った。

松平先生がかえって行くと、暢哉先生がえへんといって生徒の前に立った。この人があらわれると、どんな時でも生徒は笑った。

なにを笑うのかとちょっとにらむまねをしたが、にらんでいるのではなかった。

「ええと、学年主任といたしましては、はたまた旅行隊長といたしまして一言注意いたします。まず付添いは暢哉、中村の両主任と江頭体操、寺田英語、松井富美先生に新米の國分先生……」生徒たちはそこでまたわーっといって笑った。この年頃の女の子ほどよく笑うものはなかろうと思いながらも、笑いにさそいこまれた。

屛東は台南よりもほこりっぽい、高雄よりもずっと田舎くさい町だった。生徒たちは、衣替えをした新しい冬服がほこりにまみれることを心配していた。

台湾製糖株式会社の工場を見た。

「資本金六三〇〇万円、明治三三年の創立、分蜜製糖会社の嚆矢でありまして、本社は当地、出張所は東京にもあります。砂糖の製造販売を主なる営業目的とするも、副業として糖蜜を原料とする酒精を造っています。粗糖の工場は台湾各地に一三ケ所、そのうち白糖をかねるもの二ケ所、酒精を製造するもの二ケ所、社有の土地が三万町歩、社線鉄道の延長実に七〇〇キロメートル……」。頭髪には既に白いものをまじえた太った平山専務は、おなかをつき出すようにして、とうとうと話しつづけた。

ごうごうと機関の音のみちわたる工場の中も一巡した。甘蔗を満載したコンヴェイアーや巨大なシリンダーなどの間を、機械にとられぬようにスカートをおさえておそるおそる生徒たちは通っていった。

専務が先頭でくるというので、油だらけになった人たちがどの機械のそばにも緊張してついていた。

下命の職工の大部分は在島人職工であると思われた。

工場は広漠たる甘蔗畑に囲まれていた。そして甘蔗の畑の中を蟻のように運搬列車が工場を目がけて煙を上げていた。

専務が最後に案内したのは瑞竹であった。本社事務室に近い草地の中に一叢の竹林が、やがてうつ然たる叢林をなすであろうといった勢いを見せていた。

「今上陛下が大正一二年四月二二日、皇太子におわす頃行啓せられました際、御休所にあてた柱から芽をふいたのであります。実にそういうことはありえないのにありえたのでありますから、歓喜いたしまして、丹精こめて奉仕の心もちで水をそそぎ、手を入れました所、かくの如くも成長いたしましたのでありまして、誠に皇室の御繁栄を寿ぎ奉る所の瑞祥とも申すべきでありましょうか」

専務は出来るだけ荘重にうやうやしく述べた。そしてそのはては瑞竹精神ということを言い出した。

「瑞竹精神とは即ち、真心こめて奉仕する所からありうべからざることも起こりうるということにもとづきまして、『真心こめて奉仕せよ』ということを意味するのであります。それにより奇跡的な生産力の増加が見られ、国富はいよいよ増進するものであります。働く者の喜び、これに如くものがありましょうか」

専務は自らの声に酔っているようであったが、その側に立っていた庶務課長という人はつまらなそうな顔つきをして立っていた。もう何十回もくりかえしてその話を聞いていたのであろう。大部分の生徒たちは、話が早くすめばよいというような顔をしていた。江頭君は故意に不謹慎なあくびをした。暢哉先生と松井さんはどこかにずらかってしまったらしく、見えなかった。中村先生は頭痛を起こした生徒の介抱をしていた。

寺田先生は顔の筋肉一つ動かさずによその方を向いていた。

私にはひそかな憤りのような感情が胸の中に湧いていた。

一同が屏東ホテルに引き上げる道々、寺田先生が「ああいう手もあるものですかね」といった。「瑞竹精神とはうまいことを考え出しやがった」と江頭君までが驚いていた。

「一匹の塩鱒を買いますとね、それをまずよくにるのです。そうすると、塩からいスープが出来ますでしょう。そのスープが二、三日は立派なたべものになります。そのあとで皮やら身の方を少しずつ食べるのだそうです。それが労働者のぜいたくだそうですよ」

中村先生はどこで聞いてきたのか、工場で働く労働者の食いものの話をした。

生産力が次第に大きくなっていって、現在の諸秩序との間の敵対が発展すればするほど、支配階級のイデオロギーは益々虚偽をもってみたされるようになる。イデオロギーの虚偽的性格が暴露してくるようになれば、支配的立場にある者によって使用される言語は益々崇高且つ道徳的になる——。

私はブハーリンの言葉を思い出したが、誰にも話さず胸の奥におしこめた。
三、四人の少女が背後から走ってきて、私の背広の上衣のポケットにチョコレートだとかビスケットだとか、霰のようなものまではいるだけおしこんだ。
「先生、私たちの名前をいってごらんなさい」と彼女たちはお菓子の代償を要求した。「知らない」というと、「まあだめですわ、それでは忘れてはいけません」とおませの口調で、一ばん小柄な生徒が笑いながらみんなの名前を紹介した。

春山ユアン、横山文子、楊彩霞、押見忠子、四人の少女は先生にめぐみを与えたという満足からにこにこしながら、手をつないでふり返りふり返り帰っていった。

女の子ってあんなに大きくなっても手をつないで歩くのかなと思いながら、仲よしさんたちの後から歩いた。夕食のあと、木瓜を買いにゆくからいっしょにいって下さいませんかとさきの少女がさそいにきた。「うっかりお菓子をもらうとあとのたたりが恐いですね」と私がいうと彼女たちはくすくすと笑った。「國分先生をまよい子にさせないで下さい」と中村先生が声をかけたものだから、女の子たちは「いやあー」というような声をあげた。

春山ユアンが高砂族の少女であり、楊彩霞が福建系の少女であるらしいことを知って私は驚いた。こんなにもわからなくなるものかと思うほどに日本人の少女になりきっていた。

「私の所、あの大武山の向こうの大武という所です」

ユアンがいった。大きな翳のあるような美しい眼をしていた。

「楊さんは?」

「私は永楽町、昔水仙宮街といわれていた所です。昔から貿易をやっている家です」

楊彩霞は色白のやさしい面立ちの少女だった。あとの二人は暢哉先生の絵のお弟子だというので、暢哉先生がどんなに面白い先生であるかということが話題の中心であった。

「先生はね、お気の毒ね、日本地理を教えになられたこともあります。その時ね、鬼怒川《きぬがわ》をおにいかりがわとおよみになったので、みんながわあーと笑いますとね、大水の時は川はそんなに見えるものだよとすましておられました」

私たちは笑いながら帰ってくると、暢哉先生が私を「ちょっと君」とすみの方によんだ。「君、先生と生徒というものは不即不離という原則を守ってゆくと無事なんですよ。あまりはなれ過ぎてもいけないし、親しくなりすぎてもいけないし」と言って、旅の自由の空気から私がはじめて生徒たちと親しくなってゆこうとするのを戒めたものと思われた。

潮州から恒春までの間には立派な木麻王《もくまおう》の並木があった。自動車道路を美化し交通を慰楽しようというよりも、季節風を防ぎ風下における農耕を保護することを目的とするものであると言う。中央四間が自動車道路で両側各二間が人道、蜿蜒約九二キロメートルの見事な並木道を、自動車は前の車の砂塵を浴びない程度の距離をとりながら走るのである。坦々とした一直線の並木道ではあるが、車は時々渓を渡らなければならなかった。

新堺渓、苹花渓、楓港渓とその度毎に白波をあげて車は水中を泳いだ。流れの源が非常に近いために水流が非常に急で、そのためもし一度降雨があれば河幅がたちまち大きくなり氾濫が始まるのである。そういうわけで余程の徹底した工事でなければ架橋は毎年流されるのである。

四重渓温泉は恒春に到る前約一三キロメートル、四重渓の右岸にあった。第三紀層中の断層裂線から湧出しているのは清澄な炭酸泉であった。台南地方の沖積平野を黄色い砂を溶かして流しているにごった河川を見なれている生徒たちにとっては、清れつな水に胸のすく思いがしたであろう。

明治七年牡丹社討伐が行われた頃、西郷都督の率いた討伐隊が苦戦した石門にも行ってみた。北側に聳立する岩崖は南側から約四五度くらいの急角度に突きこんでくる山脚に対して所謂石門を形成していた。

ユアンがどんな気もちでいるだろうかと思って見た。多くの生徒には、歴史的な過去への回想などあまり胸にくるものをもたないのではないかと思われた。少女たちはすそをまくって水に足をひたしたり、きれいな小石を記念のためだといってひろったり、野草の花をつんだり、なかなかいそがしげに見えた。

「従道という人は隆盛さんに比べて大きかったかね、小さかったかね」。暢哉先生は相変わらずのびやかであった。

「眼をさましてみると、世界はずっとさきの方をゆたかな内容と整った外貌さえもって大きく歩いていた。そこで、寝ぼけているのではないのだぞといった面目ぐらいは何かの機会に見せなくてはならなかったのですね。成長するものが成長してきて、恒春半島に足をかけたのではなかった」

私は寺田先生とそんなことを話し合ったように思う。

温泉にかえってくるとみんな湯にとびこんで浴衣がけになった。「まるで夏ですね」。暢哉先生は尻をまくって団扇で風を股の間に入れた。

生徒たちがぬれた髪の毛をくしけずりながらお菓子類をひろげはじめると、江頭先生がのっしのっしと出かけていった。彼は所々でとまって扇をひろげて、そして「この扇にお菓子をのせてごらーん」と大声でよんだ。少女たちはきゃっきゃっといってお菓子をのせるのである。彼は悠々としてそれをふところにおさめると、また新しい所で「お菓子をのせてごらーん」をやった。私は彼のそうした天真らんまんさをうらやましく思った。隊長の暢哉先生は「うまいぞーっ」と叫んだ。先生は江頭先生が一種の余興をしたのだと考えたようである。

私も一つ余興をしますとどなった。中村先生がにこにこ笑って「美術学校出の方、みんなあんなに愉快な方たちばかりでしょうか」といった。

暢哉先生は頭に鉢まきをして出てきて「瀕死の蠅」と叫んだ。ひそかに見物にきていた旅館の女中さんたちまでぷっとふき出してしまった。

「蝿が鉢まきをするっておかしいですね」と私がいうと、中村先生は「あの方、興にのってくると必ず鉢巻をするのですよ」と笑っていた。

暢哉蝿は浴衣の袖の中に手をひきこめて、袖の先を中から指先でつまんで、それをぶーんぶーんとあげたり下ろしたりして、のどかに飛びまわるのである。もっとも、先生は片方の足が少し短いので、飛び方は瀕死になる前から変わっていた。蝿は柱にとまって手や足を動かした。先生は手を上にのばしてもむようにした。また片足をあげて、片足の股のあたりをつまさきでかいてみたりした。蝿はぶーんぶーんと飛んで生徒の膝の上からキャラメルを失敬すると包み紙のままのみこんだ。先生は苦しそうに眼を白黒さして、げえっというような声を出したりした。瀕死に陥る機会はきた。飛び方は急に力なく、あわれに見えた。ぷーん、暢哉蝿はついに変な音のような声をあげて倒れた。越中ふんどしの端を白く畳の上にのこして。

みんなはころがるようにして笑った。あまり笑いすぎて「苦しいー」などと声をあげるものもあった。

「國分君、生徒たちよろこんでいたろ、あれでいいんだよ。面白いこともあったといくつかの思い出の中に数えて卒業してゆく、ずーっと時が立つ、お母さんが女学生の頃にね、こんな面白いことがあったわ、などと小さいものを前にして話すこともあるようになるねえ君」

私は聞いていて涙が出そうになった。

墾丁の種畜試験場を訪ねた日は珍しく静かな日であった。記録板には気温二二・六度、湿度六七％、降水量〇・七ミリ、風速二・〇一メートルと見えていた。澄んだ鈴の音を流して牧牛が原野にひかれてゆくのを生徒たちはあかずに眺めていた。

南欧的な風景というものはこういうものではなかろうかと思った。

所長の葛野葛太郎博士は長身の、きりっと身なりを整えた英国風の紳士だった。私は大阪の大丸で昭和八年の

した。

春、古本の市のあった時たった一度だけ、あこがれのような気もちをこめて見た小倉金之助博士の面影を思い出した。

「印度産の牛を日本産の牛とか、この地の黄牛だとかに交配さして、この土地に適する牛を作り出すのです」

そのように語り出しつつ、飼料の栽培、その実験のことまでおだやかな調子で実証的な資料を示しつつ話された。博士を中心として所員の人たちが静かに孜々として、この土地の新しい種畜文化の希望を生み出そうとする努力を続けていることは、すべての明るい清潔なゆきとどいた施設を通しても示されていた。

「台湾は暑い暑いといわれますね。この恒春など恒に春と書きますが、常にあたたかではなくして暑いのですよ。今日は珍しくおだやかですが、風の季節には風が吹きつづきますし、雨の頃には長雨が続くのです。交通は不便ですし、病気などすると大変です。しかし私たちは私たちの仕事を愛しています。文化的生活からはあまりにも離れているこの土地、気候的条件のよくないこの土地に生活することを私たちは不幸だとも苦痛だとも思っていません。土地の人たちとも仲よくしています。かつて高砂族の襲撃を防ぐ意味から山の方に向けて立てられた石敢当ですね、あれを今頃山の方に向けておくなんておかしいからフィリッピンの方にでも向けようかと村の人たちがいうものですから、向きをかえたりしましたよ」

博士のお話は生徒たちをも打ったであろう。私の心もしんしんとしみた。

「自分もあの人たちのような生き方をしてみたいな、生活を愛し探究してゆくことによってこそ、生活は意味深いものになってゆく。暑いとか、文化的刺激がないとか、風景が荒涼としているとか、内地からの新聞や新刊が遅れるとか、つまらない不平など決して言うまい」

林業試験場や亀仔角社などをめぐり歩く時にも感動は熱く胸の中にあった。

墾丁の種畜試験場をとりまく風景は特異な風景であった。

石灰岩の上を洪積期の砂礫が不整合に被覆して、その上を一面に青い草が覆っていた。そのなだらかな丘陵の基礎をなす第三紀の砂岩層や石灰岩層にはさまれて、波状の台地の上に礫岩の残丘が岩塔のように聳えていた。大光石と土地の人はよんでいた。残丘の南側の台地を上って行くと、水をひく鉄管が割ってあった。石灰が厚く沈殿してようをなさなくなったためである。水中にはカワニナが棲息しているが、沈殿した石灰を貝殻全体に纏っているためにカワニナ本来の姿をなくして、妙に太ったまるまるとしたカワニナになっていた。ただ口の所だけがカワニナの呼吸のために埋らないでいるが、死んだカワニナの口は埋っていた。これでは美しい水が至る所にあっても、飲用の際困るであろうと思われた。

常春の日光を吸えるだけ吸って繁茂したと思われるような豊かな熱帯樹の群落の中に鳳凰木の膚が白く見えた。亀仔角社に出ると茅葺の土角あるいは珊瑚石灰岩を畳んだ社屋が、大体において整然とN三五－四〇度の方向に並んでいた。

春山ユアンの春山は誰がつけたのだろうかなどと思い出していると、ユアンがそばにきていた。「先生、パリシって御存じですか」と聞いた。

「樹や雑草が厚く茂って黒々とした所、所々にありましたの、お気づきになりました？　あそこは多分水場かお墓ですわ。立ち入って樹木を伐ることはパリシなんです」

「ありがとう。大変興味深いことです。種畜試験場の北の方には石棺の埋っている所もあります。いずれゆっくりときてみたいと思います。それから僕はね、大武山のことと、あの山の向こうのあなたの町のことと、あなたのことを今日は幾度も思いました」

「まあほんとうでしょうか。先生は山や〝蕃人〟がおすきですか」

〝蕃人〟という言葉を言う時には、いくらかためらいながら言った（編者注・文中の〝蕃人〟の語は差別的な用語であるが、そのまま引用した）。

「山は大好きですし、山の人も大好きです」。それからユアンさんも大好きだと言おうとして口をとじた。彼女はパイワンの大頭目カヤマの姪であった。台東庁では彼女をえらんで台南の女学校に入れたのであった。それは高砂族懐柔の手段であるといえばその通りであろう。しかし彼女にはせめて、そんな裏から見たような見方についで思わせたくないものだと思った。また彼女が村にかえって、古い習俗や生活感情の中にどのように生きてゆくであろうかと思った。

船帆石とよばれている巨岩が海岸にあって波に洗われていた。巨大な岩面には幾千年もの間に刻まれた波浪の歯の痕が残っていた。海岸が次第に隆起していることが示されていた。

珊瑚礁との間に漂う海苔の色の美しさ——、無数の貝殻が割れて砕けて白い砂や有孔虫の被殻とともに形成する岩礁と岩礁の間の砂浜の美しさ。

北緯二一度五四分、珊瑚石灰岩の台地の上に白色の円塔が立っていた。鵞鑾鼻燈台である。基盤をなす石灰岩と石灰岩との間は珊瑚のかけらが埋めていた。そしてその岸辺に深い紫色の海がよせていた。

東海岸には高距二五〇メートルにも及ぶ台地が連亙していて、あるいは層状を呈し、あるいは幾分の傾斜をもっていた。地下水の湧出があるためか、台地は所々に陥没して石灰岩地方特有のカルスト地形を見せていた。

しなやかに強い足なみのように、海はよせては返していた。そしてとうとうと青い美しい空の奥にまでとどろきがみちていた。なにか大きな力が湧き上ってきて我々を包むようにも思われた。

六

旅行がすむと試験があり、試験がすむと間もなく正月が来た。あちらの家からこちらの家へと内地人の酔っぱらいが飲んでまわっていた。中には官服の上衣を腕にかけて、官帽を阿呆にかぶって歩いているものもあった。

この土地が新開の時代であった頃から、そのようにして正月のような時にはその淋しさをまぎらしたものであろう。それが長く伝統されていて、台湾ではどこへいっても飲みまわる風景が見られた。貧しい私の家などでも、母はもう一月も前からかずの子だとかすず子だとか、保存のきくものからあつめにかかったものであった。

建設の時代の意気など今はどこにもなく、晏如とした、そのくせ自分を主張するような表情が、酔っている官服の顔に多くあった。

生徒たちは制服のままであるが、女の先生たちは　薄化粧をして黒い紋つきを着、折目の美しい袴をはいたので、きりっとしまってどの人も美しかった。

元旦の式がすむと校長の所に集って酒をのむのであるが、酒を好まない私は一人ぬけ出した。

私は亜里山から新高山へ上がってこようと思って、雑然とつんだ書物の間でリュックサックをひろげていると、美しい私服にきがえた少女たちが次々にきて、可愛らしい名刺と蜜柑やらお菓子をどっさりおいてかえるのであった。

氷を踏んで山から帰ってきた頃には内地からの正月の新聞がきていた。

陸軍大臣の皇道精神訓話だとか、久原房之助氏の皇道経済論などといった見出しが眼にとまった。建国神話を材料にすることが始まりつつあった。久原氏でさえ、鏡は真理をあらわし経済であり、玉は円満をあらわし政治である、剣は破邪顕正を意味し軍である、などと言い出したのである。

滝川先生が京大の学園を去られてからまだ半年、私がこちらにきてからでは三月、その間にさえ新しい風潮が想像も及ばぬほどの早さで高まり来ようとしている。

私はこちらへくる前、京都の出町柳町にある、大学に近い三一書店という小さな本屋に雑誌や新刊を送ってもらう約束をしてきたので、毎月おくれはするが、若干の書物や雑誌が内地のにおいをのせておくられてきていた。

それらは事態が漸く一定の方向をもちはじめようとしつつあることを示しはじめていた。最も楽しみにしていた文芸雑誌の上には、浅野晃や保田與重郎などの名前が大きくあらわれ始めていた。しかしプロレタリア文学が大きな勢いで登場しはじめた時のようなはりが見られないのは淋しいことに思われた。プロレタリア文学の作品のみを言うのではなくて、あの対立の時期において見られたような伝統的な文学のイデーに対する擁護のための努力といったようなシアリアスな動きがないことを示すのである。

季節風が次第におさまって、この土地としては最もよい季節が始まろうとする一月のくれる頃、土曜日のひまなひと時のことである。

「陸軍大臣はかみそりだなー」。正月の酒ののこりをひっかけてきたものと見える微醺をおびた原先生が、非常な元気で気焔をあげはじめた。

「久原さんのいうことは流石にちがいますなあ、苦労人だからいうことがくだけている」

「三種の神器などもち出した所うめえもんだ」

それに応えるように国文の前田先生がさびた声で、

「これからは僕たちのいうことも通してもらえるでしょう。英語英語といって、ものになりもしない英語にかじりついて西洋文明のはしっくれでものぞこうとむだな努力をしてきたことは誤りでしたね。大きな損ですよ」

松井教頭は教頭用の大きな卓上に靴をつけたまま両足をのせて、煙草を口にして大きく首をうなずくように振った。

「西洋文明のゆきづまりということになるでしょうね」。教頭は感に耐えないという風に言った。

「資本主義文明の一部がゆきづまってきたということを、誤って西洋文明がゆきづまってきたなどというのではないでしょうか。西洋文明には西洋文明としての立派なものがあって、さか立ちしても及ばないようなものも……」と私が我慢が出来なくて言いはじめると、

「待てっ」と原先生が私に向かって大喝した。

「き、君のような若ぞうに、な、なにがわかるけえ」

怒ったものであるから先生はどもるのであった。

「凡児、外に行こう」と江頭君が私に声をかけてくれた。

こんな雑談の時を教員たちがもっている時でも、松平治郎吉先生は校長室におさまって何やら書見をしていた。日本主義に関するものなど、そろそろ読まれているのだろうと思った。

朝会の時ちょっとしたことを言うのにも、何か時の色をつけていわねばならないのが、どこの学校でも校長の重要な仕事であったからである。

七

二月になると風はすっかりおさまり、からっと晴れた青い空が眼にしみるようになる。

太陽はもはや熱くはなくて暖かであった。自然の上になごやかな、ほほえましい変化が始まりつつあった。熱と光線を存分に吸いためている榕樹までが、その黒々とした茂みの中に黄味の多い新緑の若芽をつけはじめるのである。

鳳凰木や鉄刀木《たがやさん》やねむのように落葉したものも新芽をつける準備をととのえる。

美女桜、フロックスキャンディータフト、金箋花、その他かれんな西洋草花が生徒たちの花壇にらんまんと咲きはじめる。

季節風の時季にはからっ風に抵抗するようにしてぽつり孤独そうに突き立っていた棉の木が、左右均整に伸ばした樹枝にぽつりと蕾をもちはじめる。その蕾は始めは深い紫の萼に固く包まれていたが、暖かさの加わるとともにふくらんでいって、三月にはいると柿色の花をつけるようになる。花は内地の木蓮に似ているがやや厚ぼったく、如何にも暖かな思いを胸にひめているような趣のある花であった。

生徒たちの卒業してゆく日が近づいてきていた。

花壇のはずれには龍眼の樹林があった。その樹林のかげに厚さ三・四センチ、幅七・八メートル、長さ二・〇メートルの石碑が寝かされているのを見つけた。その碑面をはらって見ると、そこには五〇〇字あまりの漢字がぎっしりと刻まれていた。字面を読んでみると、光緒一五年六月安平置県の発した布告であることが判った。いつの間にか如露を片手にしたような少女たちが集ってきて、読んでくれというのである。その中に楊彩霞のおっとりした顔もあった。

「芙蓉郊の董事職員張大琛らのいう所によれば、近来婦女を販運する奸風さかんにして化外の民と変る所なしと。目覩心酸せざるを得ない。令して禁ずるもその風止むことなく、近時再び郡城有寺の紳富婢女を買用して婚嫁の期至るも手放さず、老孃に至る迄留めおくものあり、本知県令する故に、紳商軍民人諸色人等悉くわきまえ、以後その期に於いて婚配を行わしめよ。宜しく自愛して特示に違うこと勿かれ」

文面はそのような意味がよみとられた。

「先生、販運とあるのはなんでしょうか」。一人の少女が聞いた。「婢女の売買が単に島内的なもののみでなく、本国へ運ばれていたことが物語られているわけでしょう」

珍しいものがみつかったと思っていくらか軽い興奮の気もちにあった私に「今日は先生をおうちまでお送りしますわ」と楊彩霞が言うのである。「一人ですか」と聞くと「ええ」と答えた。「僕の所は淋しい丘の麓を通ってゆくので帰りがこまるでしょう。それより僕があなたを送ってあげましょう」といって、ためらう彼女を送ることにした。

言葉をかけてみても顔を見ても、相手の方で何かポーズをととのえようとするためか、はっと当るかはねかえされるように感じることの多い本島の女性とちがって、やさしい美しいかの女の面だちは早くから誰かに似ているると思っていたら、それは修学院の草野先生にであることをその日は思い当てた。

「先生婠某娴《ツアボウカン》という言葉があります。それが今日の碑にある女婢にあたると思います。販梢《ホアンショウ》というのが婠某娴の売買をとりもつ職業人ですわ。随分ひどいこともしたらしいのです。悲しくなります」

「今でもありますか」

「それに類することはないことはありません。日本の時代になってから、変わるものはずっと変わってきているようですが、変わらぬものはちっとも変わらずにのこっていますわ。若い人は大変ちがってきていますが、四〇ぐらいから上の年配の人たちの心の生活なんか、随分古いものをもっていると思います。それだから日本式の神棚をつくりなさいなどと単純にいわれてもだめなんですわ」

「私たちがあなた方の生活の中にはいってみないこと、どういう地盤の上にどのような生活感情をもって営まれているか、そういう所への理解というものが政治の上で欠けている。もちろん一般の内地人において欠けている。そういうことがどのくらい私たちの心と心が流れあってゆく上に障害をなしているか、はかれないほどであろうと思うのです」

私は思わずしゃべりながら、こつんとゆき当るものにぶつかった。何か危機のようなものが近づいてきつつあるように思われる時、打ち込んでゆかねばならぬ問題に打《ぶ》つかっていることに気づいた。

私たちは錦町の開仙宮の前を通って水仙宮街の入口の方に歩いた。

「あなたは卒業のあとどうなさるのです?」

「私は東京の女子医専にゆきます。どんな時でも自分の力で生きてゆけるようにしておきたいのです」

「その智恵はだれがあなたに与えたのです?」

「母です。母がすすめるのです。父は母以外にも、いくたりも女の人をもっています。母は長く苦しんできたようです」

彼女はためらうようにそんなことにまでふれた。

「この人のお母さんの生活がお母さんに智恵を与えたのだ」と私は心に思った。

「ユアンさんは大武にかえってタカサゴの子供たちの小学校の先生をするっていっていましたわ。夏にはいっておあげなさい」

「みんなお別れですね」。そういいながら、私の胸には別れることの感傷とはちがった感情がわいてきていた。教師が生徒を愛してはいけないものであろうか。

水仙宮街の入口は雑踏していた。私はそこで別れようと思った。ちょうど彩霞が私をのぞくように見たので、さようならと手をさしのべた。彼女は私の手をにぎるとさっと顔を赤くして、ばたばたと赤い敷石の上に靴音をたてて、私に送ってもらった礼もいわないでかけていった。その時になって私は自分の軽率さに気づいた。しかし彼女のなめらかな手の感触は私の手の中にのこっていた。

（一九四六・八・一六）

［コメント］

第一輯以来読みごたえのある自伝を連載中の國分さんは、今号には「棉の木のある学校」と題して女学校の生活を描かれた。「郷愁記」以来の評判をしのぐ程の出来である。奇人御園生画伯登場、「瀕死の蠅」を演じたり、あるいはまたささやかな愛情の世界を点綴、温情な國分さんの人柄が反映されていて一入あわれである。

（池田敏雄・「同人回覧雑誌」第三号）

國分さんの「棉の木のある学校」ひきつづき大きな題材とまともに取組んで温か味と余裕をもつ緊張感を以て押して行かれるところ敬服の至りである。昔多勢の女生徒を前に教壇に立った経験のある私には作品の価値以外にも内容の彼処此処に同感の点多く興味を持つと共に、いずれ日本に帰ってからその古巣にかえる事を約束されている為に、如何すればこの苦難の時代に純真な少女心に明るさを与え、延いては彼女等が母となった日の生活に希望の種を蒔くことが出来ようかという、この頃の私の思索に深味を与えてもらった事を感謝する。

（森於菟・「同人回覧雑誌」第三号）

山日記

國分一子 筆

一

小説の中の主人公ですが、山の娘ハイヂが街の壁や窓の間で、花や草や樅の樹や、ずっと遠くにある山々や、その山々の美しい親しいものに対する憧憬をもやしたように、夏の休みの日が近づきますと、おさえようとしておさえられない力をもった山を想う思いが湧き上って参ります。

いつでも緑のこの地方ですが、夏季にはその緑が一層こってりとした重さをもってきます。そうなると冷たい所へ行きたくなります。冷たい空気につつまれた、時々霧のよせては四散する、そして岩という岩が夕陽に真っ赤に燃えるような所へ行きたいと思います。そういう思いがつのってくると、自制が出来なくなって山にきてしまいます。

今年（昭和一〇年）は八月のはじめから夫と二人で阿里山ごもりをすることにしました。

山にきてから三、四日、毎日雨、そのためか低い気温が更に降りて、平地のそれと三〇度あまりの格差が見られます。水は渓間の清水ですが、平地の人間の悲しさで、魔法びんの底にたまった氷水を思い出します。しかし、何をするにも身がしまって頭がさえて、体のコンディッションがよいため、すばらしく快適です。

おもしをおいた飯盒の御飯がにえるのが四〇分ぐらい、その間にガラス戸を通して塔山の山はだが、かすかであるが二、三度は見えたり、視野から消えたりします。山の霧や雲の動きはそれほど間断なく行われます。

とりたての大根をおろして簡単な食事をすませますと、あとは読書をしたり、散歩に出かけたりします。小さな山の上の町ですから、床屋と洋服屋、お菓子屋、お土産店、絵葉書屋、写真屋が一軒ずつあるぐらいです。毎日一軒一軒の店を廻って神木まで下りてみます。渓流の激する様子や、雲に梢をつつまれた古い針葉樹林の姿は、私たちに素朴な自然人の心をよみがえらしてくれます。

雨が晴れて塔山の岩骨が黒々と頭の方を見せたのが五日目の朝。襟のついた男のワイシャツ型のブラウス完成。袖は日焼けで皮膚をいためないように手首まで長く作り、袖幅も広くゆるやかにつくりました。水の中に手を入れたりする時にまくり上げられるように。そしてヨークの前後共裏をつけて二重にしました。

新しいブラウスをつけて、いやそれを着てみるために、観山に行きました。

連日の雨のために崩壊した箇所もありましたが、次第になれて、雲散霧消する大気の動揺の中を、懸崖や路傍に咲く高山性の草花に心うばわれながら歩きました。そしてしまいには、身がうちふるえるほどの喜悦にひたってしまいました。毎年夏と春に参りますが、いつきてみても、ぬぐったような新鮮さ——。

帰途、峻嶺塔山がはじめて全貌を現わしました。ツオウ族の人たちは死後の霊魂は断崖にみちたあの塔山にゆくと信じているそうです。

平地では機械を使用し、またより多くの機械に使用される。生活の資料は必ず商品という形をとってでなければ、資料となってこない。自然はすべて歴史的な自然であり、社会的な関連をもって自然が理解される。しかし山にくると、じかに自然を感じる。原始人が自然にふれて自然の力をじかに感じるように感じる。アニミズムが肉体的にわかるということをききながら歩きました。

（八月五日—一一日）

二

明けてまた晴れ。

『レーニンのゴオリキーへの手紙』を岩波の日訳でよんでおどろきました。レニンはゴリキーからカプリ島の美しさをきいては、矢もたてもたまらなかったと書いてある所があります。彼のように煩忙極まりない仕事に専心し、寸暇を惜しんだ人でも、その時間をさいて自然の美しさにひたろうとする心をもっていたのです。いや、このような言い方は浅薄であるかも知れません。レニンのような人であったからこそ、どんな人よりも敏感に自然の美しさを感受しえたものだとも思います。なにもわかりませんが、レニンという鉄のように意志の強い、そして歴史を動かしたほどの大きな人格にも、唯物論にさえも、親愛を感じます。

石水山、麓林山にゆくことにしました。観山よりはるかにひどい大崩壊がありましたが、辛うじて越えることができました。交通不通のために登山者は絶えてしまいました。ただの一人も上がってくるものがありません。タータカ山荘は立派な山上御殿です。丸木を割って壁とし、大丸太を立てて玄関をつくってある所など、山小屋の気分を出そうとしたものでしょう。

山荘を根城にして付近を歩きました。石水山に上ってみますと、この山の阿里山側の斜面は極めてなだらかな草地で、冷涼な高原を思わせます。しかるに東側ボボユー渓に面する斜面は急に下降して四時霧をふき上げて、樹相蒼然とした渓谷を形成しています。

明と暗との境をつくっている稜線の風をさける位置にある岩の窪みで、二時あまりもじっとしていました。谷をはって上昇する霧は私たちの頭の上で西南風にぶつかって、四散して消えてゆきます。そのすきをねらって午後の陽がなごやかな光をさんさんと浴びせてくれます。

高山の草花がまた私たちのぐるりを取りまいて咲いているのです。山の中の情愛をあつめた眼（大島亮吉氏

『頂・谷・書斎』）といった大島亮吉氏の言葉が思い出されて、三日つづけて石水山に上がりました。面白いことを発見しました。小さく目立たない花は美しいよそおいをもち、大きく目につく花は目立たぬよそおいをもっています。高山の花がどんな花でも心をひくほどの美しさをもっていて、それでいてまた謙譲さや可憐さを一面にそなえていると感じさせられるものはどこからくるかがわかりました。

山荘には七つぐらいの女の子と五つか六つぐらいの男の子がいて、ひねもす蕨をつんで遊ぶのです。まるまげに結った頰の赤い年増の美しい山荘のおかみさんは、少女たちのつんだ蕨をお客さんのおさいにすることが出来るのでよろこんでいます。

子供たちは、こっちにありまちたよ！とおませな口ぶりで私たちに蕨のありかを教えてくれます。

男の子が、あったあった、わらびがあったといいますと、女の子が、のびたのびた、わらびがのびたといくらか調子をつけていいます。くりかえしているうちに、それは素朴なリズムをもった歌のようなものになります。その童話の中に出てくるような景色は見ていてあきませんでした。

「子供が可哀想で御座居ますよ」とまるまげのおかみさんがいいます。御主人はお酒をのんで赤い顔をして、火鉢のそばにひじ枕でいつもねそべっていました。昔は腕ききの杣《そま》で紀州ものの親分所だったそうですが、倒木の枝にひっかけられて大けがをしてから、山荘の番人になったといいます。

石水山で崖の下をのぞき込む一子夫人（1935年８月12日，國分直一撮影）

若けえ方たちにお願いだが、子供に背おいぶくろ（リュックサックのこと）をかっておくってくれませないかと、ひじまくらのまま太いさびた声で、二日目の夕方だったか私どもに一つの注文を発しました。

気温は五七、八度から四八、九度あたりを上下します。

山荘のテレスから山の夕陽がたのしめます。三日目の夕方、限りなく美しい夕景色に接しました。

近景は乳白の霧につつまれていましたが、遠景は塔山の崖にかかる暗紫色の雲を下積みとして、青、藍、黄、紅、桃、赤、様々の極めて複雑なバラエティーが瞬間瞬間徐々として変化してゆくのでした。

（八月一二・一三・一四日）

三

鹿林山麓の鞍部を歩く人は、「奮闘の坂」という坂へたどりつくまでは、丹波あたりのなだらかな丘陵の背面を思い出すに違いありません。口笛を吹いたり、小声で山の歌を歌ったりしながら歩ける所です。鞍部がつきると、後は「奮闘の坂」と「努力の坂」という二つの大きな坂がまっています。この坂を上がる時には、私たちが日頃よく聞いていて、そのためなにか平凡なひびきしかもたないようにさえ思われるこの言葉が容易ならん内容をもっていることをうんうんいいながら思い出したといって、あとで笑い合いました。

「努力の坂」の上からは大関山の雄姿を望見しました。また南玉山の懸崖も手にとるように見ました。

岩場でアプザイレンする時には君のその襟を立てて首筋をじかに擦らないようにして、などと岩場の話になりましたが、不格好で軽快さのない私には、ロッククライミングだけはたとえどんなに山がすきでもむずかしそうに思われます。

新高下では駐在所の山小屋の小さな部屋に入れてもらいました。まるまげのおかみさんの息子さんがいて食事を用意してくれます。二〇ぐらいのたくましい青年。他にワタンバットというブヌンの青年がひとりいました。

私どもが寝袋（スリーピングバッグ）をもっているのを見て、その一つの袋に夫婦ではいって寝れるかね、と大まじめな顔つきで聞くのです。

夜、滝の音でしょうか、雨声のように天地に拡がって、寒い部屋の空気を絶えず振動させるものがあります。気温五〇度、夢にまで冷たい振動する空気を感じていました。

気温はこの時季の樺太あたりに匹敵するのでないでしょうか。

（八月一五日）

四

朝六時、白い息を吐きながらの登頂、南湖大山標高付近から濃霧が奔騰して気温がいよいよ降下し、寒暖計は四〇度を示しています。

バロメーターの針が次第に低きへ低きへと廻っています。目も口もあいておれぬほど奔騰し、つきかえり、尾根にあたって四散する霧中の登高、靴のクリンカーとムガー（編者注・ともに靴底に打ちつける鉄製の鋲）が岩にふれてカツンカツンと音を発します。

頂上には小さなおみやがあって、新高神社というのです。私たちはエスペロをぬきました。私はおみやの神様へと思っていますと、夫は巌頭に立ってはらはらと霧の虚空にびんをふりました。神さまはそんな窮屈なおみやのなかにはおられないのだといいながら。

焚火を焚いて二時間あまりいるうちに刻々大空の模様が変化します。雲間一瞬の間に朝の陽光がふりまかれたかと思うと、たちまち暗転して濃霧が襲ってくるといった風です。

峨々とそびえた岩の上にもやさしいものがいました。高山植物の花たちです。頂上付近にあるお姫様たち、ざっと一〇種ばかり。

トウザンヤナギ、コダマギク、ミヤマコケリンドウ、ニイタカシラタマ、ニイタカシャジン、ニイタカマンエ

ンギク、ニイタカアズマギク、ニイタカハタザオ、ニイタカクワガタ、ニイタカメアカンキンバエ

ニイタカメアカンキンバエは北海道の雌阿寒湖にあるメアカンキンバエと同じ種類だそうです。——以上私たちのあとからきた営林署の方の御説明によるものです。

その日のうちにまた山荘へひきかえし一泊。

（八月一六日）

五

児玉山の麓で懸崖づくりにつくられたバラックの杣さんの家を見ました。軒毎に何々組とかかれた札が釘で門柱に打ちつけられています。紀州だとか木曾だとかの腕利きの杣さんたちがきて、親分子分の関係で組が作られているのだそうです。日本内地の山での山人の生活が——信仰のような精神生活の面においてはとくに——ちっとも変わらずに維持されていると聞きました。言葉までがそれぞれの故郷のなまりをそのままにもっています。

（八月一七日）

六

阿里山ではまた雨々々々。

一度塔山に出かけました。ツオウ族の死後の霊の安息場だといって様々な伝説を生んでいる巨大な岩塔の上に立ってみよう。そうしたら海が見えるかも知れないというのです。

山のあなたの空遠く
「幸」住むと人のいう（カァル・ブッセ）

そんな句を口にしながら出かけましたが、天候が急変し霧がひどくて問題にならなくなって帰ってきました。

ここで一番たのしいことはタッパン、ララチ、トフヤ当りから高砂族の若い人たちが農作物を売りにきてくれることです。警官駐在所の庭先で拡げるのですが、見ていますと、芋の様な形量の小さいものなら一山一〇銭ぐらい、かぼちゃの様な大きいものなら形の不同にかかわらず、みんな一つ一〇銭ぐらいという風にきめてあるのです。そして売買の交渉から代価の計算まで一切おまわり様まかせで、御自分は横の方を向いて煙草を吸っているのです。よく聞きますと、この人たちはものの数を数えることが大変苦手で、一円以内の加減算でも容易でないのだそうです。売れたら売れただけのお金をもらって、たしかめもせずに帰ってゆきます。

分業の発達のない、交換関係の複雑な発達を見ない極めて原始的な地域的な共同社会の人たちだからだとすることは、私にもよくわかるような気もちがいたします。

山の娘さんたちの顔の色の美しいこと、子供たちは林檎のような頬をしています。

台湾とは大体緯度を同じくする中アメリカ、西印度諸島のある所では、娘さんがお嫁にゆく前には大陸の北の方のやや寒い所に一年あまりいて、美しくなってからかえってくるとききましたが、台湾でも秋から冬の一季節山にいるなら、赤い頬の色が出てくるであろうなどと思います。

（八月一八日―二三日）

七

山ごもりをやめるというので、おわかれにもう一度、観山に登りました。相変わらず山谷は霧に煙っていて寒い。おもいがけないことをいきなり話しかけられる。

「赤ん坊まだ出来ない？」

「…………」

「出来たら山を放棄する？」

「出来たら、リュックサックに入れてくるわ」

頂上でしばらく主山の顔を出すのを待つ間のこと、

「ろくな仕事もしていないのに、たとえ授業をしても、一度として満足だったと思えるような授業も出来たことさえないのに、少々もったいない山ごもりだったな」

「…………………」

「しかしかえったらうんと勉強しよう。いや出来る。ハイジャンプをやってもね、ふだんよりは一〇センチは高くとべるようになっているよ」

私たちはそこで笑いました。

冷たい霧がちょっとの間ではあるが晴れて、下の方に大きくメアンダー（編者注・蛇行）する川が見えました。タータカ山荘がちかっと光って晴れ間に見えたかと思うと、山荘の上の方に主山が、瞬間ではあるが黒々と望見されました。しかし、それはいかつい厳しいものではなくて、なにか暖かななつかしいものを感じさせられるものでした。なぜだろうと思っていると、山頂であたった焚火のことが思い出されて参りました。

霧の中にはおくれ咲きで、ねばりにねばっていた石楠花が最後の花びらをおとそうとしています。

山にはやがて、秋がこようとしています。雨がすっかり上がって、目にしみるような澄明な青い空が頭の上にある日が、間もなくくることでしょう。

（八月二五日）

［後記（いいわけの記）］

一〇年の春、結婚して夏、山でおくりました。その時の女房の日記。彼女の留守なのをよいことに恥をかかせることにしました。というのは台湾学報の論文作成が忙しくて（ほんとをいうとむずかしい所は金関先生にすっかりやっていただいたので、あまりいいわけにもなりませんがごかんべん願うとして）、雑誌にものが書けない。女房でもいるなら何とか相談もしてみるがと思ったことから、遂にこのていたらくとなりました。女学生みたいな幼稚なもの、もっともその相棒たる私があまり大きな口のきけないがらですから、いたし方もありません。

（國分）

［コメント］

國分夫人の「山日記」は、実にしっとりして澄んだ文章です。――それにしてもこれを拝見しまして、実に夫唱婦随のもはん的御夫婦と羨望にたえません。直一と一子ですから、すでに名からして半分はダブッて居り、しかも一にして二にあらず、国は分けても名は一つ。テンハオテンハオ（後略）

（立石鉄臣・「同人回覧雑誌」第四号）

北安曇の山々

一

「木曾路は歩いてみなければ、そのほんとうの味わいがわかるものでない」と信濃坂下にいる友人がよく言っていたが、慌ただしい汽車の旅でも、山の端の迫った小さな駅などで、しみるような草のかおりに涙のにじむほど嬉しいことがある。

その木曾路がつきて松本平に入ると次第に視界が開けて、晴れた日、ことにそれが夕方ならば、茜さす西の空に、夏なれど白雪の消えやらぬ槍や、穂高や常念、大天井などが美しいスカイラインを切っているのが眼にとびこんできて、はるかなるものへの思慕のような思いが燃えてくるものである。

シーズンになると松本駅は来る汽車、出る汽車毎にピッケルをゆわえつけた大きなキスリング（編者注・横長で大型のザック）のリュックサックを背負った山男たちによって賑うのである。

これから山に入ろうとする人たちの興奮した表情、既に山旅を了えて都会へ帰ってゆこうとする人たちの満たされた表情――そういう表情と表情がつくり出す不思議なふんいきは、なんの用意もない旅人にまで山への郷愁に似た思いをよびさまさせるのである。

私が北安曇の山々をこれが最後であろうと思いながら歩いたのは、日支事変がぬきさしならぬ段階に拡大してしまった昭和一四年も夏のくれであった。

鑓ヶ岳（8月，國分直一撮影）

信濃大町から北西へ一里、深い青色をたたえた木崎湖のほとりに安曇郡の教育会が建てた講堂がある。山に入る前に私はその講堂で倉野憲司氏の精緻を極めた『古事記』の講義を聞いた。深くどこまでもどこまでも掘り下げてゆく探究精神、静かな話し方のうらにある火のような古代史研究への情熱、——そういうものにふれると、私も心の昂ぶるのを抑え難い思いがした。そうした熱い心に、すがすがしい夏の陽を浴びて堪える滑らかな湖面をこえていくつかの前山のかげに鹿島槍の嶺がちかちか輝いて、いたいようにふれた。

すると山の雪や雲につつまれた嶺が、何か高遠なものを象徴するかのように思われてくるのである。

講義が終ると私はすぐ信濃四谷にいって、ピッケルからアイゼンまでそろえて白馬山麓の二股にいって宿をとった。

ピッケルに草靴とアイゼンを結びつけたのを肩にして桑畠の中を行くと、闊《ひろ》やかな桑の青さに対比して、如何にも可憐にまっ黄な女郎花や紺青の龍胆《りんどう》が咲いていた。

二股までくると流石に風が冷たい。柏が多く、そのからからとなる葉ずれの音が、松川のせんかんと流れる音に入りまじっていた。

夜になって、頼んでおいたガイドの太田嘉吉さんがきた。ふだんはお百姓で「頼み」があると山に行くという若ものである。

私の父もガイドをしていたが、新しい登山には体力と技術が必要になってきたので若ものでないとだめですよと、素朴ではあるがほこらしげにいって笑った。

「台湾からきなさったというが、どうしてこんな山にきなさった?」

「今度の戦争はぬきさしならん戦争になってゆくようだし、せめてもう一度すきだった北安曇の山々を歩いてみたくてね」

「あなたも山すきだなあー。私もすきでね。しかしそのうち兵隊にゆくことになるでしょう。大陸にも高い山があるでしょう?」

「凄い山があるらしい」

「崑崙だとか天山だとか大雪だとか、名前だけならいくつか知っている」

二

山では夜が明けるのが早い。からっと開け放つと、杓子岳の焼けたような山肌が朝の光の中に赤味をおびてりはえて、その光った峰の上にすがすがしい空が天幕のように拡がっていた。

玄武岩の多い山路を歩く感触は、水成岩の台湾の山を歩く感触とはちがうようである。

五、六千尺の山腹には白い膚の山毛欅(編者注・ブナ)が林を成して深い影をつくっていた。山毛欅は季節に敏感な闊葉樹で、秋には早く紅葉して赤い緋の帯のように山肌の中腹を彩るのである。真っ赤な落葉が大地をうめるころになると、天地が染め上げられる。──そういう時季にゆく前の、夏の終り頃の静寂なこの林の詩情もよいものである。

山毛欅帯を過ぎると滝木帯があり、のびたイタドリの間をゆくとやがて雪渓がはじまる。

あまりにポピュラーになりすぎているが、白馬の雪渓はアルプスの雪渓の中でも大きい。夏の終り頃になると

杓子岳（8月，國分直一撮影）

降雨のために腐触土が流れてきて雪を黒く汚してはいても、さっくさっくとアイゼンにくる感触は気もちがよいものである。

一歩一歩アイゼンをふみしめながら太田さんが何かと話をする。

「若いものは戦地に行くし、手不足になってきました。土地はごらんのとおり少ない所だし、少し高くなると作物はだめだし、戦争も押されてくるとなるとこたえてくるでしょう」

生産にじかに打《ぶ》つかっている人たちには戦争と戦争の動き方が肉体にしみて実感されていた。

だまっていると「台湾の山には雪渓がありますか」と質問がとんできた。

「台湾でも冬から春にかけて新高の東側のキレット（編者注・山陵が深く切れ込んで低くなった所）だとか中央光山や南湖大山には雪渓が出来ます。しかし台湾の山の雪はアイゼンに弾力をもって応えるほどの堅さをもつまでにならぬうちに暖かくなって溶けてしまいますよ」と答える。

雪渓を上がりつめると杓子岳がたぐいまれな美しさをもって、雲の流れる冷たい空にその全容を現わした。

白馬と杓子との間に見られる谷の地形がカールでないかと考える。渓谷の壁にはまりこんだ玄武岩の面が滑らかな摩擦面をもっていることや、巨大な玄武岩の側面に強く太い擦痕のあることが白馬氷河地形説の根拠となっていたことを思い出した。しかし今村学郎氏の反対説もある。それを太田さんは知っていた。

三

雪渓のつきるあたりからお花畠がはじまるのである。

クルマユリの紅、ミヤマナデシコの淡紅、イワアオイの白、キンポウゲの黄、リンドウのブルーなどと、ゆたかな色のとりあわせの美しさ。

台湾の山にもお花畠がある。殊に大覇尖山から次高山にかけてのあの山群のお花畠を美しいと思うが、アルプスのお花畠はもっとせんさい、かれい、ゆたかにして多彩である。

お花畠がつきると尾根近くは這松が多くなる。午後の陽ざしを浴びてその這松にあおむけにねそべると、颯々と吹きあげる風は冷たくて甘い。

白馬の山小屋の大衆部屋には二〇人ぐらいの登山者がつめこまれていた。

炭火に手をあぶっていた東京からきたという学生に何度でしょうかときくと、四度ぐらいでしょうという。

緩やかな傾斜に沿って破砕された岩屑をふんで頂上に立つと、頂上地形はオーバーハングしているのに気づくのである。私は京都時代に度々登ってきてはしていたように、腹ばいになって渓谷を俯瞰した。

崩壊し、転落し、懸崖となり、絶壁となって拡がり拡がる、圧倒的に巨大な光景に打ちまかされてしまう。

激しく裂けた谷の稜角にはダケカンバが崖から下ろしてゆく嵐に声をあげているし、山襞と襞の間には這松が埋めている。這松がつきると雪渓が拡がり、雪渓の下には松の緑よりも浅い緑の樹海が、夕の谷に次第に暗色を深めてゆくのである。

この山の夕の光と色彩のとりあわせの美しさは、この山の別名大蓮華にふさわしい華麗さである。

こういう時間には、西の越後側にはきまって、朝日岳が雲間に隠顕するのが見られる。

白馬岳のハクサンイチゲ（國分直一撮影）

四

朝早く、白い霧が奔騰する尾根を行くと、背稜の岩骨は黒々と濡れている。切るような稜線の風のきびしさに息をつくひまもないことが尾根歩きのよろこびである。

杓子の西側は急勾配のゲレルをなしている。鑓のすぐ前には峻酷な岩稜が聳立している。

霧の深い時には時々雷鳥が岩角にあらわれる。鑓の頂上に立っても多くは雲に埋められて視界の開けたことがない。しかし、晴れ間晴れ間につかむ杓子から白馬への尾根の美しさ。

ここで私は再び見ることがかなわないかも知れない山々にお別れをつげた。

「兵隊になったら山どころではないからね」。そういいながら太田さんも眼を細くして、歩いてきた尾根々々をふりかえっていた。鑓から天狗岳と鑓との間の急勾配の小さな雪渓を、太田さんといっしょにピッケルをたよりにアプファールトして一気に下った。

雪渓の下には雪どけ水にはぐくまれた小さなお花畠があるものである。ハクサンイチゲ、キンポウゲ、クルマユリなど色とりどりの花に埋ったお花畠の美しさは、ここでもこの世のものとは思われないほどであった。お花畠の上際を斜めに上方にひろがっているダケカンバが谷を下ろす風に声をあげるのである。そのダケカンバをこえて、裂かれたような天狗岳が灰色の空に屹立しているのである。

ここから私たちはアイゼンをつけて鑓温泉に下った。既にゆるみのきている雪渓の上にはクレフト（編者注・裂け目）が出来ているし、大きくベルクシュルント（編者注・雪渓と山腹との間にできる隙間）している所もある。雪渓の下をうがって流れる水のために崩壊して、目のさめるような白い破砕面を露呈さしている所もある。

鑓温泉は鑓の山腹の岩の裂け目から湧出している。露天の湯に首までつかって目をつむれば、雪渓の下を流れる雪どけ水の音が淙々として天地にみちはじめる。青味をおびた清冽ないで湯の湯気をすかして、雪渓の雪が銀のように白く眼にとびこんでくる。

季節はまさに早春といった感じ。

……………

こうして山から山へ歩いていて、東京にも出るひまさえなくして台湾にかえってきた。そしてその頃からヨーロッパに戦争がはじまった。

苛烈な運命が我々の眼の前に展開しはじめた。太田さんはその後マレーに出征してかの地からたよりをくれた。太田さんがシンガポールで戦死したと知った時、私は鑓の頂上での彼の風貌をまざまざと思い出した。またこうして生きていてこんなものを書いていると、眼を細くして尾根尾根をふりかえっていた彼の顔がうかび上がってくる。

鑓や杓子の最後の夏のイメージは、幼稚でくじけやすい私の心によみがえってきていつでも私をはげまし、勇気づけてくれる。

（一九四七・二・九）

［コメント］

國分先生の山への熱愛は、「北安曇の山々」を成した。太太様の次には山が好きというほどの先生だから、余人のなし難い山随筆である。

（立石鉄臣・「同人回覧雑誌」第六号）

兵隊記——ムロラフ　ピヤナン鞍部越

一

春菊のかおりのするシマホロ菊の粥——兵隊たちはシマホロ菊の粥を「豪華なランチ」と苦笑しながらいっていた——を啜っている所へ突然命令が来た。

……可及的速なる日時を以って、土場——ムロラフ　ピヤナン鞍部越の道路状況を調査し、資材民情等を報告すべし　　二〇・八・八・一三時

私は隊長室によばれると岡清士大尉から右の命令を受けた。

君の帰ってくるまではもつと思うが、とにかく山越でなくては西部との連絡不可能になることを予期しておかなくてはならなくなってきた。明治温泉にいる一六三八六部隊山岸中尉あての書類があるからもっていってくれ。元気で、たのむ。

私は、はーっと答えてそのとおり復唱すると、隊長室を飛び出した。

その頃私たちの部隊——一三八六三部隊——は羅東を去る二八キロメートル、アタヤル族牛闘社を中心に濁水渓の南北両岸に少数中隊毎に分かれて駐屯していた。

牛闘社には深い三つの谷があったが、そのうちの谷の入り口に近く大隊本部があり、私は本部で情報の蒐集と兵要地誌の作成を仕事としていたのである。

みんな仕事に出はらって部屋はからっぽ、谷間にはかんかん照りの夏の陽がふりそそいでいた。

濁水渓の複合デルタは上流に行くにつれて次第にせばまって、牛闘社の付近で聳立する巨大な大岩崖の間に吸い込まれるように消えている。牛闘の石門である。

その石門の両側の岸壁は、照る日も降る日も終日ノミの音が石門にこだまして、濁水の音を圧して高くひびいていた。学徒兵たちが横壕を掘る音なのである。

兵隊の多くは中学を出たばかりの、少年のにおいが頰のあたりに残っていそうな若者たちである。誰かが私を見つけたと見えて、向こうの岸からもこちらからの岸からも、「……古兵殿ーっ」と呼ぶ声が聞こえてきた。そうするとみんな壕の口まで出て来て、「調査でありますか」と賑やかに声をかけてくれた。皮膚にはつやがなく、顔の色は土のような色に見えるが、声はよごれを知らぬ少年の声である。

立小便をしていた指揮者の福岡兵長は太いペニスをつまんだまま、「蛇に気をつけろ、蛇が見つかったらもってかえれよー」とどなった。

蛋白質食料は絶無といってよい陣地生活であったので、兵隊たちは蛇を見つけると、きちがいのようになって追いかけてとらえては、焼いて食っていたのである。濁水渓渓畔には蛇が多く、種類も多様であった。

グーカーホイ、青竹仔、臭蛇、百歩蛇、にしき蛇——正しい判別であるかどうかはわからぬが、我々はそういう蛇の種類を知っていた。

小さいのは、一本に焼き——兵隊はそういういい方をした——大きな奴がとれると輪切りにして、焼いて骨までしゃぶるようにして食らうのである。

石門を出て、運材用鉄路の上を枕木を数えるようにして歩くと、間もなく「円山」の発電所がある。工場の前に送水用鉄製パイプが山のように積んであった。数えてみると五百数十本、これだけあれば部隊全壕の排水パイプ装置が出来ると考えて記帳する。乱暴なようではあるが、明日知れぬせっぱつまった状況の中であるものであるから、資材――主として陣地構築用の――の蒐集は、こうして眼についたものを現場との交渉でぎりぎりの所まで我慢してもらって徴発していたのである。

毎夏の氾濫で濁水の河床は時として鉄路よりも高くなっている所があった。とりかえられたままますてられているレールや枕木、山くずれの恐れのある場所等々、記帳したり、地図にマークをつけたりして行かねばならないのである。

牛闘社から八キロメートル、バヌン社は見上げるような山腹にあった。その集落の真下に小さなバラック建の停車場があったが、五〇も過ぎたぐらいの母親が七つぐらいと思われる少女を板のベンチにねかせてぼんやり汽車を待っていた。

「どうかなさいましたか、汽車は夕方でないとこないと思いますが」

「夕方まで待っているので御座居ます。この子が悪いものですから、公医さんに見てもらいましたが、大したことはなかろうとおっしゃるのです。台北でこんなになりました時、自家中毒とかいいまして、入院させましたことがありましたよって……ほんまに悲しゅうて、なまつばばかり出して目まいがするいいまして、目をつぶっています。父ちゃんと姉ちゃんが総督府の下じきにならはったものですから、こんなにしておりましてもね、たのむ人もありませんし、それにもしものことがありましたら……」

婦人はおろおろ声になっていた。私は五月末の空爆のことを知っていたのではっとしたが、女の子のことが気になって、いろいろ矢つぎばやに聞いているうちに、お通じがないときき出したものだから、浣腸しておいてもらったらと母親にすすめた。

午後の斜陽をいっぱいに浴びて長い坂を上がってゆくと、背の女の子が自分の子供のような錯覚におそわれ、妻の顔までがまぶたに浮かんできた。

公医さんはトロッコにひかれたというタカサゴの、まっ赤なトマトの皮をむいたような足を消毒している最中だった。ほうたいをまき終えると、私たちの方を眼鏡越しに見た。

もじもじしている母親に代わって用件を申立てると、公医さんは短く刈った白い円い頭をふって、「なぜさっきいわなかったのじゃ、それからおまえさんも（私の方をむいて）おせっかいものじゃ、なあ」といった。公医さんは、それからことをはこんでやがて排泄されたものを見ると、「消化しとらん」と感心したような表情を見せた。

「先生のお薬のほかに、梅肉エッキスって奴をもっていますので、それをやってもよいでしょうか」とおそるおそるきいてみると、

「この節、薬がなくてこまる。昔から人さまのよいというものは悪いことはないから、あげなさい」というのであった。こんなことまで書いたからには、情報係としての私の収穫も書いておかなくてはならない。バヌンには、ピヤナン鞍部以東の所謂渓頭社の中で集落にのこっている壮年者たちの中から選抜されたものが集って高砂義勇隊をつくって駐屯していたのである。

その義勇隊には六三部隊から、学徒出身でない、南方戦線の戦歴のある兵隊が加わり、岡大尉の指揮下にあった。

「巡査さんも兵隊も見えませんが？」

「あたりまえじゃ、みんな忙しいのじゃ、おまえさんのようにのこのこ山なんか歩いているものはない。訓練じゃ、雷神さん——雷神部隊長青木少将をいうのである——がタカサゴの弓に感心して、音をたてないので夜間奇襲にもってこいじゃとおっしゃったとかで、弓はさかんなことじゃ」

「六三派遣兵と社衆の関係はうまくいっていますか」

「タカサゴは兵隊を信頼しとる。しかしタカサゴとなれあうものがあってな、酒を飲むと女の子を追いかけるものもある。この間兵隊が……の間に手を入れて……の……をひっぱったというて女子《おなご》が泣いていました。ああ、なぜそんな暗い顔をなさるのじゃ……」

「タカサゴ義勇隊員の方とはどんなでしょう」

「月に二回それぞれの社にかえしていますので、芋を腹一杯たべてきます。それからカンチューを可愛がってくるので、まことによいことじゃ」

情報係というのは、刻々の戦況を旅団から受けとって、必要なものは部隊全員に伝達する仕事のほかに、民情を把握しておかなくてはならなかったし、また兵隊たちの間に発生する様々な問題についても、ゆるがせにしてはならぬとされていたのである。私は兵隊にきずがつかないように、しかも将来不幸な問題がおきないように、若干の注意書を隊長宛に書こうと考えた。

女の子は眼をあけてきょときょとしていた。「おじょうちゃん、気分いいの」と聞くと、にこっと笑ったので、私は急に明るく陽がさしてきたような気もちになって、女の子をおぶって、また長い坂を下った。

「御恩は忘れませんわ、父ちゃんと姉ちゃんがいませんもので……」

婦人の悲しみはまたしてもそこに落ちてゆくのである。

黒々とした流木のるいるいと転がった荒涼とした河床を歩いてゆくと、私の眼の前にさまざまなイメージが湧き上がってくるのである。陸続とこの峡谷地帯になだれ込む避難民と兵隊たちのさまざまなイメージ！

「このデルタ地帯がやられたら石門の奥にこもることになるだろう。そうしたら蘭陽デルタ地帯の民屋を全部焼いてしまうよ。敵に利用されるからね。しかし地方民はかまっておれないな。婦人に対する暴行は至る所行われるだろう。戦争ってそういうものさ」

不思議なことに、先史学に興味をもっていた岡大尉は、二等兵の私に対してそのようなざっくばらんなものの言い方をした。大東亜戦の初期から、中国の南北に転戦していたという戦争のヴェテランの言うことであってみれば、その通りのことであろう。そう思うと、いよいよいやおうのない憤りに似たものが湧き上がってきた。

陽がかげりはじめると渓谷地帯は急に暮れてしまう。

土場のクラブの「おばさん」は、ハンチー（編者注・さつまいも）を大きく切りこんだ、かたい白いごはんをどんぶりに盛り上げてきて私を驚かした。しかしおばさんは食いもののことばかりいっていた。

「米はなくなりますわ、でも芋がありますわ。ナンキン豆も少々取れましたわ。でも兵隊さんが逃げてきたらどうしよう。すぐになくなってしまいますわ」

「逃げてなんかきませんよ。しかし避難民がここまでくることは考えておかなくてはなりませんね」

「まあ、あんなことといって、ここをなんと思いなさるの、〝蕃界〟でしょ。普通の人勝手にこないわ。だから大丈夫」

「それなら特別の人ってどんな人をいうのですか。大丈夫っておばさんなんだ」

「まあ、そんなこわい顔をしないどいて、こわいこわい」

それでも「おばさん」はきげんよく、いつでもお茶があるし、くみに来なさいと部屋まで教えておいて、すっからかんの丼を下げていった。

私はいつか旅に出ている気もちになっていた。いわれた通りしばらくあとでお茶をもらいにゆき、教えられた部屋をがらっとあけると、一枚のふとんをかけて「おばさん」が「おじさん」と抱き合って寝ていた。「山は冷えますでしょ」と「おばさん」はしゃあしゃあとふとんの中からいった。どんな人か顔も見えないが「おじさん」はちょっと首をちぢめたように思われた。私はあわてて、お茶をもらわずに自分の部屋にかえった。

二

九日――朝起きると、めし前に集材所を見る。バヌンでおぶった女の子のことを思い出したが、家がわからなかった。

太平山のもっとも重要な食料供給基地をなしている烏帽子の中沢農場にもまわってみる。

「六三の方ですか。岡大尉お元気ですか、羅東でよく会いましたよ。いきぬきにこられるんですね。いい所で顔を会わせたりしたこともありますよ。うはっはっはっは……」

農場主中沢氏は聞きもしないのにそんなことまで初対面の私に向って話すのである。

「ジャガタラをうんとつくる予定で、ものすごい開墾準備をすすめていますよ。移民をだいぶ入れていますが、近くまた借金で首のまわらなくなったようなのをえらんでどっとつれてきますよ。見たまえ、あの山からあの山へ」。彼は広大な山の斜面を指さして開墾予定地を示した。

「わしは村長で、まあ恩情主義ってやつでやっています」

羅東に芸者あがりの人をかこっているという、でっぷり太った赤ら顔の恩情主義者である。

烏帽子のように突き立っているので烏帽子山という山をはさんで、二つの分流がこの所で合流していた。

一〇時登山開始、一六時太平山の山上集落についてみると、私はしっとりと霧にぬれていた。

「山気滴堂」と書いた蘇峰氏の額のある一番よい部屋があてがわれた。

お寒いでしょうと火鉢に火をおこして、きめのこまかい雪のような白い少女がはいってきた。私は眼をみはった。

「お父さんはこの山でなくなりまして、お母さんと二人でクラブ守りをしています。兄は南の方で戦争しています。生きていてくれますかしら」

ガラス戸の外は霧に埋まっていた。

夜、太平山事務所の主任宮村氏が訪ねてきて太平山の現況をくわしく話してくれるので、私はそれをノートして隊長宛のレポートを作った。

「山にはわたしのようなとしよりか、女ばかりです。でもね、みんなだれかかれか兵隊に出していましてね。わたしの子供は二人まで飛行機のりになりましたが、一人はソロモンで戦死しました。B24がこの上を通ることがありますがね、生きのこった子供がのっているかとふとまちがったりしましてね。あーいや、その話はやめやめ。明日は、杉さんという山に三〇年も住んでいる老人をつけてやりますよ。この山がもたなくなったら、私たちもムロラフ越をしなくてはなりませんし、その下調べにもなりますからね」

少女はお茶をもってきたまま、だまって話を聞いていたらしかった。

やわらかいひとえをきちんと着て絣のもんぺをつけたその少女を、私は悲しいほど美しい人だと思った。

カロッサの『ルーマニア日記』のある日の日記に、カロッサはそのとまりあわせた家の若い美しい婦人のことを書いて、そのあとの方に、健康な若い婦人と一つ家にいるということだけで、こんなにもよく眠ることが出来たと書きつけた一節があるが、私はその夜よく眠ることが出来なかった。

三

一〇日――主任さんが朝早くから杉さんをつれてきて、クラブの茶の間で熱いお茶を飲んでいた。別れる時主任さんは、ふしくれ立った手で私の手をがっちりにぎりしめると、「お大事に」とおだやかに言った。少女がやさしそうなお母さんといっしょに送ってくれる。

この日朝から霧が晴れて空はすばらしく澄み、一点の雲も見られなかった。そして中央尖山、南湖大山などの台湾中央山脈の王座がきらきらと光って見えた。

黙々とさきに立って歩いていた杉老人が、急に立ちどまって山谷の一角を指さした。

「ごらん、あの陽のさしている所に円い青い葉がかさなり合っているでしょ。あれがワサビというものだよ。わしが昔、静岡の山手からとりよせてつくったのが段々ようなって、毎年すばらしいものがとれるようになっていましたわ。わしのワサビといったら台北のスシ屋じゃ名をうっていたものですよ。阿里山ものにはにがみがあるが、わしのワサビにははにがみがない。わしはあちらこちらの谷にワサビを作りましたよ。一日がかりでゆくような遠い所にもな。ずいぶんもうけておなご遊びもしましたわ。正月前になると雪の中で収穫するんですぜ」

私は、今は枯木のような杉老人に青春の日のあったことを思いうかべてみた。

「だがもう、来年の正月のことなど考えられたものではないわ」

戦争と無関係のものにさえ見える生活の中にさえも、戦争はしっかりと根をはっていた。

ムロラフへの路は至る所倒木に埋まっていた。重なりあった倒木を越え、倒木を越えて、山の陽が頭のま上にある頃に標高一四〇五メートルのなだらかな草原に出た。そこがムロラフであった。

私たちは山の草に半身を埋めて昼めしを食った。

「あれをみなさい。次高、南湖の背のあたりまでびっしり埋めているのは扁柏（編者注・タイワンヒノキ）の密林です。事業は山へ山へと切りこんでゆくと、まだ一〇年や二〇年は尽きるものではないのになー」

「わしのむすこはマレーで戦死しましたよ。あとには家内と女の子があるだけです。わしは道楽しましたが、息子はよい息子だった。神様なんてあてになりませんわ。内地じゃ大きな地震があって飛行機の工場が沢山つぶれたということが、この山でもうわさになりましたよ。神風もへちまもあったものか」

ムロラフの草の中で、老人の声は次第に慟哭に似たひびきをおびてきた。私は痛む心にたえなかったが、どんななぐさめの言葉もむなしいものに思われるにちがいないと思うと、何ひとつということが出来なかった。

ムロラフを下る時から天候が急変して、シキクンへ下る頃は大降りになった。シキクンで私は杉老人と別れた。

シキクンではシキクン社の老いた高砂族が二人ポーターをかねて送ってくれるというので、日没近いがピヤナン台地に強行することにした。

私が牛闘社で毎日眺めていた濁水の上流が再び眼前に全貌をあらわしていた。どろどろの重そうな黒い水が、ぶっつかりあい、はねとばしあい、流木をうかべたり、岩にあたって砕けたりして流れているのを見ていると、何か悲壮な思いがわき上がってくるように思われた。

ムロラフ鞍部（松山虔三撮影）

結果は悲劇であるのに違いないのだ、それだけになおゆかねばならない――そういった運命的なものが暗示されているように思われてくるのである。

ピヤナン台地駐在所では野田巡査部長が奥さんやお子さんまでつれて、台地のはずれまで出迎えていて下さった。おふろがまっていた。

ポーターのタカサゴの老人といっしょに、駐在所の大きな湯ぶねに首までうめてつかっていると、老人の一人が手をあげて、たどたどしい日本語でなにかくりかえして言うのである。よく聞いていると、

タカサゴ、ナイチジン、ホントウジン、三つ。アメリカ一つ。ニッポンカッタ。――そういう三つの短いセンテンスをくりかえしているのであった。

老人の気の毒なほどの素朴さに対して答える言葉がなかった

ので、ほかの話題をさがしたが、それも悲しいことにみつからなかった。

野田さんの長男は学徒兵で六三部隊にいたので、私は「元気で頑張っていらっしゃる」とその様子をお伝えすると、部長さんはうれしそうに眼を細くした。

その夜部長さんは飲めない私を相手にひとり盃をかさねていたが、

「ピヤナン、シキクンのタカサゴをひきつれてえ……」とうなりはじめた。剣舞のようなことをはじめようとするのであるが、酔っているものであるから、すぐにへたへたとくずれてしまい、奥さんとたくさんの小さな人たちに、手とり足とりの大騒ぎで次の部屋につれこまれた。

「毎日芋つくりで血まなこになっていましたのに、今日は子供のこときぎましたもので、よろこんでお酒すごしまして御めんなさいませ」

と奥さんが、まっ赤なトマトを食卓の上にさし出しながらいうのである。

四

一一日——私のムロラフ越の状況その他を簡単に書いて、隊長宛の報告書として部長さんに托し、出発する。アワンとピシーモタンという二人の娘さんがポーターもかねてついていってくれるというので、ピヤナン社に立ちよる。集落には桃の木が多く、桃の木の中に集落があるといってよいくらいであった。

台地を下るとボボユー渓という渓が濁水渓に合流する所に出た。雨がやんで水がひいてしまったあとであるものであるから、粘板岩の砕片や黴爛したこまかな砂粒で埋められた河床は軟膨してぶよぶよしていた。アワンとピシーモタンが流木をみつけてきては足場をつくってくれた。

台地を離れてしまうと、二人は急にはしゃぎはじめた。

「兵隊さん、ふざけなさいよ」

「……おどろいたなあ」

「兵隊さん、歌うたいなさいよ」

「あなた方、まだおよめにいかないの」

「あら、歌うたわんであんなこときくの。私の夫、戦争にいったまままだかえってきませんの。私、離縁しましたわ」

ピシーモタンはすました顔である。

「あー、あなたは奥さんだったのだね」

「アワンはまだいったことないわ」

アワンはてれくささそうな顔をしていたが、やがて歌いはじめた。

スケランの流れ
マスがとれる──
一度はおいでわがシカヨウ社よ──

私は歌をききながら歩いた。

ピヤナン鞍部は美しい草原になっていた。大甲渓の源頭をなす水が、小さい細流をなして草原を割って流れ出していた。

まっ赤に熟したグミが陽光をあびて光っていた。草の中に寝ていると、戦争が遠い世界の出来ごとのようにさえ思われてきた。雲の流れているのを見ていると、漂泊の思いに似た感情がわいてくる。

そこへピシーモタンがすずなりのグミを折ってもってきて、いっしょに食べようとすすめた。

「アワンは香山さんのところへ遊びにゆきましたから、私はこっちで遊びますわ」

「香山さんってだれ」

「キルク知ってるでしょう。アベマキの皮からつくるの、そのアベマキの皮をあつめにきている会社の人なの」

「キルク?」

「ほらビンのセンするでしょう」

「アワンさんの仲よしの人、内地人?」

「そうよ、奥さんいたけど死んだの。アワンさん香山さんとこちょこちょするの」

「こちょこちょってなにするの?」

「あは……馬鹿、そんなことときいて」

ピシーモタンは、草に寝てグミをたべていた私の胸の上にどすんと頭をぶっつけるようにしてころがった。私はなにか熱いものが体中に湧きあがってきたかのように思った瞬間、かの女の肩に手をかけて、かの女を私の方にぐいと向けた。

二重まぶたの大きな眼、それからルーペでのぞいたかのように黒いうぶ毛が一本一本毛孔の中から生えているのが、私の眼に飛びこんできた。とたんに体中の血がすうーとひいてゆくのを感じた。そしてほうり出したグミの枝を再び拾いあげると俄に、私が青春から離れた所にきているのだと思った。

鞍部からシカヨウ社のある平岩山までの路は、なだらかな美しい路で扁柏と松の樹林があった。

途中小さな駐在所があって、巡査が一人丹前を着て下駄をはいて事務机に向っていた。駐在所の前には水蜜桃がすずなりになっていた。

「やあ、今時おどろきましたわ、登山とは」

「登山ならよいのですが、連絡路の踏査にきたのですよ」

「なるほどね、わしは早く女房と子供を国へかえしましてね、毎日こうしているんです。このあたりからアベマキってやつがありましてね、軍用品なんですよ。会社のものが鞍部にきていますし、人夫もはいりますし、こうして巡査もすわっていなくちゃあならないというものです。鞍部には梅林がありましてね、梅どきには一石ばかりの実をもいで明治温泉の山岸中尉の所へ出しましたよ」

私は山岸中尉の名前をきいて、中尉のところへゆかねばならないことを思い出した。どてらの巡査は水蜜桃と林檎をいっぱい盆に盛って、たんと食いなさいとさし出した。林檎もあるのですかと驚くと、駐在所の裏庭に私をつれていった。

駐在所の屋根にようやくとどくくらいの二本の林檎樹には、枝も折れるほど実がなっていた。まっ赤に色づいたもの、やや青味がかったもの、稀にまっ青なものなど、目もさめるほどの美しさである。がしっと噛むと歯にしみる冷たさ！

林檎をかじりながら平岩山に着いた。

アワンとピシーモタンをシカヨウ社へ送って、私は駐在所のクラブへ泊まった。

クラブの前には望楼があって、シカヨウ社の少年たちが敵飛行機の見はりをしていた。

日本人巡査二人、本島人巡査一人、警丁三人――ピヤナン線第一の配備である。

夕飯の時、色の白い頬の赤くそまった美しい婦人がお給仕をしてくれたので、内地からきたての巡査の奥さんかと思ってきいてみると、シカヨウ社の女であるという。

食後大鉢をかこんで話をする。

「ここは高すぎて、芋がやっと出来るぐらいでして、増産増産のかけ声をきいても、増産が不可能なのです。しかしね、いよいよ山ごもりする時が来たら、このあたりは大変な所になりますよ。これからスケラン渓に出て次高山方面に出れますし、松嶺をこえると霧社に出れます。シキクン・ピヤナン台地は御存じのように近いし、なんとしても中心ですね。この広大な山を舞台としてやるとなれば、敵も手が出ないでしょうな」

主任さんがいうとみんながうなずいた。

人はどんな時にも夢見ることを捨てえないのだし、そのような皮肉なことを思いながらも、さだかには捉え難いノスタルジアのようなものが私にもあった。

山へ山へとはいるにつれて、人の表情に、どこかのびやかなもののあるのが感じられるなと思った。私自身にも変化がきているのであろう。私は鞍部でピシーモタンにたわむれようとした自分をおもいおこした。

「ここから明治まで、幾キロありますか」

「三六キロあります。タカサゴなら一日でゆきます」

私の眼の前に、急に戦雲のたれこめた西部の平野がおもいうかべられてきた。私は軍司令部作成の五万分の一の兵要地図の上に書きこみをつくる仕事をほとんど夜を徹してした。

五

一二日——早朝、スケラン渓をこえて次高山へつづくバットアノーミンの断崖のあたりに、すさまじい勢いで濃霧が奔騰するのが望まれた。旅の思いは消えて、いきづまるような戦争の厳しい現実が反省に上ってきた。なにか切迫したものが私をまっているように思われてきた。

三六キロメートルの大甲渓沿いの山路をポーターをつれずに下ってゆくにつれ、次第に空気が重苦しい圧力をもって私をつつむように思われた。

それでいて私は、先史学のことだとか金関先生のことだとか、妻や子供のことなどをしきりに思い出していた。

［追記］

私は一五日、台北で終戦の大詔を呆然としてきいた。直ちに牛闘社にひきかえしてみると、依然としてノミの音が石門にひびいていた。岡大尉にお会いすると、「雷神」命令で続行せよというのでつづけさせているが、万事窮した、日本歴史を根本的に見直さなくてはならなくなったと、冷然たる表情をたたえて言った。冷然と見えてはいたが、大尉は心に慟哭していたであろうと、私は今は思っている。大尉や山越えの時に会った不幸な人たちが、今厳冬の日本にあってどうしているかとしきりに思われる。

（國分）

［コメント］

國分さんの兵隊記は、前の馬場さんのとはまた別趣のもので、絹ごしの豆腐のような感触があって、いかにも國分さんらしい。そこで私も兵隊記を書きたくなった。ここで一言云って置きたいことは、國分さんは兵隊としては私の前で直立不動の礼をしなければならない立場である。私が何と云おうと服従の精神を発揮しなければならない。ところが池田大人となると、これは私より又上で、私は彼に何と云われようと涙をのむ運命であった。のろわるべきは軍バツである。

（立石鉄臣・「同人回覧雑誌」第五号）

材料の点からも非常に興味深い、美しい叙景と叙事とがある。その間に作者の憤懣がちらちらとのぞいている。この憤懣は、しかし、なにかまだ少し緩《ぬる》いところがあって、非常な膨張力が、作者によって矯められたものではない。だから、最後までそれが盛り上がって来ない。長編の一部ならばこれでいいが、完成されたものとしては弱い。

しかし僕はこういう長篇の一部のような短篇も好きだ。そう云うのは概していや味がないからである。逆に國分先生のような人柄からは、いつでも長篇の一部のようなものしか出来ないだろうと予言することが出来るかもしれない。だから、國分先生に忠告すべきは「いや味を恐れないように」と云うことである。——間違って林熊生（編者注・金関丈夫氏のペンネームのひとつ）にそれを云っては大変なことになる——。

國分先生の、これまでの作品の中での傑作、と云う批評に大賛成である。

（金関丈夫・「同人回覧雑誌」第五号）

かえるかえらんの話

終戦後から今日に至るまで、もう幾度、かえるかえらんの話が出たことか。私がはじめ残ってよいとされたのは終戦の翌年、私の家族をもふくめて、日本人の大部分がひき上げていった年の一〇月頃までで、その後はいつでも第一に還送されるべきメンバーの中に入れられていた。しかし私は長い年月をかけた仕事が片づかぬままにかえりたくもかえれなかった。師範学校から編訳館、編訳館から大学へと転々と移り今日至ったことは、いや至れたことは不思議議のような気もちがする。それが金関博士をはじめとして親しい多くの人たちに大変なめいわくをかけての上のことであるから、自分自身でも決してなまやさしい気もちでおれたわけではなかった。

ある人は私に親切に忠告してくれることもあった。「家族を犠牲にしての研究もおかしなものだよ」、「日本人としての面目も考えてみたまえ」等々と、そしてそれらの言葉は私にもよくわかった。気もちの上での苦しさは私にも十分あった。しかしそのようにしてのこっても、私はこれまでしてきた仕事のしめくくりをある程度しておきたかった。

採集された資料は報告が書かれない限り学問的には資料として広く利用され得ない。採集しただけでどこかの隅につみあげておくなら、何の意味ももたない。それよりは遺跡の上に自然に遺棄された形でとどめておいた方がよいのである。一度発掘でもしようものなら、その遺跡のその地点は永久に姿をかえてしまうのである。発掘のプロセスとせいみつな資料の報告を書かない限り、遺跡を破壊しただけの意味しかもたないであろう。手をつけたものは手をつけたものの責任を果たさなくてはならない。そういった感情は良心といってよいほどのきびしさで常に私の胸にあったから、せめて完成は出来なくとも、日本にかえってから仕事をまとめられるだけの準備をしておきたいと熱烈に考えてきた。

その準備ははじめは一年ぐらいで出来ると考えたが、新しい仕事に手をつけたりしたので二年はかかると思われるようになり、大学の資料を扱いうるようになってからは更に時間をほしいと思うようになった。

台湾大学文学院史学科にて実測図を書く（1948年）

有名な伊能嘉矩氏のコレクションをはじめとして、なくなられた移川子《うつしかわね》之《の》蔵《ぞう》先生や現在民族学研究室を動かしている宮本延《のぶ》人《と》教授のコレクション。東京に一足さきにかえられた浅井恵倫博士が常に気にしておられた、浅井博士、金関博士、宮本教授らの共同のお仕事をもの語る大瑪璘遺跡の膨大な採集資料、ある時期の台湾先史学研究史上においてかなりの足跡をのこされた宮原敦博士のコレクション、その他、台帳の上には名前をとどめてはいても、おそらくめったにとりあげられることもなく、あるいは永久に気づかれることもなく終るかも知れない無名の採集家の寄贈資料等々をながめていると、それらがほとんど学界に報告されていないものであるだけに、のこりえたものの責任として、これらの実測図をつくってこれを学界におくりたいと考えた。

もしそれをやり終えたら、もちろんそれは非常なよろこびで

台湾大学文学院前にて（右。1949年２月末）

ある。しかし、私はうまいことをしたのでないと思っている。尾崎秀眞《ほつま》氏をはじめとして三、四の採集家のコレクションが、金関博士と私の所へ終戦後にもちこまれている。それはまた大変な量である。それを整理しつつ、私はこれまでこうした資料の報告をなぜ出しておいて下さらなかったかとうらむ気もちをもつことさえある。とはいえ、それらの方々もどんなにか心のこりのすることであったろうと思えば、それらの方々にかわって、時間をより多くもちえたものの責任として私は全力をつくしたいと考えた。

私が全力をつくすなどと大きなことをいっても、私のこれまでしてきた仕事は実測図をつくるくらいのことであるから、馬鹿でも出来ることなのである。むずかしいことは立石画伯がなさって下さるのだから、いよいよ私の仕事は仕事々々といいながら何でもない単調な作業であった。論文をその上に立ってかくための資料の整理のもっとも基礎的なことをしてきたにすぎなかった。

しかし私はようやく最大の歓喜をもって、その基礎的な作業が近く完了することをお世話になってきた方々に告げることが出来るようになった。もしここに用意したものをもちかえることが許され、日本においてそれを基礎にまとめるだけの時間をもちうるなら、私は私の責任をはたしうるという見通しをつけることが出来るようになった。ここまできたからには「かえれ」といわれた時に喜びいさんでかえれることになったわけで、終戦以来はじめて私はやすらかな気もちをもちうる日をもとうとしている。しかしこの時期になっても、もしまちがってのこってもう少しやってみないかなどといわれたら、私はまた色気を出しかねないような気もちである。なにもかもわかったわけでなく、むしろわからぬ所が多くブランクだらけであるし、指導者であり協力者であって下さる金関博士がのこられるかもしれないのだから私はふらふらとするにちがいない。したがって私が日本へかえれる唯一の道は、ここでのっぴきならぬように「かえれ」と尻をたたかれることによってきまりうるのである。これまではそういわれても、文字通り石にかじりついてのこってきた。しかし、こんどはそんなことはしなくてすむのである。私はこれまでは、よく山のような資料をなげ出して船に乗る夢を見たものである。しかしこの頃では見なくてすむようになった。そのかわりよく日本の夢を見る。

とにかくこれまでいらいらするほど時間時間といってきた私が、この頃になってようやくゆとりをもち得るようになった証拠である。

ぼーっと汽笛をふきならして基隆を出てゆく船の上に自分をおいて考えてみたりする。日本の風土の中で妻や子供の頰が赤く美しくなっているといいな、などと思ったりすることも出来るようになった。

かえるかえらんの話は、私にとってもはや深刻な問題ではなくなってきた。

万歳!

静かな雨の音をききながら、最後になるかも知れないという回覧にこんな珍文を書くことの出来る幸福を思い、こうした日をもちうるに至りうる上に様々の力をかして下さった同人の諸大兄に感謝の心を禁じえないということもはっきりとかいておきたい。

（八月一四日夜記）

親代の記

国民学校の生徒の頃から育て、育ててその教え子にいつか恋ごころをもち、それがほんとの恋愛となった。しかもそのような時に二人は国籍も異にする——片方は勝った方の、片方はまけた方のといった不思議な——恋人同士となってしまった。しかしかれらは運命の皮肉さにも打ちかって結婚をする——そのような夢のような純一に貫いていったような話が、手をおおえば雨となり、手をひるがえせば雲となるといったような人情の転変はげしい時代に現実としてある。

もとよりここに至るまでにはいろいろな心配もあったであろうが、いよいよことを運ばせるときまった時の彼といったら、ぽっとするほど嬉しそうな顔をしていた。

編訳館三階の彼の部屋から見張り台のような私の屋上の研究室まで、日に幾度上がってきたことか。

「鳳姿がね、鳳姿がね……」

「うん、よしよし、もうそのくらいでよろしい」

「いや、もう少しききなさい……」

…………

そうしているうちに、私に彼の親代わりになれという注文をうけた。金関先生と立石画伯と彼と三人できめたというのである。

宮本さんのような先輩もいるし、立石画伯だって先輩だしとはいったものの、どういったまわりあわせか私が立つことになった。しかし私は大いによろこび、いささか得意であった。

式場にいってみると彼は顔をそり、髪を美しくくしけずり、新調の背広をきてうれしそうにそわそわしていた。お仲人の金関博士御夫妻がなにくれとなく世話をしておられた。長い間この人を見守り、手をひき、アメリカに鶏がいることを教えられたり、その他実にあたたかにこの人を育ててこられた博士御夫妻であってみれば、おうれしそうに見えることもっともなことで暖かい気もちがみちていた。

彼の書斎にいってみると、矢野峰人博士がまたうれしそうなお顔で、鳳姿さんの叔父さんといわれる方と話をしておられた。

司会者の峰人博士が正面まん中の座におつきになると、お仲人さん御夫妻、花むこの彼、親代わりの私、鳳姿ちゃんの御親戚の方々と座についてゆく。

メンデルスゾーンのウェディングマーチを立石画伯がかける。その美しいマーチの中でお仲人の金関博士の奥様が鳳姿ちゃんの手をとって出てこられる。

峰人博士がおごそかな司会者としてのお言葉を述べはじめた。

まっ白なまき紙に美しい字で美しいあたたかいお言葉がうめられている。

それをおよみになる声は、彼ばかりでなしになみいる人々の心にもしみていったであろう。

まあ、そうしたくわしい様子は立石画伯の水ももらさぬ実況報道記があるのでそれにゆずるとして、とにかく私は親代わりの署名をする時がきた時にまかり出て署名をした。彼の方にも鳳姿ちゃんの方にもお父様がおられたらどんなにおよろこびになるであろうと思いながら下手な字を書いてきた。

花むこ、花よめは最後に握手をさせられたが、ほんのちょっとふれあったぐらいですまされた。もっとしっかりにぎるんだと、彼の親であることになっている私は心の中で叫んだが、まああとでいやというほどにぎることだろうと大目にみておいた。

祝宴のはじめに私は用事があって、お仲人さんの花むこ花よめの御紹介のお言葉もきけなかった。親たるものはその席でなにか挨拶をするものであるということはあとになってきいて、ああそうかと思ったが、その時はいささかも気づかずにすぎてしまった。

かれら二人はその後、草山に新婚の旅に出ていった。親というものはそうした旅から新夫婦がはればれした顔をしてかえってきたのを見てはじめて安心するものであろうと思うが、私も彼らがかえってくるのを一日千秋の思いでまっていた。しばらくすると大にこにこでかえってきた。

万歳、池田敏雄と鳳姿ちゃん——。

彼がたんねんに草山の動静を報告したことの中から、一つだけ同人のみな様に御披露いたします。

彼らはおふろにはいったり散歩したり話をしたり、たのしさつきることがなかったようであるが、一つだけ失敗をしたというのはジャンケンをしてまけた方が勝った方の要求する通りにならねばならんという条件つきのジャンケンで、もちろんやさしい彼はまけてやったのである。その時花嫁の眼にうつったのは、爆撃かなにかでこわれた窓ガラスのあることである。過ぎにし戦争の時のせの君のいたましき池田二等兵の顔をちらっと思いうかべたが——これは想像——下士官殿のような顔をして、あそこから五分間顔を出しなさいと命令を下した。彼は命令にふくじゅうして、窓から顔を出して外の景色をながめた。風はいささか冷すぎるがよい景色だったというその結果、少々かぜをひいてねと彼はほくほくしていた。

「鳳姿がね……鳳姿がね……」

毎日三階の私の部屋に彼は上がってきて楽しい新婚生活の話をする。もとより新米の夫婦であるので、親代わりの私は大先輩の立石画伯と協力して老婆心をふりまくのである。
しかし心配せんでも、やがてかれらの間に小さな可愛らしいものが登場するであろう。この結婚の意義は日々に新たに、日々に意味ふかいものになってゆくにちがいない。ああ、実にたしかにそうなってゆくにちがいない。
もう一度
万歳、池田敏雄と鳳姿ちゃん!

（一九四七・一・九）

蘭嶼紀行（第一回）

五月二四日

民国三六（一九四七）年五月二四日早朝、真紅の地に真白に蘭嶼科学調査団といれた、ちょっとまともに見ると気はずかしくなるような三角旗をなびかして、バスで基隆へ向う。途中から雨。波止場についてみると、風も出てきたらしく、港の中というのに波が立ち騒いでいた。のってゆくというのは七〇トンたらずの発動機船、この天気ではむつかしいという船長の意見で出帆はとりやめとなる。一行幾名いるのか、だれがどのようにして参加しているのか、誰も知らぬらしかったが、とにかく大型バス二台は人と荷物で埋まっていた。

二六日

空がどんよりくもり、いくらか風のある日がつづくので、いつ発てるのかと案じられていたが、乗船ときまったものだから、金関先生と蔡滋理氏と松山虔三（本名・杉山直明）さんと私と前日即ち二六日の夜行で南下し、大東経由で新港で船まちをしようということにきめ、急に出発する。汽車は大変なこみ方で、台中でやっと座席をみつけるといったありさま。そのため無理をされたためであろう金関先生の足の水虫が一夜のうちに悪化し、高雄についてみると先生の足は靴をはいて歩けないほどの重症。私が大いそぎで台東ゆきのバスの交渉にいって駅にとってかえしてみると、松山さんと蔡氏が見えず金関先生一人立っておられる。

松山さんが憲兵につれてゆかれたとのこと、しかし一〇分もたたぬうちに蔡氏の釈明で面倒なことにならず大混雑のバスにのりこむ。松山さんがひっぱられたのは松山さんの頬からあごにかけての無精ひげ――いつもはあんなにきれいにそっているのに――のためであったらしいと蔡氏がいう。ひげの生え方が日本人らしいから目をつけられたというのである。ひげの目立たぬ金関先生も私も無事だったのだから、あるいはそうであったかもしれない。

バスは非常な混雑で、東海岸の大武につくまで立ちつづける。ふらふらになって中休みに大武で降りるとコレラの予防注射をさせられる。昨年の大流行にこたえたためであるという。食いもの屋をさがして歩いていると、ヤミ出身の唯一の無電技術者山田正之助氏に会う。新高北山の観測所から新任してきたのだという。

「こまったことがおきているのですよ。改姓名せよというのですがね、中国式の名にするんですよ。しないとサラリーをくれないというんですからこまる。僕は山田正之助がいちばんいいんですがね」

そういいながら、きれいにポマードをつけてすいたまっ黒な頭髪をかいた。

台東に近づくと、ところどころ銃剣で武装した高砂族出身の兵隊を見かけた。二・二八事件後の警戒体制がまだのこされているらしく見えた。

台東につくと兵隊と憲兵の多いのに驚く。かつての××旅館は「高眉」と名を改めていた。旅館のすぐすじ向いに憲兵隊本部があり、その前の電柱に「密告箱」と墨書した箱が打ちつけられていた。密告を奨励しているようである。

金関先生の足の手あてのために町に出てリゾールをさがして歩いたが、結局ソゾールというあやしげな薬品を手に入れてかえる。夕食後町に出ようと思っていると、二・二八事件の際の柯もと参謀長がくるというので高眉の玄関は軍人と憲兵がうめはじめる。それで外出はとりやめる。金関先生はソゾールを湯にとかして足の手あてをされる。先生の足は無惨にもはれて、白くふやけたようになってしまった。

二七日

七時三〇分のバスで出発、かってはあんなにたんたんとして美しかった道路がひどくいたんでしまっている。崩壊のおそれのある海崖の上では下車する。

新港の旅館にはアミの婦人が女中をしていた。かつては漁港としてはなばなしかった港の旅館としてさっぱりした美しい旅館だったが、べとべととよごれてしまっていて、手もふれられないようなものとなっている。厨房をのぞくとバレンカジキの上に蠅がまっくろにたかっていた。それでも二階から眺める海の景色はよく、小さなドックのような港には漁船がいく杯もはいっていた。

私はひるめしをすませるとすぐ、ペシュレンの石棺遺跡を見にゆくことにした。ここまでくると憲兵はいず、兵隊も見かけない。時たま会うアミたちは、別にさぐるような眼なざしで私を見ることはなかった。

ペシュレンの村に入ると間もなく、越中ふんどし一つで歩いているヤミの若者に会う。石棺のことを色々たずねてみるが、山の方にあるときいているがよく知らないという。どこでたずねてみてもわからない。知っていないはずはないのであるが、うっかりしたことをしゃべっては大変だと思っているのかも知れない。

太い丸太をおし立て、巨木をひきわって板材としたものをくみ合わしてつくった海岸ヤミの住居は、簡素で重厚な美しさをもっている。まひる間であるので残っているのは老人か子供ばかり。ヤミの村からややはなれた海辺で案内者を一人みつける。老人、本省系漁人。案内料、一〇〇円。

石棺遺跡は村から北の方、約二キロメートルばかり離れた山高い台地の上に位置していた。北には渓があり(1)、東には台地のスロープのつきる所から汪洋としてひろがる太平洋がのぞまれる。石棺は二個で、そのうち一個はひどくいたんでいる。干ばつの時ヤミたちが刀で棺縁をたたきわって雨乞いをするのでこわれてしまった、と鹿野忠雄博士の報告にのっている。[2] かつては耨耕《どうこう》（編者注・掘棒や鍬による初源的な植物栽培）を行っていたであろう台地のスロープは階段状の水田になっている。黒質の土壌が雨のためにどろどろになっていて、水田と水田の間のあぜ道を歩くと、草の間からべとべとのまっ黒な土壌が一足ごとに足もとにわき上がる。

石棺の棺身には前後左右に突起を有し、その形状は日本の古墳時代のくりぬき石棺に類似している。日本のかつての委任統治地たりしパラオにも、類似のものの発見例がある。それはまた南方に見られるくりぬき木棺に親近関係を持つものであろう。もともと立木を切り倒して丸太の中央部をくりぬいた木棺の形式が、石棺に遺残したものと考えられるからである。

ペシュレン遺跡にはスレートの破片が多い。幅四二センチ、長さ一〇八センチ、厚さ三センチのスレート板が、水路口をつくってある部分に橋にしてかけわたされていた。それも遺物であるにちがいないと思われた。かっての居住者にとって、スレート材料を棺材として採集することは容易であったにちがいない。しかもスレートの組合式石棺をつくらずして、製作に困難なくりぬき棺をつくったことを考えると、かつてペシュレンの台地に居住し、伸展葬に用いるスレートの組合式石棺を残した先住民とも、座葬による正方形の組合式石棺をもつ現住高砂族の系統とも、異なるものであったことを思わざるをえないのである。

スレートの石片や打製石斧を木綿の採集袋に入れて丘を下ってくると、カーキ色のズボンをはき地下足袋で足をかためたヤミの若者が山から帰ってくるのに会った。

今日はと声をかけると、足をとめて眼を細めるようにして見ていたが、「日本人？」といって近よってきて、

「日本人だ！　まだいたの？」と驚く。

「私は兵長です。私はラバウルにいました。隊長は大事にしてくれましたよ。私は時々日本人の夢を見ました」

彼は上手な日本語でそういうことも話した。

「兵長」と別れると私は浜に下ってみた。山縁の岩礁か礫の荒磯が波浪にあらわれているといった所が多い東

海岸にはめずらしく、美しい砂浜が発達している。おりしもバレンカジキがとれたというので大騒ぎをしていた。ヤミと本省系漁人がいっしょに作業していた。網主は本省人（福建系）で、その家は海をのぞむ台地斜面の上の方に、漁村を見下ろして位置していた。

鯛釣用の釣糸に用いるという石錘を見つけて、一個二〇円で売ってもらう。石錘の用法を考える上に役立つと考えたので(3)。

新港へ帰ってみると、基隆からの船がついて調査団の一行が上陸している所であった。シュワーベさんが、船酔いも見せず上がってくるといきなり金関先生の所へきて、ドイツ語でしゃべれる相手をみつけたよろこびのためか、しきりになにか論じ立てている。松山さんが、シュワーベさんは温泉のこけ類の専門家だから、小紅頭嶼に温泉のわくことを話したらどうかといって私を紹介してくれる。その話をすると「マッチインタレスティング」といってひざをうってよろこぶ。仕事に対して異常なパッションをもっていることが、その青い眼にあらわれている。

夕方、新港在住の日本人船長さんが二人「日本人の方がおられるとききましたので」といってたずねてこられる。五家族のこっているという。よく孤独に耐えて頑張っているらしい。

二九日

船は明朝出帆ときいて、小雨の中を近くのシロコハイ村をたずねる。ヤミの村。「日本人が雨にぬれてあるかなくてもいいよ、はいって遊びなさい」と達者な日本語でよんでくれるものもある。雨のため網の手入れをしているものが多い。宮本教授の所謂A式、B式、石錘にひっかかりのあるものがヤミの漁具の上に見つからないものかと、家ごとに注意してたずねてみるが知らぬという。

新港の入口のかじ屋で、ヤミの注文によって製作しているのだという鉄製斧をもとめる。ヤミの注文だという小刀もつくっている。

この形はまことに興味ふかいと思われる。私の知っているかぎりではツオウもこの小刀をもっているし、アタヤルももっている。そして苑裡の貝塚からも類似の標品が出ている。(4)

かじ屋からえものをさげてかえってくる途中、一軒の料理屋の前を通る時、なにげなしにふとのぞいてみると、中年のうすぎたない男がシュミーズ一枚のあやしげな婦人の胸に手を入れて乳を指さきでなぶっているのを見てしまった。

午後、松山さんと二人で、昨夕たずねてこられた船長さんたちをたずねる。漁港の北側にマッチ箱のような木造の小屋が列をなしていく列かならんでいる。かつては移民してきた漁人たちの住屋。その中の北のはずれ近くで、船長岡田氏の宿舎をみつける。奥さんと小さな人たちだけいる。御主人は、北風が出てきたのでバレンがとれるかもしれぬと船にのって沖に出てゆかれたという。様々の太さの釣糸、大小各様の釣針が座敷の壁にかかっている。

「いちばん困りましたのは、子供の学校です。一年半ばかりの間は、かえるかえらぬの騒ぎでおちつかず、ゆく学校もないままになにもさせずにいましたが、その後、君嶋さん(船長)の奥さんがかつて国民学校の先生をしておられましたのでお願いしまして、お昼まで勉強さしていただくことになりました。生徒は一年生二名(男)、四年生一名(女生徒)、五年生二名(中女生徒一名)で、みんなで五名です」

そういうお話をうかがっているうちに、金城次郎氏がこられる。留用者の一人である。沖縄県糸尻郡糸満町六五二が原籍ですといわれる。短軀なれど満々とはちきれそうな体、全身赭色にこげていて、しかもまっくろなこわそうな体毛におおわれている。まるでひ熊のようなたくましさとやさしさをもっている。

家内はカマ、娘は千代子、良子、息子は良次と、眼を細くして家族のことを話していたが、やがて遠洋に漁撈に出かけた話をはじめる。

アンダマンにいって、現地の人になげ槍をなげられて、そいつがわしの肩にささったので、片手でぬいて泳いで船へかえった。わっはっはっはっ……

茶谷国松さんがこられる。沖縄八重山石垣町にかえりますといわれる。岡田さんは千葉にかえる。君嶋さんは和歌山へかえる。今一人海にいっている高崎さんは大分にかえるという。帰国ということを始終念頭において生活している。それはどこにいっても見られる日本人の生活である。

君嶋さんが海からかえってこられて、こいといわれるので「教室」を見せていただこうと出かける。はききよめられた座敷には小黒板が一つ、船材をひききって作った長い机が四つそなえられている。座敷の壁には釣糸と釣針が一面かかっている。

やがて岡田船長が、頭と尾部をきって血のしたたるバレンカジキを両手で重そうにかかえて海からかえってこられる。それがたちまち分厚な幾百きれともわからぬほどのさし身におろされる。君嶋夫人がやっとかかえられるほどの大皿いくつかに、もれる限りのにぎりずしをもり上げて出される。もちろんカジキがのっているから、大食卓一面カジキ、カジキ、カジキ。なくなった山本先生が通りかかってひっぱりあげられる。夜にはいると松山さんが金関先生はじめ、金子寿衛男さん、原田さんと馬廷英隊長と陳礼節院長をつれてくる。酒がかわされる。

金城氏はなにか大声で放歌高吟するが、なにをいっているかちっともわからない。私がにやにや笑って見ていると、こらーっと大喝をくらう。そのうち、原田老をつかまえて、頭をさわるといってうんうん満身の力をしぼって髪の毛をつかむ。はらはらしていると××さんが、ほっておきなさい大丈夫ですよという。そのうち、原田氏がえいえいと金城ひ熊氏の手をはらいのける手練のあざやかさ。あとできいてみると、原田老は昔猛獣つかいをしていたということであった。

一座の中、おしろいをつけた一五、六のヤミの女の子が二人よばれていて、黄色い声で日本語の歌をしきりに歌った。彼の女たちは町の飲み屋にやとわれているもののようである。私は女の子を見ていて胸が痛かった。

金城さんがなにかどなって、日本精神というようなことをいうものだから、松山さんがその場をとりつくろおうと立ち上がって、片手のてのひらを蛇のかま首のようにもたげて片手をその肘の所にあてて、かま首をぶるぶるふるわせて、不思議な蛇おどりをはじめる。

それからしばらくして虎になった松山さんを、金関先生と金子さんと私と三人かつぐようにして旅館にかえった。こんな一日もあったということを記録しておくことも全く無意味ではないと考えるままにかきつけておく。

注

（1） 渓はキナブカ渓とよばれ、河口より約三キロ（二〇数町）遡った所の渓南岸に遺跡がある。

（2） 鹿野博士は「付近の蕃人に聞くと此の石箱の上には他の不完全な石箱が載ってゐたといふが、それは俄かに信じ難い」と述べられているが（「人類学雑誌」四五巻第七号所収、「台湾東海岸巨石文化遺跡に就いて」）私は石箱の上にあった他の不完全な箱というのは、おそらく蓋であったのではなかろうかと考える。

しかし鹿野博士は同一種族のものであると考えている。「その遺物例へば石棺等は地理的環境によって形式を異にするが要するに同一なること」といい、その相違の原因を「Dual organization 即ち平民階級と支配階級を有したる事」においているが、これは少し無理ではないであろうか。鹿野博士はパイワンやプユーマにおける頭目制の如きを考えられたのでないかと思うが、かれらにあってはスレートで方形組立石棺を用い、しかし頭目のための特別様式というものをもたない。そのような例は台湾の現存の原住民族にはない。台湾全住民に近接関係を有するインドネシア系の中にそのような例はあるであろうか。宮本延人教授の御高教を仰ぎたい所である。私は上述の両形式は別個の系統に所属する埋葬形式を示したものではないかと考えるものである。ペシュレンに見られる如き石棺は尚新社、加走湾頭にも見られる。

（3） 鯛ばかりでなく他の魚もつれる。

（4） 金関先生は有段石斧と形態的に類似している点を指摘される。

蘭嶼紀行（第二回）

五月三〇日

朝六時乗船、七時出帆、台東県県長が蘭嶼巡視のためにのりこんでいる。県長は我々の船の船長では心もとなしと考えたものらしく、新港の名パイロット君嶋船長に同乗を依頼したという。船長室の窓の所に君嶋氏の顔が見える。空は曇り勝ち、時々陽が海面にさしてくるが、光は海水を通らない。水の色がかなり黒さをましてきているからだ。ピッチングする艫のほうで、水夫が平気でひき縄をしかけている。二度ばかり、胸肩部の怒ったようにはった平たい黄金色の大物がつり上げられる。そのたび毎に万引だ万引だという声がおこって、よろよろしながらそれを見に走るものもあった。

一〇時五〇分、火焼島につく。面積の約八割八分は荒涼たる磽确地であるというこの島、雨にあらわれたむき出しの台地の赤土の色が眼にしみる。

上陸してみると、幾班かに分かれて分宿一泊するというので、私は鹿野忠雄博士が発掘を試みた油子湖遺跡にいってみることにする。

金関先生、松山さんお二人をおさそいしたかったが、先生は水虫で足をひきずっておられるのでだめ、松山さんは前夜の新港大宴会のあととてだめで、結局一人で出かける。

中寮の国民学校で道をたずねると、まだ若い校長先生が「あなた日本人ですか、めずらしいですね」といいながら、可愛らしい学童を案内につけて下さる。

部落らしい部落は公館の部落だけである。秋の暴風に抵抗させるための屋根はできるだけ低くし、壁は珊瑚石灰岩をつみ、しっくいでかためてできるだけ厚いものにしている。「ここに若い日本の女の人がいます。漁人のおくさん」――少年がそういうのではっとする。海岸に出、輝石安山岩が風化削剥の作用をうけたものだと早坂先生が日本地理風俗大系の中で説明されている美しい岩礁の風景を見ながら、また、ひたすらに道をいそぎながらも、「若い日本の女の人がいます」という言葉が耳底にこびりついていてきえない。

中寮湾から北東海岸を完全に迂回して、東南の沿岸台地にかかる比較的急傾斜の坂路を辿っていると、甘藷を背負った中年の農夫の下ってくるのに出会った。油子湖についていきいてみると、自分のいる部落だという。

石器や土器の話をしてみると、「それなら一〇年あまり前に日本人の太った学者がきて、そういうものの出る所をさがしていた時に、私が案内して私の部落の畠の中を掘った」というのである。鹿野先生はその頃からもう大分太りはじめていたので「太った日本の学者」なる印象を与えたものであろう。私は、お礼は十分出すからという条件で、彼に彼の村までひきかえしてもらうことにしてもらった。

短い青草が一面をうめたなだらかな台地は波状に連なり連なって、そのすそをとりまいて珊瑚礁が発達しているのである。所々台地の波と波とがぶつかって、急に深く海の方へ陥ちこんでいるような所には、きまって扇状地形が発達して、農耕に可能な土地を作っている。

油子湖は実にもっともティピカルに、そのような条件をそなえた土地である。

北西南の三方は粗い赤土の断崖をなしている。油子湖部落へはこの断崖をつまさきをたてるようにして下りてゆくのである。するとそこには約三〇〇平方メートルの平坦地がある。東方は開いて砂浜となり、珊瑚礁が点綴し、青い海が岩礁にくだけている。平坦地の大部分は黒地の砂質壌土をなしている。人家は数戸海岸に接して中央にあることは、鹿野博士が発掘を行われた当時とちっとも変わっていないようである。

遺物は人家付近の畠中に点々と広く散布している。「昔、日本の学者が掘った所はどこ」ときくと、畠の中の藪に沿った一地点を示して、掘ったトレンチの方向まで地上に書いて示してくれた。鹿野博士は「台湾東海岸の火焼島における先史学的予報」において、「遺物包含層の厚さ一米足らずと考えられ、それは粗い赤味をおびた二尺ばかりの表土の下にある」と説《の》べられている。[1]

しかし現在では、その地点及びその付近には粗い赤味をおびた二尺あまりの表土はなく、黒い色の砂質壌土が堆積している。藪をなしている付近に小路があり、路面下に貝層があるので貝塚の残跡と思われるが、その部分では、ピッケルで包含面を露出して計測してみると黒色砂質土壌の厚さは四五―五五センチで、その下部は浅い褐色を帯びた（珊瑚礁が風化して形成したと思われる）砂質層となっている。そしてこの層には遺物の包含が見られない。

遺物として鹿野博士所報のもの以外に採集できた興味あるものは、ティピカルな靴型石器と貝斧及び珊瑚石灰岩製の大型石鍬がある。

疲れはてかえってくると、夜、南寮の区公所で台東県長の招待会がある。御馳走は火焼島の地方民がもったものであろう。テーブルの上に白紙をしいて、その上に豚だとか家鴨だとか魚だとかをとってくうのである。ライスはおにぎり。

県長挨拶も馬隊長の挨拶も中国語であるため悲しいかな一語もわからない。同じく一語も解しえないシュワーベ氏が、しきりに話をする。かれがチリーで発見したという、ネバータッチドにしてネバーノーンなるネオリシックサイト（新石器時代遺跡）についてである。

シュワーベさんはどんな時でも学問の話をするのである。そしてシュワーベさんの話は大体わかる。しかしシュワーベさんは、あまりしゃべりすぎると自分ばかり話をしてこまるという。「自分はあなたのお話は多少わかる」、「しかし私から話をするということは、私にとって大変むずかしい」。そういうと、シュワーベさんはまたオーライとばかりにアイスランドの話とか温泉の話とか限りなく話をはじめる。

会のあとで、かれはなにかのことで陳礼節院長にかみつくようなもののいい方をしていた。そのものの言い方はシュワーベさんの中国人に対する感情を示しているように思われた。

夜、幾組かにわかれてとまった。金関先生も私も松山さんも国民学校にゆき校長宿舎の一室をかりてごろねした。

朝、校長先生の若い夫人がミルクをわかして出して下さる。頂戴しながら、連合国救済総処の苦心しておくった救済物資でないかと思う。

油子湖遺跡追記

鹿野博士は、遺物包含層は粗い赤味をおびた二尺余りの表土の下にあると書かれておられるが、現在ではそのような条件の場所は全然なくなっている。

遺物は広範囲に、落花生の畑となっている畑地の表面に散布し、至る所表面採集が可能である。

火焼島の先史遺跡は油子湖遺跡だけではないようである。鹿野博士の記載によると、同島東北部の呂麻蛟、西南部の白沙尾の畑中、西北部の南寮部落蘇国なるものの家の付近の畑中よりスレート製組合式石棺が出土すると伝えられていることが注目される。

殊に南寮部落蘇国なるものの家の付近畑中より発見されたスレート製組合式石棺、中には仰臥せる人体骨骸と長さ一尺余りの青銅短剣並びに緑色の腕輪を見ることがあるといわれているのは興味ふかいことである。鹿野博士は長さ五尺、幅三尺足らず、厚さ一寸を測る。長方形のスレートの一枚岩と小型のもの数枚を実見したと書いておられる。組合式石棺文化には関連があると金関先生が早くからいっておられる。

この組合式石棺は東海岸北部新城あるいは東海岸一帯に見られる組合式石棺及び壂丁の組合式石棺文化に関係があると思われるのである。殊に壂丁との一致は、人体が仰臥姿勢をとっているという点において興味ふかい一致が考えられる。

青銅製品は呂麻蛟渓河口の砂丘中から、鹿野博士が青銅器の破片二個を得たというし、また同博士は真鍮製腕輪を公館の土民より得ている。この青銅文化はまた東海岸のスレート組合式石棺文化の随伴する青銅文化との関連を示している。

また台湾本島及び火焼島における組合式石棺の文化は、紅頭嶼における組合式木棺の文化と関係があると思われるが、横位屈葬の紅頭嶼の埋葬様式から考えると若干の系統的相違が考えられるかも知れない。

火焼島派出所須知簿には「東北端の頭山に紅頭嶼蕃人三〇戸住み居りしも次第に減じ終に滅亡せり。之らの蕃人は紅頭嶼に於いて戦争敗北し、漂流し来たりたるものなりとの口碑あり」とあることは、火焼島原住民と紅頭嶼原住民との関係の性質をある程度まで物語っているように思われる。

鹿野博士が一九二九年渡島された際、公学校長斉藤典治氏から「漢族が同島に渡来当時〝未開蕃族〟が居り、それは『瓢が天から降って来て二つに破れ中より男女各一人が生れ祖先となった』という神話を有していた」という口碑をきかれたようであるが、とにかく同島に比較的近世まで原住民族がいたことは確実のようである。そして台湾本島東海岸との間に往来して、かつては石棺材としてのスレートの運搬を行ったりしていたものが、比較的近い時代の間に跡をたってしまったもののようである。

どのようにして跡を絶ったかが問題であるが、漢族が同島に移住当時、あるいは逃れ、あるいは死に、あるいは少数のものは漢人に使役されて混血して、現在その子孫といわれるものが中寮付近に李姓を名のり三〇戸ほどあると伝説されている。この伝説は鹿野博士もきかれたものであるが、私も中寮国民学校で採集出来た。

そこで再び油子湖遺跡の問題にかえるが、同遺跡は比較的生活条件のよい地方において、分布居住していたと思われる組合式石棺文化人たちの最後の拠点ではなかろうか。頭山よりもやや東南に位置し、断崖下の凹地に黒子のような小地形を占拠し、いざといえば海洋に逃出出来る。直行すれば紅頭嶼イララライ社に至ることになるという。

地形的に見て、どう考えても油子湖は敗惨者の拠る地形である。同遺跡出土の Nephrite（軟玉）製のイヤリングには、イララライ社出土品と全く共通のものが見られる(2)。

三一日

朝、海岸で島の子供たちの間に一大センセイションがおこる。「日本人の老人が眼玉をとり出して水で洗っていた」というのである。それは一行中の原田氏が義眼を洗っているのを見られたものらしい。

七時半乗船。君嶋パイロットが舵をとっておられる。一二時すぎると、島影が見えるという声があちらこちらにおきる。船に強い松山さんはカメラをかかえて、ひどいピッチングにもかかわらず、へさきに出てたえず雲の晴れ間をねらっておられる。

そして次第に近づく島影をキャッチしようと最大の努力をはらっておられるのを、私はねながら見ている。

金関先生も船に強く、たえまなく煙草。植物の山本先生は船長室で碁。シュワーベ氏船長室。馬、陳両巨人船長室。山本さんの碁の相手。あとのメンバーは私と同じように頭をかかえて、波のしぶきのとびこんでくる船の前部船槽のおおいの上に毛布をしいて、キャベツやネギなどのくさったにおいの間に、ものもいわずに横たわっているだけ。

三時半、イラノミルク湾に投錨――紅頭山の連嶺はまっ白に雲に包まれている。白いなぎさの線の上に直ちに濃緑の森林がつづくために、イワギヌのカニトアン（墓地）のながめは非常に印象的である。

シュワーベ氏が、あれは原生林だろうという。そうだ、そしてあれは墓地だ。そのため樹木を伐ることも近づくこともタブーだというと、マッチインタレスティングを連発し、眼をかがやかす。時々驟雨がくる。驟雨が去ると、海岸の岩礁とカニトアンの森とが実に美しくきらきらと輝き出す。

ヤミのチヌリクラン（一〇人乗り大船）で上陸。直ちにキャンプ設営にかかる。場所はかつてのイラノミルク教育所前の広場、海洋研究所、医学院、理学院、気象台等にわかれて天幕作業にかかる。

日がくれてから食事。ヤミの若者たちが天幕にむらがってくる。私が一九三六年、滞在した頃に比して、日本語の普及の著しいことにおどろく。あの頃は通訳をたのむのに苦心したものである。シマノカス、シャマンカリヤルの二人をのぞいて、ガイドになれるものさえ幾人あったろうか。それが今では老人をのぞいて大ていの若者は日本語を解しまた話すのである。あれから一〇年の日本語教育と、戦争中多くの兵隊がこの島にいたこととのためであろう。

男であれば老若を問わずしきりに煙草をほしがるのはおどろく。ヤミはもはや煙草を知らぬ tribe ではなくなっている。

夜、娘たちがゆるいイントネーションで哀調をおびた歌をうたいつづける。そうした情緒はちっとも変わっていない。しかもヤミは変貌しつつあるのではないかという感じは、上陸と同時に私の胸にきつつある感じであった。

注

（1）「人類学雑誌」第一七巻一号（昭和一七年一月）

（2）油子湖出土の軟玉製品中には、おどろくべき類品を墾丁出土の軟玉製品中に見出すことが出来る。組合式石棺文化をつらねて相互的連関を考えることは、早くより金関丈夫先生が注意しておられることであるから、私の名前において公開すべきものでないことをよく知っていることを明記しておかなくてはならない。ただ油子湖遺跡についての覚書をつくっておくために、この問題にもふれたものである。

編者注

「蘭嶼紀行（第二回）」は、原文では「蘭島紀行（第二回）」となっているが、第一回と同じく「蘭嶼」に統一した。

変貌しつつあるヤミ

終戦後に紅頭嶼にゆけるようになるとは夢にも思っていなかったが、五月の末から六月のはじめにかけて、その機会をもつことが出来た。その調査日記は是非整理したいと考えてはいるが、何かと心せかるる仕事に妨げられて、そのままにしてある。

終戦以来ヤミ族は色々の方面において変貌しつつあるようである。純朴で人のよいヤミがかけひきをおぼえたり、人をうたがってみたりするようなものを少しずつもちはじめた。

特別行政区域の制限が撤廃されたために、漁舟が自由に出入りしている。当然そこには漁舟との間の様々の交渉が予想される。ヤミたちが口をそろえていうに「高雄からくる舟みなどろぼう」、「火焼島の舟しょうしょうどろぼう」――こうした表現を通して、ヤミたちが新しく接触しはじめた人たちが、かれらに対してどんなことをしているかを想像することは容易である。

煙草を知らなかったヤミが非常な煙草ずきになっていて、人の顔を見るとタバコタバコとせがむこと、あんなに貝製やことにガラス製のボタンを愛好していたくせに、今では見向きもしなくなっていること、鉄製のワサイ(斧)の如き容易に手ばなさなかったものを、鉄はいくらもあるからと、どんどんタオルなどととりかえてくれること、色もののきれ地など大して問題にしなかったのに、赤いもみのきれなど大騒ぎで婦人の間にもてはやされるようになっていること、あの美しい舟（チヌリクラン）の彫刻が次第にニグレクトされて無彫刻のチヌリクランが見られたりすること等々、あげてゆくとヤミたちの変わり方は相当色々の面においてみられるようである。もちろん、そうした変り方の裏には、かれらの心の生活の変化ということがあるはずである。

いかにしてどのような条件が、いかにヤミたちをかえつつあるか、そういったことをみっちり検討しておくことも大切なことのように思われる。いずれ稿をあらためて調査日記抄を発表して、変貌しつつある面とそうでない面とを、新しい事情の発生との関連においてお伝えしたいと思う。

ここには松山さんをおさそいして、イララライへいった時のことを一つだけ書いて、わずかにこれまでのひどい御無沙汰へのおわびのしるしとしたい。

六月四日であったか、松山さんと私と、この間ドイツへおくりかえされたシュワーベ（Schwabe）さんと三人でベースキャンプのイラノミルクを出た。イラノミルクを出ると間もなく、かれらがディマカゲンとよんでいる山とドラコとよんでいる山との間の、低いがややけわしい岩場をこえるのである。シュワーベさんは、そのあたりでMoss Moss（コケ、コケ）といってディマカゲンの岩をのぼってゆき、松山さんと私とは、隆起珊瑚礁の上をイララライへ歩いていったのである。イララライはこの島のもっとも地方に位置する村で、荒涼たる岩礁によって隔絶されているために、この島をたずねた人でも訪れずにすますことがある。こんどの調査旅行でも、松山さんと私とそれから二、三人をのぞいたら、この村を敬遠してしまったらしい。

村についてみると、郷長（終戦後選挙されたのだという）のシャマンケイヤンが、ふんどしだけはヤミのふんどしをきりっとしめているが、そのヨードチンキ色のはだの上には、中国式の水色の半袖シャツをつけて、黒いおしりをタガカル（涼み台）から外につき出して寝ていた。

シャマンケイヤンとは昔からの知りあい（といっても一〇年ばかり前に二度あった）であったものだから、久しぶりの対面にお互いなつかしく鹿野忠雄君の話などをした。この村は船つき場から隔絶しているために、イラノミルクやイモウルドの人たちほどにちょっと人を警戒してみるといった所がない。

松山さんがカメラをもってあちらこちらと写真をとっておられる間に私は、かれらの家に保存してある磨製の石器類がほしくて、手ぬぐい、アンダーシャツ、ワイシャツ、マッチ……等々なんでも出して交換に懸命であった。興味深いことには、かつては祖先以来の伝来ものとして、病気にかからぬマジナイになると考えたりして大事にしていた石器、あの心臓の強大な鹿野忠雄君でさえ、そのすべてをまき上げることの出来なかった石器（まき上げられなかったからこそ今にのこっていたわけである）をおしげもなくもち出してくる。最後の二つの小さな石器は、私がベースキャンプへ着てかえるために最小限度に必要なワイシャツの胴部をのこしてもぎとった両袖と交換した。

戦争中飛行機がおちたり、潜水艦にやられた船の船具や船材が絶えず漂着したために、かれらは豊富な鉄材をもつようになった。石器への魅力は全然なくなった。伝来してきた石器にあると考えられたマジカルなパワーのようなものも大して気にしなくなった。気にしなくなったからこそ、どんどん私に、ワイシャツの袖などとひきかえに提供してくれたのである。そういうものを必要としなくなった段階にかれらがきたのだと知ったから、私も安心して、おそらくこの村にのこるありったけの先史資料をあつめてきた。

そうした採集の最中に一人の若ものが私の陣どっているタガカルにきて、ジャパネ？とネにアクセントをつけてきいた。私がおどろいていると、かれは久しぶりにジャパネにあってうれしいということ、かれは英語を知っているということなどをはなしはじめた。

マイ　フレンド　エイシ　　みんなおともだち
モニサ　　おはようございます
グルモニン　　おはよう

グドバイ	さようなら
アワフタヌン	こんばんは
ジャパネンはタイワンにスルプ	日本人は台湾にかえった
スクール　パフ	学校の子供
グルツニインノ　ライ	おまえころすぞ
グット	上等
オーケイ　エ	よろしい
エス	はい

シタガイというその若ものはとくいになって、かれのいう所の英語とその日訳をよみあげるのである。最後にかれがいうには「ジャパネン、女の人をみつけたらなんというか知っているかね」。やぼな私が、さあーといって考えこんでいると、アイラヴユーというんだよと昂然たるものであった。

かれが日本の兵隊さんにもらったという小型のノートには、アラビア文字のようなローマ字がならべられていた。そして、いくつかの単語が日本文字のかなでかきこんであった。

いつおぼえた？　ときくと、終戦後二度アメリカの船がきたので、その時大きな赤い髪の男たちがたくさんあがってきて英語をおしえてくれたのだという。君のほかにも出来る人いるの？　ときくと、自分より出来るのはイモウルドのシマノカスだといった。その後イモウルドにいった時シマノカスにきいたら、もうすっかり忘れてしまったといっていた。

ところでその島第一のモダンボーイが女の人にあった時の作法を私に教えた直後に、私のズボンのポケットからはみ出していた、バコバコンのつやつやした美しい葉を眼にすると、ジャパネン、大変だ、大変だといってバコバコンの葉を指さしつつタガカルをとび下りていった。そのとたんにタガカルに群衆していた老若男女みんな、バコバコンを指さしつつにげ出した。私はあまりのことにおどろいて、バコバコンをズボンのポケットからつまみ出すと、タガカルの主人らしい老人があわててとんできて、はげしく手をふって、バコバコンをタガカルの上に出してはいけないといっているらしく思われた。私がバコバコンをすっかりみえないように私のポケットにおしこむと、やがてみんなが集って来て、心配そうに私のズボンのふくれ上がったポケットをみていた。

「これはなんという木？」ときくと、「バコバコン」と声をひそめるようにしてさっきのモダンボーイが教えてくれた。なんでもひとたびこの木の葉にふれると、とびうお（アリバンバン）をたべたとき、おなかの中で魚がふくれ上がって一大事をおこすものと考えられているらしい。バコバコンとは　モモタマナに似た美しい木で、その葉は表が濃いみどり、うらが浅いみどりであつぼったく、つやがあって実に美しい。キャンプで山本先生（なくなられた）にその木のことをおたずねすると「どこにありましたか、さがしているのです」といわれていた。

松山さんと私とはイラライの村はずれのカニトアン（お墓）のはずれで枯木をあつめて火をおこし、アリバンバンをやき、ヤミから台幣で買ってきた鶏卵をすすってひるめしをくった（紙幣が通用するようになっているということなども、この島を知っている人には驚異であろう）。しかし、幸いアリバンバンは私たちのおなかの中でふくれ上がらず、私たちのおなかはパンクせずにすんだ。

この日かえりに猛烈な雨にあい、その日のはげしい疲労が松山さんの健康をそこない、とうとう神経痛をひきおこす原因をつくってしまったことを、松山さんに対して申しわけないことをしたものだと思っている。

台湾蘭嶼の長老シャマンカポガン氏追憶

去る（一九八二年）二月末、台湾の蘭嶼（紅頭嶼）に撮影にいかれた国際放映のプロデューサー高林公毅氏から、三月にはいって手紙をいただいた。その手紙に、「シマノカスさんが重態で床の上に、ぼろにくるまって寝ていました。國分先生からのおみやげだといっておみやげを持っていったが、ものがいえなくなっていました」と述べられていた。私は高林プロデューサーの御厚意に感謝しながら、胸がつぶれるようなショックを受けた。

私がシャマンカポガン氏をはじめて知ったのは、昭和一〇年の夏であった。いうまでもなくシマノカス時代で、当時まだ一六歳の若者であった。しかし島で最も日本語が出来るというので、この島を訪ねる人文・自然の科学部門の研究者で、シマノカス氏に世話にならなかった人はなかろうと思われる。その夏、鹿野忠雄博士はイモウルドにあった警官駐在所の一室を借りて滞在していた。イモウルド社でチヌリクラン（大船）の進水の祭事があるので、その詳細の記録を作成するのだといっていた。鹿野博士はヤミ語を解するアミ族出身のシマカヨウ氏といっしょに作業していたので、私はシマノカス氏を独占して、伐採から造船までの過程、乗船メンバー、漁撈収穫の分配などをめぐって調査することが出来た。その夏の進水式の儀礼のことや、その祭事のあと、我々日本人——駐在所の巡査、鹿野博士、私と同行の画家——が仮装してイモウルドの村を歩いたことについては書いたことがある。シマノカス氏はびっくりしたような顔をして、我々の珍妙な仮装行進を見ていたことを思いだすのである。仮装行進は、いっしょにいっていた二科系の画家御園生暢哉氏が、こういう時には我々も祝意を表してなにかやらねばならないと主張したためのハプニングであった。

ヤミたちはがやがやいって見てくれたが非常に満足して、隊長の画伯に鼻をすりつけて、いわゆる鼻キッスをするものさえあった。しかしそんなことがあったあと、シマノカス氏は一層親身になってくれたから、その時から彼は私にとって忘れ難い友人となった。島からひきあげたあと、何回か手紙をもらったことを思い出す。流暢な会話とちがって、文章はおもしろかった。「國分さん、あなたの力はまだ元気ですか」という表現があったことを覚えている。

終戦後、台湾大学の海洋研究所の馬廷英博士や金関丈夫博士らと調査にはいった時には、シャマンカポガンとよび名は変わっていた。

驚いたことに、〝ユール　マイ　フレンド〟といって手をさし出した。褌はつけたままで、水色の上衣をつけていた。髪は断髪、いわゆるオカッパ頭のままであった。文身はしていないが、ヤミ族は断髪族であった。特別行政区域の制度がなくなり、自治組織が作られつつあったので、島第一のインテリであったシャマンカポガン氏は、自治組織への変革の作業に参加していたのであった。

英語は終戦直後、米軍機が不時着したので、上陸してしばらく滞島した米兵から学んだのだといっていた。その時の上陸者の中に、歴史や人類学の研究者で、台北駐在の副領事に就任することとなるカー博士がいたことを、ずっと後になってカー博士自身から直接聞いた。シャマンカポガン氏は言葉の天才であったと思う。

私が昭和三八年三月、写真家の三木淳氏、考古学者の劉茂源氏と再び渡島してみると、北京語をマスターしていたばかりでなく、福建方言もわかるといっていた。この時は、成立した自治組織としての郷の長となっていた。髪は七三にわけ、背広を着、靴をはいていた。率先して生活改善の範をたれようとしたのか、竪穴住居の竪穴を埋めて、その上に前方に長く低く、後方にやや高めに短く屋根をつけた家屋を建築して、その中に住んでいた。

深い竪穴の中の住居は、奥へ奥へと高まる三段の部屋があるが、シャマンカポガン氏の新居も、床構造は奥に向って三段の高まりになるように工夫されていた。家屋を茅でふかずにルーフィングを用いていたのでわけを聞くと、せきを切ってはき出すように、新しい環境が生み出した問題について話してくれた。多量のD・D・Tのおかげで悪性マラリアはなくなったが、台湾本島の罪人を島に隔離するために、監視の兵隊が駐留するようになった。屯田兵のように水稲を作るので、ヤミが営々として開いた水芋の田の用水路が奪われた。水芋を作る上で用水が不足することになる。原野に火をつけて焼畑することが禁じられたため、鬼茅がはびこり茅が減少したから、屋根ふきが困難となった。ざっと以上のようなことを話してくれた。島の行政の長として、住民と中国人の役人と軍との複雑な関係の中にあって、苦しんでいるようであった。金をためて商品をもちこんで、店をもちたいものだとも語っていた。これは面白いと思った。

島人の生活の上で変わったことは色々あるが、煙草が導入され、子供までが煙草を吸うようになっていた。シャマンカポガン郷長の悩みはつきないもののように思われた。

精神生活の上では、長老教会系の宣教師がささやかな教会を村々に営むようになっていた。その最も大きな努力の一つは、アニト（悪霊）観を変えようとすることにおかれているように見えた。死後はアニトになるのではなくて、天に上って神になるのだと牧師さんがいうが、ほんとうだろうかと、度々村人から聞かれたものである。「あなたたちのように戦争もしない、人のものを盗むこともしない、喧嘩して血を流しあうようなこともしない――こんなよい人たちが天国にいかないはずがないのです」と私は懸命に説いた。

ヤミたちは、お墓――カニトアン――は暗い、たとえようもなく怖いところと考えていた。カニトアンとはアニトのいる所の意である。今は彼らのカニトアンはどのくらい明るくなったであろうか。シャマンカポガン氏が四月三日になくなったというしらせが、つい最近になって、また高林プロデューサーからとどいた。覚悟はしていたものの、いいようのない悲しみにおそわれた。高林氏は再び蘭嶼にはいっておられたようである。

島第一のインテリ、島の行政の長であった人、そしてクリスチャンであった氏——そのようなシャマンカポガン氏を、島人はどのようにしてカニトアンに送ったであろうか。

シャマンカポガン氏の世話になった早い頃の研究者の多くは既に世を去ってしまった。語りあい悼みあう人もないことが、今は限りなく淋しいと思う。

（『海上の道——倭と倭的世界の模索』福武書店、一九八六年）

東上等兵ことシタラック氏

私は一九六三年の春、蘭嶼を写真家の三木淳氏、考古学者の劉茂源氏と共に訪ねた。私は昔の友人シャマンカポガン氏に会うことをたのしみにして出かけた。私がシャマンカポガン氏に会ったのは戦前も一九三五年頃で、当時彼はまだ一六か一七の若者で、まだシマノカスとよばれていた。結婚して子供が生まれると、長子の名にシャマンなる接頭語をつけてシャマン何々とよぶようになる。シマノカス氏は結婚してカポガン君が生まれたので、シャマンカポガンと名を改めていたのである。一九六三年再訪した時には、彼は要職にあって多忙だったので、ぴったりつきあってもらうことは出来なかったが、私にはなお一人愉快な旧友がいた。

彼は「自分は東上等兵であります」というのであるが、彼の本名はシタラックであった。度々結婚したが、彼の子供はなく、破婚になったので、シタラックという幼名のままでよばれていた。イラタイ村の住民で、私が彼にはじめて会ったのは、戦後二年目、私がまだ台湾大学文学院のメンバーであった一九四七年のことであった。私はその年の五月、台湾大学の海洋研究所の所長、馬廷英博士の組織した蘭嶼科学調査団の一員として渡島した。その時私は、施田楽という漢字名をもらったというシタラック氏と知りあったのである。彼は日本時代に島の蕃童教育所で四ケ年の教育を受け日本語を覚え、太平洋戦争末期に台湾台中市の郊外にあったミヤマ部隊（高砂族義勇隊）で訓練を受け、東秀雄という日本名をもらったという。結婚には度々破れ、三度目には五人も子供のある未亡人と結婚したが、彼の母親が「連れ子が芋をたくさん食べすぎる」というので別れてしまったという。それでもまことに明るく、くったくなく、再会した時、よくこれたねとねぎらい、三木淳氏らに例の東上等兵としての自己紹介を忘れなかった。実際は二等兵であったが、上等兵にあこがれて、自称上等兵として通しているとシャマンカポガン氏がいっていた。東上等兵のことを書いておくことは、外地における日本文化の浸透のあり方を見る上で意味があるかと思う。東上等兵は、我々の宿舎から帰る時、「東上等兵、ただ今帰ります」と両手をぴったり両脚の横にあてて、一五度ぐらい上体を前に倒してあいさつする。戦後喫煙の風がヤミ族の間に浸透してからは、島民は老若をとわず、外来者をかこんで煙草をせがむのであるが、東上等兵は決してせがまない。再訪の時、時期は四月の半ば頃であったので、トビウオはまだあらわれていなかったが、ヤミたちは忙しく生活していた。タガカル（涼み台）を修理したり、タタラ（三人乗の船）のいたんだところを修理したり、籐を割ってバスケットを作ったり、仕事は様々にある。東上等兵はひとり者だから、アワや甘藷の畑も見まわらなければならなかったが、我々とはできるだけ長い時間を過ごそうとした。彼はよく日本の歌を歌った。「高砂族義勇隊」、「軍艦マーチ」、「勇敢なる水兵」、「白虎隊」のような勇壮あるいは悲壮な歌や「山田のかかし」のような小学唱歌、「支那の夜」のような甘いメロディーのものまで、数々の歌をよく覚えていた。「四条畷」は彼のすきな歌の一つらしく、「吉野を出でてうち向う、飯盛山のまつかぜに……」と彼はいかにも感慨をこめて歌うのであった。

彼はある日、直立不動の姿勢で教育勅語の暗誦をはじめた。「朕惟フニ我ガ皇祖皇宗国ヲ肇ムルコト宏遠ニ、徳ヲ樹ツルコト深厚ナリ」にはじまって「明治二三年一〇月三〇日　御名御璽」に至るまで、一語の脱落もなく、潮風にきたえたさびた声で聞かせてくれたのにはまいった。ある夜彼は、蕃童教育所で学習した教科書の「天皇陛下」と題する課の一節の暗誦をはじめた。

第一課。天皇陛下。陛下は第一二四代の天皇におはしまして、御生まれつきまことにごそうめいにいらっしゃいます。御年二六歳にして大正天皇の御あとをおつぎになり、我が万世一系の御位におつきになりました。文武の諸徳一つとしておそなえにならぬものはございません。また大正天皇様の御気質をおうけになっておられ、仁愛の御心があらせられます。

彼の暗誦の途中、同席の一人がなにか私にささやくと、彼は暗誦をやめて、「ナニヲボサボサシテルカヤ」とどなった。私たちは首をすくめた。彼はミヤマ部隊にいるとき、よく隊長から、「ナニヲボサボサシテルカヤ」とどなられたという。彼は隊長からこのような一流の言葉を学んだのである。彼は我々の日本語をよくつかんだ。しかし彼が語る日本語は、暗誦の「教育勅語」や「天皇陛下」が完全であるにかかわらず、話す方は支離滅裂であった。たとえば次のような調子である。

コクブサンガ、マエニキタトキダネ、イラタイニキタネ、カワイソウト、ココロニオモッタダロウ。アメヒドカッタダロ。ネレタダロ。

私がはじめて彼にあった一六年前の夏のはじめのある日、ひじょうな大雨の中を、びしょぬれになって、イラタイ村にたどりついたことが思い出される。かわいそうと彼が思ったといっているのである。これなどよい方で、話が長くなると、聞いているほうは滅裂な彼の日本語を結び直したり、組み合わせたりするのにへとへとになる。それを見て彼はにこにこして、「ツカレタカヤ」というのである。

東上等兵は戦中派の代表的な存在なのである。純真な無文字社会の人たちに、教育がいかなる効果を発揮するかを、我々は東上等兵を通して考えることが出来よう。私は一度、彼のところで朝食をよばれた。彼の叔父にあたる人がいっしょだった。彼の母親がタロイモを木器に山のように盛って出してくれた。大きなヴァガ（土製スープ鉢）に、塩煮した小魚をいれたスープを出してくれた時には得意そうに見えた。イモはうまく、スープの中の小魚もうまかった。食後、彼らは檳榔《びろう》の実を割って、シャコ貝を焼いて作った石灰とキンマの葉茎をそえてかんだ。彼らは檳榔の実をかむことを「ヤガイ・ノ・ニッポ・ノ・タバコ」（日本のタバコと同じ）といって、タバコへの嗜好をかつては示さなかったのに、戦後には檳榔をかんだあとすぐにタバコを吸うように変容した。

こたえられないほどうまいという。

ヤミたちは万能の工作人だった。食べるものも着るものも、壺も鉢もあらゆる容器も、住む家も船もすべて自身の手でつくる。万人が工人なのである。彼らはよくよくのことでなければ、決してせきこんだり、あわてたりしない。一見怠惰に見えるが、それは熱帯の島の気候環境の中で、自然に体得した彼らのペースなのである。東上等兵の叔父さんは、そういうヤミ族の典型にみえた。私にタバコを要求するにしても、悠然として威厳をくずさなかった。

救済物資の古着が豊富にはいったため、地機を織るわずらわしい技術を娘たちがいとうようになったというが、土器を造る彼らの工業はまだすたれず、壺を造る季節――夏季――がくると壺を焼いているという。東上等兵の叔父さんは、「まだ壺も焼いている。なんでも作っている。何ももらわなくてもよい」といっていた。この小さな島を唯一の「人の島（ポンソ・ノ・タウ）」として生きてきたヤミたちの感慨は、この一語にこめられているように思われた。

東上等兵は純真な人であった。我々はみな彼のファンだった。我々が島を去る日、我々はそれぞれ彼に贈物をした。写真家の三木淳氏は、はいていたズボンと靴とを彼に贈った。東上等兵は、それでは三木さんがはいて帰るものがなかろうといって、バリバリコン（イラクサ科の繊維植物で織ったイガクジユット・ノ・ワギット＝フンドシ）を持参、これをつけて東京に帰ってくれとさし出した。それは彼がもう何年もしめたお古であったが、灰をつけて渓流で洗ってあるので、白くてしめ心地はよさそうであった。我々の立つ朝、彼は三木さんからもらったズボンに靴をはき、イラタイ村からあらわれた。早いのによくきてくれたねというと、「モシコナカッタラ、ココロニ、ナゼコナカッタカト、オモウダロ。フネノナカデモ、タイトウデモ、オモウダロ。オモッタラキツイダロ」といった。彼は同行の劉茂源氏に、台東についたら鋸を買って送ってほしいと國分に伝えてくれ、とたのんだという。直接私にいえないところは、彼の気の弱さを語っている。私は台東に上陸すると、すぐに入手して船便に托した。鋸は彼らにとって驚くべき新鋭の道具なのであろう。

私は彼とわかれる時、握手した。船組では有力なメンバーである彼の腕はがっちりとたくましく、彼の手のひらは堅かった。

私はその後一〇年ほどして、再びこの島を訪れる機会があった。三年前になるが、シャマンカポガン氏もなく、東上等兵もいなかった。シャマンカポガン氏は亡くなったことを知っていたが、東上等兵については何も知らなかった。私がシタガイさんはどうしているかと聞いても、誰もおしだまっていた。「彼は死んだ」ということは、はばかられるのである。「死」という言葉はむやみに口に出してはいけないのである。言霊は彼らの世界では生きているのである。私はいいようもないほど淋しいと思った。

（『海上の道——倭と倭的世界の模索』福武書店、一九八六年）

二誌回想――「民俗台湾」と「えとのす」の運動

私は、甲元眞之教授の東京大学文学部大学院の学生時代以来、そのユニークな研究上の発想から刺激を受け、開眼に導かれることが少なくなかった。甲元教授はまた友情に厚い人で、教授にとっては老友でしかありえない私を何かにつけて支えてきて下さった。

この度、私が甚だしい頽齢に達してしまったことから、私自身の回想記をとり上げておきたいと要請された。有り難い機会が与えられたので、敢えて回想のペンをとらせてもらうことにした。

私にはこれまでに関わりをもった忘れ難い二つの運動がある。その一つは、先次大戦中の暗い日々に、夢中になって参加した「民俗台湾」の運動である。この運動は自然・人文の両科学の分野における博大な研究者であり、ヒューマニストであった金関丈夫博士によって指導された運動であった。筆者は関わりをもったとはいえ、懸命にその運動に参加したに過ぎなかった。しかし第二の運動として取り上げる「えとのす」の運動は、私が主動的にかかわりをもった運動であった。この運動は、熊本大学文学部の開創期の考古学教室で、眼を輝かして参加してくれた気鋭の学生諸君と送った二年間に温めていた構想を実践しようと試みた運動であった。私が熊本大学を定年退職した一九七四年から一三年間にわたって努力した運動であるが、余儀ない事情から挫折したのである。

その始末記をいつか書いておきたいと思っていた。

「民俗台湾」の運動を顧みて

誕生の温床

「民俗台湾」が創刊されたのは、昭和一六（一九四一）年七月であった。この年の末には、日本は大東亜戦争に突入している。

当時、台北帝国大学文政学部には土俗人種学教室があったが、研究の対象は台湾原住民族にあった。しかしその「台湾高砂族所属系統」の大研究が昭和一〇年に完了してからは、その後は組織的研究は進められてはいなかった。

台湾には、山脚地方や辺海の地区には漢化の進められた原住民族の社会があり、平埔族とよばれていた。それら原住民族は、遙かに先史時代に遡る時代に、幾波かの波をなして登場していた台湾開発の先蹤者であった。

しかし歴史時代に入るや、特に明代以降において、華南から渡来した福老と客家の二系の大部族によって、台湾の沃野はことごとく稲作農地化されるのである。しかし初期の華南系渡来民は男性を中心としたものであったであろうから、平埔族の女性との混血が進められ、福老と客家の渡来者の初期の定着が促進されたものであろう。平埔族社会の調査は、日本時代の初期に、伊能嘉矩氏や鳥居龍蔵博士によって進められたが、やがて漢族系住民の慣習調査に重点が移され、台湾慣習研究会から、月刊で「台湾慣習記事」が刊行されることになる。この漢系社会の慣習の調査記録の刊行の他に、大正期には『台湾私法』『清国行政法』の大出版が行われているが、これらの刊行を最後として、漢族系社会の慣習の調査研究は中断していたのであった。

しかし台湾原住民族の調査は『台湾蕃族調査報告書』『台湾蕃族慣習研究』『台湾蕃族志』『台湾蕃族図譜』の

ような大きな調査報告書の刊行が大正期に行われた後に、引き続いて、台北帝国大学文政学部の土俗人種学教室による、平埔族を除く現住諸族社会の調査研究が続行されたのであった。

しかるに漢族系社会の生活文化について顧みる動きは途絶えていたと言ってよいであろう。それで、「民俗台湾」の創刊によって引き起こされた漢系社会の生活文化を顧みる動きは、台湾社会の研究の空白を埋める上で大きな意義を持っていたと考えられよう。

金関丈夫博士動く

当時、台北には、戦時下の東京で結成された三省堂を中心とする東都書籍株式会社の支店があった。その支店の社員持田辰郎氏は、当時、漢族系社会の民俗文化に関心を持ち、調査や執筆活動をしていた池田敏雄氏と親戚関係にあった人と聞いている。池田氏は台北師範学校を了えて、当時、漢族系子弟の初等教育のための公立学校の教師をしていた人である。池田氏は、漢族系社会に立ち入るには最も恵まれた立場にあった人であると言ってもよかろう。

東都書籍の台北支店の持田氏は、池田氏から啓発を受けたのかも知れないが、息づまるような時代に追い込まれつつあった時、なんらかのくつろぎのもてるような、しかも単なる民俗誌でないジャーナルを持とうと考えたものと思われる。

この企画の実現のために、池田氏が当時台北帝国大学の医学部教授であった人類学者金関丈夫博士の指導と協力を仰いだことから、「民俗台湾」が誕生することになったのであった。金関丈夫博士は形質人類学の研究者であったが、考古学、民族学、民俗学にわたる研究者でもあり、優れた文筆の人でもあった。

金関博士は早くから、柳田國男氏の民俗学の運動や、柳宗悦氏の民芸の運動に共鳴されていた方である。閑却されていた漢族系社会の生活文化への関心の高められることを期待されて、池田氏らの要請に応じられたのであろう。

私は当時、台南にいて西海岸南部地区の先史遺跡の調査に打ち込んでいた。出土遺物の機能を、山地や海島の原住民族の技術を通して把握することに傾倒していたが、歴史時代を降ってくると、原住民族と渡来華南系漢族との折衝史に立ち入らなくてはならなくなることを知っていた。私の関心は特に漢化の進んだ平埔族にあった。

私は、その頃台南の郷土史家石暘睢氏や、後にアラビア史の権威として知られるようになった前嶋信次博士（当時台南一中で教鞭をとっておられた）らと、台南地方の漢族社会の民俗採訪をも進めていた。

台湾民俗の研究者として知られていた池田氏が金関博士の要請を携えて南下してきたのは、昭和一六年の正月休みの頃で、「民俗台湾」を創刊するから協力するようにというのであった。

たまたま、台南州東石郡下の巫者童乩《タンキー》（編者注・シャーマン）についての徹底した調査が東石郡の警察の手によって行われていた時で、その調書の整理を依頼されていたので、創刊時には「童乩の研究」上・中・下を創刊号から引き続き三号にわたって寄稿している。

多彩な紙面

「民俗台湾」の創刊号の巻頭には、次のように寄稿者への要請が掲げられていた。
一、本誌は台湾本島及びこれに関連ある諸地方の民俗資料を蒐集する。
一、郷土の歴史・地理・自然誌等の諸方面に渉って記載する。
一、記録、研究誌であると同時に、紹介、連絡、或は談話室の役目も果したいと思う。
創刊号以降、以上の要請に従って寄稿された報告や記事、随筆、投書などが集成されることになっているが、その上に「乱弾《ろあんたん》」という同人たちの随想欄があり、書評もおさめられた。なお、毎号写真家松山虔三氏の美しい風物グラフ、画家立石鉄臣氏の民俗図譜がのせられた。

金関博士は、博士が京大時代に寄稿されていた「ドルメン」のような雑誌をモデルにされていたのではなかろうかと思うが、風物グラフや民俗図譜は、「ドルメン」には見られないアイデアを示すものであった。しかもその上に、毎号、金関博士の魅力的な民芸解説が連載されていた。

染付の鉢、赤絵の皿、香炉、硯、筆筒、燭台、玻璃絵、穿瓦彩、花仔布、花藍、竹椅子、木匙、茶缶、草履など多様な漢系日常雑器類が毎号一種ずつ取り上げられ、けれん味のない美しさについて解説が添えられていた。それら民芸資料の写真は松山虔三氏によるものだったが、稀には金関博士が撮影されたものもあった。土墼造りの民家の外壁を彩った穿瓦彩、「出棺」、「三亜港の蛋民」等の見事な写真は金関博士自身によるものだった。

私は金関博士の民芸解説から、民芸の持つ意味を学び、見る眼を養い得たと思っている。

台系文化人の協力

雑誌には、台系、日系の民俗研究者、あるいは民俗への関心を持つこの運動の支持者からの寄稿が相次いだ。台系の研究者の中には、戴炎輝、陳紹馨、楊雲萍、黄得時、呉守礼、曹永和諸氏のような学究者、石暘睢氏のような郷土史家、張文環・龍瑛宗・呉新栄諸氏のような作家、朱峰・黄棨木・黄連発・連温卿・李騰嶽諸氏のような民俗研究者、その他の寄稿者を含めると驚くほどの数に上っている。

「民俗台湾」の熱心な支持者で寄稿者でもあった三島格氏を通して知ったのであるが、台北の程大学氏が「民俗台湾」に寄稿した台系の執筆者と執筆テーマをリスト・アップし集計されたものによると、一三九篇になるという。しかし、その中に日人の翁長林正氏と、石敢當氏（三島格氏の筆名）が台系に含められているので、厳密には、台系の寄稿は一二九篇に訂正されなくてはならない。しかしながら、これほど多くの台系の学究、民俗研究者、一般知識人から、この「民俗台湾」の運動が支持を受けたのは、どのように考えたらよいものであろうか。

一つには、科学者にして深く芸術を愛し、ヒューマニストであった金関博士の魅力が、かくも多数の台系の人々をひきつけたものであろうとも言えようが、なお何かがあったと思われる。私がひそかに考えていたのは、次のようなことである。

戦争の進行に伴い、ヒステリカルにまですすめられつつあった皇民化運動の息づまるような空気の中にあって、伝統ある文化に誇りを持っていた台系のインテリたちが、「民俗台湾」の運動に協力することにより、あるいは発言することにより、自らのアイデンティティーを確かめておこうとする思いが秘められていたのではなかろうか。

同誌は戦後、しかも比較的近年に再刊されたと聞いている。

戦後に出発した中央研究院民族学研究所の民俗部門には、劉枝萬博士のような優れた研究者がいて、旺盛な研究活動を展開されていたのに、なお「民俗台湾」の再刊が行われたことには、今日においても、この雑誌が少なからぬ意義を台湾において持ちうることを示唆していると見てよかろう。

多民族社会に生きる

それなら日系の我々は、どのような思いを秘めて、この運動を支持してきたものであっただろうか。筆者などは顧みるに、多民族、多種族の社会に生活しながら、他系の人々の生活と習俗を確かめ、尊重し、記録しておくことを通して、ちょっと大げさな言い方になるが、人類史の研究の一部にささやかな書き込みをしておこうというような気持ちであったというのが、偽らない気持ちであった。

このようなささやかな思いでさえ、破滅へと進むより外なかろうと思われた戦争の展開する中にあって、心の空しさを埋めていく上に意味があったように思われた。

私は、先史考古学的調査の外には、台湾南部のシラヤ系の平埔族の採訪を行い、随筆的報告を「民俗台湾」や

「民族學研究」等に寄稿していたが、昭和一八年早々、学制の改革によって出発しようとしていた台北師範学校本科で、日本文化史の講義を担当することになり、台北に移転した。

この年の二月一日には、ガダルカナル島からの撤退が進められ、同月一八日には、連合艦隊司令長官山本五十六大将がソロモン群島上空で戦死したと報道された。また同月二九日にはアッツ島の守備兵の全滅が報じられている。

赴任した新制師範学校本科学生の中には、「民俗台湾」の運動への共鳴者があり、投稿している者もあったことに勇気づけられた。そのような学生達と共に、重い空気を払いのけるようにして、日曜日毎に台北盆地や桃園台地の台系の村々の採訪を進めることになった。

その他の日には、講義をすませると、金関丈夫博士の研究室に入りびたって、博士の蒐集された膨大な内外の文献をひもとかせてもらった。寛大な博士は、そのような筆者に対して、わざわざ研究室の一角に筆者専用の席を設けてくださった。

日曜採訪の成果として、細川学・潮地悦三郎両君とは「淡水河の民船」、潮地悦三郎君とは「土造家屋——土墼壁」、客家出身の黄旭初・張上郷両君とは、台北盆地を出て桃園台地の客家の集落採訪の報告をまとめることができた。

これらの報告は「民俗台湾」の四巻の二号から六号に亙って収載されている。

大東亜民俗学の礎石に

昭和一八年の一月、金関博士は、民族学の岡田謙、憲法学者であるが民俗研究者でもあった中村哲両台北帝国大学教授と共に上京、柳田國男邸を訪ねている。

昭和一八年一二月に刊行された「民俗台湾」第三巻一二号には、その時の詳細な報告が収載された。

台北師範学校にて（前列右から２人目，蝶ネクタイの人物が國分。1943年ごろ）

金関博士からの「日本の民俗学、または東亜の民俗学のために、台湾からはこういう研究を期待している。或は現在具体的にこれこれのことを調べてもらいたいというような、そういうご指導とご希望とを伺って、我々の参考にしたいと思っています」という要望に対して柳田先生の談話が紹介されている。

その談話の中で、柳田先生は民俗学とエスノロジーの関係に触れた後、大東亜民俗学とでもいうようなものを目標にして進むには、台湾は非常にいい稽古台であると言われ、「民俗台湾」への期待を述べている。

同誌には外地からの寄稿も見られた。直江広治教授は北京から、「北京民俗通信」（三巻一二号所収）を寄せているし、天野元之助教授は「瓊崖穠記」（四巻八号・一〇号所収）を寄せている。もし戦争の破滅があれほど早くこなかったら、「民俗台湾」は確かに東アジア各地の民俗研究をエスノロジー（民族学）まで仕上げていく上の拠り所となったのではなかろうかと思われる。

戦禍の中で

しかしながら、昭和一九年に入るや、戦況は刻々不利となり、八月三一日には台籍の人たちにも徴兵制が実施されることになる。かくて、純真果敢さをもって知られる高砂族の徴兵も大幅に行われることになった。

学生達への講義よりは軍事訓練が重視され、飛行場の整備、防禦用の塹壕構築のための学徒動員には教官達も同様に参加することになった。

昭和一九年三月には海辺での軍事訓練のために台湾東海岸の蘇澳地区に、六月には防禦用塹壕構築のために淡水河河口の八里庄砂丘地区に動員された。蘇澳地区の南方澳には、沖縄本島、宮古、八重山地区から来島した漁民達の移民村があったので、訓練の合間を見て、台系漁民と仲よく漁撈活動に従事していた沖縄漁民の移民生活を通して、漁具や年中行事などをめぐる採訪ノートを作った。これには前記の潮地悦三郎君、沖縄出身の宮城寛盛、大城兵蔵両君、基隆の漁撈資本家の家庭に育った河合隆敏君らが参加してくれた。「民俗台湾」四巻の一二号に報告は収載されている。

協力者の中の大城君はセレベス海に面した北ボルネオのタワオで生まれ育った人であった。父親は沖縄出身、母親は土着の女性で、マレー語で話していたと言っていた。彼は、私の憧憬をわが南島から更に南海の島々へと導いてくれた。私がマレー語の自習を始めたのもその頃からだった。

東海岸から急転して淡水河口付近の八里庄の海浜砂丘の陰に、塹壕構築に動員されていたとき、米軍のサイパン島上陸の報を聞いた。校長が作業中の学徒達を集めて、いよいよ一億玉砕の時が近づいたと演説するのを暗澹たる気持ちで聞いた。折しも台湾海峡に赤々と夏の太陽が沈もうとしていた。

空しい思いを無理に押さえて、八里庄の台系漁民の生活と俗信、漁舟、漁具などをめぐる採集を僅かな休憩時に手分けして行った。潮地悦三郎君の他に、細川学、吉田忠彦両君が協力してくれた。

学生達の中には、「先生、空しいことになりませんか」と言う者もいた。思いは皆同じだったのである。

しかし、この「海辺雑記」があったから、最終刊となった「民俗台湾」五巻一号の巻頭を辛うじて埋めることにもなった。同誌は再刊の機会に恵まれることはなかった。

既に台湾各地に、米軍グラマン機による空襲が始まっていたが、金関博士と私は昭和二〇年正月の僅かな休み中、東海岸南部の卑南社に近い巨石遺跡を、グラマンの機銃掃射の合間を縫って行った。飛行機から見ると、何か軍用の作業をしているとでも見えたのであろう。機銃掃射を浴びる度に、巨石遺構の傍らに露出していた組合式石棺の中に身を潜めて、敵機が立ち去るのを待ったのである。

この遺跡は、近年、台湾大学人類学教室の宋文薫・連照美両教授による徹底的な発掘調査によって、その全貌が明らかにされることになった。

一つの巨石住居跡を発掘して台北に引き揚げてくると、私は間もなく、雷神部隊と呼ばれる部隊に召集されてしまった。挨拶に金関博士の研究室に伺うと、博士はゲートルを付けて脚ごしらえをし、白い作業衣で何かの文献に当たっておられた。博士は「もう雑誌も出せませんね。必ず元気で帰ってくるように」と言われた。

貫いた科学精神

繰り返しになるが、「民俗台湾」はその後遂に続刊されることはなかった。それにしても、あの困難な時代に、よくぞ一回の欠号もなく刊行されてきたものである。今にして思えば、金関博士の冷静な科学精神とヒューマニズムによって運動が行われたからこそ、台・日両系の研究者、あるいは同好者の共鳴が得られることになったものであろうと改めて痛感する。

終戦になると、池田敏雄氏、立石鉄臣氏、それに私も台北に帰還した。翌昭和二一年の三月中に、台湾在住の日本人は全員、祖国に帰還しなくてはならなくなったが、一部の研究者や特殊技能者の一部の者は中国政府の要請で、留用されることになった。私はその留用要請を受けたので、家族を日本に帰還させ、単身留台することになった。

台湾民俗の研究者であった池田敏雄氏と共に、初めは台湾省編訳館に、そして僅か九ケ月後には、池田氏を編訳館に残したまま、台北帝国大学を接収して体制を整えようとしていた台湾大学の文学院に副教授として採用され、昭和二四年まで留まることになった。

黄鳳姿さんは台系の女性であるが、大戦に入る前の頃の綴方教室運動が生んだ豊田正子さんのような人として、詩人佐藤春夫などから注目されていた。日本人の引き揚げが進行していた頃、池田敏雄氏と結ばれることになる。台湾大学に留用されていた英文学者、矢野峰人教授夫妻の媒酌で二人は結ばれた。私はそのとき、乞われるままに池田氏の親代わりとして式に臨んだ。

「民俗台湾」の運動の最も主要な推進者であった池田氏が台系の婦人と結ばれることを祝福したのであるが、私には失敗があった。家族を日本に帰還させた後のことでもあり、気楽な気持ちで、戦時中覆き古した、踵に孔の空いた靴下を着用して出席したものだから参会者の眼を引いてしまった。池田氏からは、後々まで「國分さんの無頓着には困るね」とこぼされる破目になった。

私は、終戦前年の昭和一九年に、東都書籍東京本社の要靖で、台湾南部平野地区のシラヤ系平埔族集落の採訪記を中心にした雑報をまとめて『壺を祀る村』なる書名で出版してもらった。ところが、当時は米海軍の潜航艇による機雷攻撃が始まり、内台間の航海は極めて困難な時期になっていたので、一回の校正も出来ないままに出版されたのである。読み返すと、百数十ケ所に上るミスプリントがあり、悲しかった。しかし、このミスプリントは、昭和五六年に法政大学出版局から再刊してもらった時にはすべて校正できた。なお、再刊に当たっては、前著に納め得なかった報告も加えることが出来た。

私は、留台時、懸命に従事していた台湾の先史遺跡とその文化をめぐる概説を終戦前にまとめて、東都書籍台北支店から出版してもらうことになっていた。終戦の年の三月、従軍するまでに校正も済ませていたのだが、終戦で台北に帰り東都書籍を訪ねてみると、台系の社員が『台湾先史時代概観』一〇〇〇部を屑紙として処分して

ものも以外にも犠牲になったものがあると聞いていた。私の
しまったと言うのである。下級の社員として鬱屈した日々を送っていたことへの仕返しであったのだろう。私のもの以外にも犠牲になったものがあると聞いていた。

「日本人の良心」

あの困難な時代に、「民俗台湾」の運動を指導された金関丈夫博士が我々の前から消えてしまわれてから、早くも一〇年余が経過しようとしている。金関博士が長逝された時、台湾における明代中国史の権威で、詩人としても知られていた楊雲萍教授は、金関博士をめぐる「民俗台湾」の運動を回想され、この運動は「日本人の良心」を語るものであると評した。故人へのこの上ない手向けである。
追記しておきたい。

「えとのす」の運動始末記

積年の構想

私が、熊本大学の教室から別れることになる昭和四九年の早春の頃、新日本教育図書の藤田修司社長が、私の研究室を訪ねてくださった。沖縄の民俗や芸能に強い関心を持っておられ、そのために訪ねてくださったのであったかと思う。

新日本教育図書は、本社は下関に、支社は東京にあり、アメリカのロサンゼルスにも支社を設けることになっていた。単なる地方出版社ではなかった。外務省に連絡をとり、東南アジアと南太平洋の仏領植民地諸島の観光用の出版物も出していた。

藤田氏は早稲田大学文学部で東洋哲学を専攻され、考古・人類学系の講義は西村正衛教授や西村朝日太郎教授

から聴いていたと語られた。藤田氏の視野の広さと探さは、話しているとよく分かったが、そのよってくるところは、早い頃に根ざしていたものでなかろうかと思われた。

藤田氏から、熊大を去った後のことを尋ねられるままに、私はひそかな夢をおよそ次のように語った。

「南北に長い列島だから、地域的に見れば生態的複合のあり方は違ってくるでしょう。日本海と東シナ海の海上の道を通して大陸地区との関わりも考えられる。追跡してみたいですね。考古学・民族学・民俗学・文献学の方法を動員すれば、消えた文化の再構成も出来るでしょう。小さな出版物を出したいのです。出せば、きっと同志の人々が現れて力を貸してくれるでしょう」

私がこんな夢を語ると、驚いたことに藤田社長は即座に、平凡社から出ている「太陽」の版で、カラー印刷を存分に取り入れて、新しい雑誌を出そうと共鳴してくださった。カラー印刷の技術は令兄藤田康雄氏がヨーロッパ留学中に導入して、ご自身が社長として経営している瞬報社の看板技術になっているとのことだった。同社もまた下関市にあり、修司氏は同社の重役でもあったのである。

幸いにも、私は熊本大学退職後、下関市にある梅光女学院大学に勤めることになったので、藤田氏との連絡も容易になり、私の夢は図らずも実現への一歩を踏み出すことになったのである。

列島諸地域において形成を進めてきた地域的文化を取り出していきたい。同時に、広い視野においてわが民族文化の形成に関わりを持つ周辺諸地域の民族と文化をめぐる報告を取り上げていきたい。幸いにも、引き受けてくれる出版社があるので、そのような目的の雑誌を出していきたいと、金関丈夫先生に申し上げたところ、先生は直ちに、誌名を「えとのす」としてはと、有り難い示唆を下さった。その上、題字まで送って下さった。

「首をやる」と言われて

同様の手紙は、岡正雄先生にもさしあげたが、岡先生はちがっていた。「電報文より長いものは書いてやれない。四号まで出せたら首をやる」と、けんもほろろのお手紙を下さった。

本州西端地区で、しかも無名の研究者が監修して大それた試みをしても、見込みはなかろうと考えられたものであろう。

言うまでもなく、私としても、広く共鳴が得られるであろうかとする不安もあった。そこで思い付いたのが、編集委員として著名な研究者の方々のお名前を巻頭に掲げさせて頂くことだった。かくて厚かましくも、私が親しくさせてもらっていた金関恕、竹村卓二、小谷凱宣の諸先生と、下関市役所の文化財主事、吉村次郎先生のお名前を掲げさせて頂いた。

その後、大林太良、宮田登の両先生と九州史学会の三島格先生にもお願いした。正直に言えば、これら諸先生のお名前があれば、先生方のファンの方々が協力して下さるのでは、と考えたのである。

けしからんことに、創刊以後一三年間に及ぶ間、一回の編集会議も開くことのないまま、私の独断と偏見による企画は、藤田社長の天才的な編集技術に支えられて華やかな形を取ることになった。

なお、一九七七年の初め頃から東京の出版社学生社の編集部におられた上村俊介氏が「えとのす」の編集スタッフとして登場されていた。上村氏は大学で西洋史を専攻された方だから、私は次第に楽な気持ちになることが出来た。

上村氏登場の前は、私は新日本図書の若い社員、山田博文氏と広く国内、国外の各地を歩き、大学や博物館、あるいは在野の研究者の方々を訪ねたものであった。

エーバハルト教授のこと

創刊号は黒潮水域の大基地台湾から出発しようと考えて、台湾大学の研究者達と連絡を図るため台北に出掛けたが、この時には藤田社長も同行してくださった。

台湾訪問の帰途，飛行機のタラップ上にて（台湾公論報記者・游詳年撮影）

図らずも、その頃エール大学におられた華南地方文化の研究者として著明なW・エーバハルト教授が来台中だった。それで同教授に協力を仰ごうと連絡をとると、朝食時に来てくれ、五分ぐらいなら会おうと言うのであった。寸暇を惜しんで採訪に打ち込んでおられたものであろう。

厚かましくも、教授の食事の席に押し掛けると、五分と言いながら一時間近くも止められてしまった。その間「えとのす」誌のプランについて話し、協力をお願いしたところ、俄に顔をしかめて、ストックホルムでは半世紀以上も前にEthnosと題する刊行物が出ている、混乱するので困ると言うのであった。私は日本文字のカナで「えとのす」と入れるので混乱はあり得ないと言うと、欧米に出たときにはEthnosと訳出されるから混乱すると言われる。私の困惑した顔を見ていて、やがて、教授は助け船を出してくださった。Ethnos in Asiaとサブタイトルを入れなさいと言うのである。

私はそのとき、沖縄を見てほしいと頼んだところ、沖縄のホテルは高いと聞いているので駄目だと言われた。初めて会ったとき、いきなり私の年を聞き、「コクブより一年若い」と喜んだ無邪気な顔と、沖縄のホテルの宿泊費のことで私の申し出を断った時のしかめ顔の対照が、いつまでも印象に残ってしまった。

岡先生から「四号まで出せたら首をやる」と言われていたので、四号までは特に力を入れた。

アイヌの村を訪ねて

ちょうど、近文アイヌの最後の大首長クーチンコロ・エカシの追悼集会が釧路市北部の山奥の村で催されると聞き、私は早春の深い雪に埋まったアイヌの村を山田博文氏と訪ね、老若、男女のアイヌの方々にお会いした。そのあと、大学や博物館の研究者達に会い、協力をお願いして歩き、「北辺の世界　北海道とアラスカ」を組み上げることが出来た。

市立函館博物館の秘蔵する平沢屛山筆「蝦夷風俗十二ヶ月屛風」の撮影をめぐっては、許可をとるのに手間取ったが、粘り抜いて撮影に成功し、クーチンコロ・エカシの追悼に集まった方々の写真と共に四号の巻頭に収めることが出来た。

吉浜五郎教授の「アラスカの雲と氷と人」、更科源蔵教授の「神である動物たち」、犬養哲夫教授の「北の海の動物たち」など、息を呑ませられるような美しいカラー写真を伴った随筆的報告を四号に収載することが出来た。

私は茶目気を出して、「『えとのす』四号が出ましたので、何れ近いうちに先生のお首を頂きに参上します」と書き添えて岡博士に雑誌をお送りしたが、返事は返ってこなかった。

波乱の韓国行脚

山田博文氏とは広く歩いたが、韓半島を訪ねた旅の終わり頃、意外なことに出会った。

私は一九七二年春、単身で訪韓の際、ソウルのある大学の博物館で、日本語で挨拶して叱られたことがあった。応対した人が慶應義塾大学で考古学を修めた学芸員と承知していたので、日本語で来意を告げたところ、「わが国に来て、日本語で挨拶するとは何事か」といわれたのである。

そのような事があったので、その後の訪問先では、初めは必ず英語で挨拶をすることにした。「日本語はいかがですか」と問い掛けると、「ア　ビット…」と答える人が多かった。そして、ほとんどの人が見事な日本語を話してくれたのである。

山田氏と訪韓の時には「えとのす」のプランがあったので、やがて大陸からの文明の大いなる橋梁でもあった韓半島を、その視野において取り上げたいと、胸膨らませて釜山に出た。

『魏志倭人伝』の道を思い出して、海峡を船で渡ろうと船待ちをしていた時、意外なことに出会った。一団の学生達に囲まれたのである。その中の一人が、「あなたたちは日本人か」と英文で認めた紙片を私に手渡した。「何かご用があるのか」と聞くと、「問い質したいことがある」と言うので、付近の喫茶店に彼らを招じた。コーヒー、茶菓子をとってくつろいでもらい、そこで「ご用は何か」と聞いてみた。

リーダー格の一人が英語で「あなた方は今でも我々を見下しているのか」と、きつい顔で切り出した。往年の大学騒動時の学生達による吊るし上げの雰囲気に似ていた。僅かなその言葉から、私は日本時代における韓国の人々の辛かった経験が背景にあるのだろうと痛ましく思った。

私は、思わず次のように話し始めた。

「私は古代史を学んだので、わが古代文化は韓国の古代文化から学んだことを知っている。私はヒューマンリレーションの科学であるエスノロジーの研究者である。この度の訪韓は、ヒューマンリレーションを扱う『えとのす』という雑誌のために、韓国の研究者の方々に協力を仰ぎに来たのです」

と話したところ、学生達の険しい顔が変わっていった。私は山田氏の紹介もした上、あなた方も自己紹介をしてくださいと頼むと、一人ずつ立って所属の学部について語ってくれた。すべて釜山大学の学生で、文・法・教育・水産学部にまたがっていた。

やがて、和やかな空気になると、ソウル大学の学生は高ぶっている、というような愚痴まで飛び出した。私は「秀才はどこにもいます」、「コンプレックスはいけません」と言って別れを告げると、彼らは握手を求めてきた。若者はいいなあと、晴々とした気持ちで我々は乗船することが出来た。

この時の半島行きの成果は、一二号の「大陸の門」や、三〇号の「朝鮮・対馬海峡の道」の特集を作るのに役立つことになった。

エスノロジーの灯点らず

顧みると、一九八四年の早春、二三号に「漠北と南海――その民族と文化」を「邪馬台国探訪」と組んで特集する頃まで、私は藤田社長と上村氏のすぐれた編集に支えられて夢のように過ごしてしまったように思われる。私はその頃まで、経理の事情については全く気にもしなかったし、知らせてももらっていなかった。しかしその頃になって、特集のテーマによって販売に著しい増減があること、購買者が少なくて在庫が重なると、それに税金がかかることになる、考古学的な分野の特集には人気が集まるが、民族・民俗誌的なテーマの特集の場合には残本が目立つ、というような事情を上村氏から聞かされて驚いたことであった。

過去においては、八幡一郎先生にお願いした「縄文の信濃」（八号）や甲元眞之先生に協力してもらった「阿蘇――海と山と里の文化」（一二号）などは、先史あるいは古墳文化に遡って扱っていたことから、よく出ていたようであった。

それで、一九八四年代には、近藤義郎・河本清両先生に協力をお願いして「吉備の考古学」を二四・二五号にわたって特集したところ、たちまち売り切れてしまったと聞いた。

しかし、考古学的テーマの特集のみをおこなっていくのは、「えとのす」本来の目的ではなかったことから、薄氷を踏む思いで、二六号に「東北の古代文化」、二七号に「無文字社会の生態」を特集してみた。後者はバイエン・グリフィン教授の「ルソン島北部のアグダ族の生計経済と集落」、小川英文先生の「ペニアブランカ・ネグリート」、拙稿の「ネグリートへの関心今昔記」などを中心にしたもので、ネグリートの集落や生業をめぐるカラー写真の特集は少なくとも若い人を引き付けないはずはなかろうと思われた。だが、驚いたことに、この号への人気は集まらなかったという。

考古学者岩崎卓也教授のご協力で二八号に「常陸風土記の世界」、二九号は賀川光夫先生のご協力で「豊分（大分）の考古学」、三〇号に「朝鮮・対馬海峡の道」を特集した後、三一・三二号は斎藤忠先生にお願いして「古代日向人の生活空間1」、賀川光夫先生の「古代日向2」を特集して危機を越えると、のびのびと川と海をめぐる民俗的世界を扱ってみたくなった。

私の東京教育大学時代の畏友高松敬吉氏（後鹿児島大学教授）と諮って、東北の民俗学研究者に広く呼び掛けて、川と海をめぐる生業を中心にした報告を特集したいと考えたのである。しかしこの企画は上村氏の強い抵抗を受けた。到底売れないであろうというのである。藤田社長も同意見であると聞いて、私は「えとのす」の名に値する運動を続けることは次第に困難になったと考え、「えとのす」の運動を打ち切ることにした。

初めの頃、国内外の研究者の方々に協力を仰ぐために、一緒に歩いてくださった山田博文氏は、当時は東京支社にいた。山田氏にも、そして何よりも、一三年間に及ぶ間に集積する負債を抱えながら計り知れない寛大な協力を与えてくださった藤田修司社長への、そしてまた忍耐強い努力を重ねてくださった上村俊介氏への感謝の気持ちを、私は忘れることは出来ない。

生き返った東北の民俗

挫折した「東北の歴史と民俗」は、そのまま消えてしまわなかったことについて報告しておきたい。畏友、宮嶋秀氏（慶友社社長）が取り上げて下さったのである。同社の「考古民俗叢書」中の『東北の民俗――海と川と人』がそれである。ここに、改めて協力して下さった執筆者と取り上げたテーマを掲げておきたい。

ドン・キホーテの繰り言

「えとのす」の運動始末記は、いつかは書いておきたいと考えていた。なぜかなら、どうしてやめてしまったのかと聞かれることが度々あるからである。甲元教授の、なにか書くようにとの要請に甘えて、私が関わりを持った二つの運動をめぐって書いてみた。

特に後者の運動については、亭々たる巨樹に恵まれた熊本大学の研究室にいた時の夢がどのように展開し、そして挫折したかを、あの頃の若い同志の諸兄姉に報告しておきたい気持ちもあったのである。「先生には、ドン・キホーテ的なところがありますね」と笑われてしまうことは覚悟の上のことである。

(『蒼海を駆る――國分直一先生の軌跡』熊本大学文学部考古学研究室、一九九六年)

「民俗台湾」の運動はなんであったか――川村湊氏の所見をめぐって

著名な評論家川村湊氏の最近の論著『「大東亜民俗学」の虚実』（講談社選書メチエ80、一九九六年）を読み、往年の戦時下にあって、台湾の農・漁村の民俗採訪を学生たちと行っていた頃のことまで想起させられた。川村氏はその論著において、日本帝国主義下の植民地――朝鮮・台湾・南洋の委任統治地・満洲国――における民族・民俗学のあり方を精力的に概観し、論評を加えられている。その論評における一つの焦点は、柳田國男氏の大東亜民俗学の構想についてであり、また柳田氏の構想をひき出す機縁となった「民俗台湾」の運動、特にその性格についての論評におかれているといってよいであろう。

先時大戦が終結してから既に半世紀が経過している。筆者が感銘して覚えている朝鮮・満洲、南洋地区の研究者には、現存している人を見出しえない。しかし台湾においては、金関丈夫氏に協力して「民俗台湾」の運動において指導的立場に立っておられた中村哲氏、会誌の編集スタッフとして活躍した池田敏雄氏夫人――黄鳳姿さん――、創刊時の趣意書に不満を述べられた楊雲萍氏らが健在であり、会誌の運動に協力した筆者も残存している。

川村氏は日本帝国主義下の全植民地にわたってとり上げられているが、本稿では、筆者がかかわりをもった「民俗台湾」の運動をめぐる問題にしぼって、川村氏の所見について筆者の見解を述べることにしたい。

「民俗台湾」の指導者金関丈夫氏について

川村氏は台湾研究をめぐっては、伊能嘉矩氏や鹿野忠雄氏の活動、柳田國男氏の台湾とのかかわりについてもとり上げられている。

柳田國男氏については、「民俗台湾」の運動とのかかわりから着想された「大東亜民俗学」の構想批判が行われている。

しかし重要な焦点の一つとして「民俗台湾」の性格批判があり、関連的に会誌の指導者金関丈夫氏についての論評がある。

それらにおいて、川村氏が拠るべき主要な資料とされているのは、「民俗台湾」創刊時の趣意書であろう。「民俗台湾」の創刊は、太平洋戦争に突入する前夜の時期で、台湾総督府の皇民化運動がヒステリックに進められていた頃であった。従って台系社会の民俗研究をとり上げる運動においては、政治的抵触を避けなくてはならなかったことから、率直に、その意義を述べるわけにはいかなかったのである。

楊雲萍氏の反撥もそこからきていると見てよかろう。しかし楊雲萍氏は後年、「思へば当時荒れ狂う時勢の中で、先生方の苦心を若かつた僕は冷静に受けとれなかつたところがあつたと思う。『民俗台湾』の創刊は、眞の日本人の良心であり、勇気であつた」と述べている(「えとのす」一一号所収)。

楊雲萍氏はそのように冷静に述懐されているが、論争における発言にふれた資料しか参照できない場合には、その資料をふまえての見解が定着してしまうであろう。

川村氏は、なお金関丈夫氏を理解する上の一助として、金関氏の形質をめぐるエッセイをとり上げ、そこにレイシズムを見出そうとされた。人種学的立場において、体臭の問題を扱った人類学者は、金関氏の師に当る人たちの中に見出される。いずれもドイツに留学された人たちである。そして金関丈夫氏もまたドイツに留学されている。

思えば、戦前にはドイツを中心にして人種学なる学問分野があり、人種の優劣が論じられていた。やがてナチズムの登場となる。

わが形質人類学者への反応があったとしても不思議ではなかろう。

幕末に欧米列強によって開国せしめられ、引きつづき明治期を通して不平等条約の改正にわが政府は苦労している。

わが知識人にして、欧化へのあこがれと同時に、西側優越のレイシズムに秘かに反撥をもたなかった人は少なかったのではなかろうか。金関丈夫氏はある時、筆者に、「アドルフ・バスティアン（一八二六―一九〇五年）の云うエレメンタル・ゲダンケとは、人間精神の普遍的類同性について云っているのです。人類学は、そこから出発するのです」と語られたことがある。金関丈夫氏の本質はそこにあるのである。金関丈夫氏は、一切のエスノセントリズムをもたない人であった。

敬虔なクリスチャンの家庭に育ち、旧制高等学校時代にトルストイアンであったこともあると聞いていた。たくまざるユーモリストであり、弱者へのあたたかいまなざしをもった人であった。その上、自然・人文の両学問世界に通暁されている人であったが、いささかもその素振さえ示されることがなかった。日・台両系の人たちに敬愛された所以であろう。

金関丈夫氏ほど、広い交友関係――学界における――をもっていた人も少ないのではなかろうか。それは、英・独・仏の諸語に堪能であったからだというだけのことではなかろう。

金関丈夫氏が中国の裴文中博士と親しくしておられたことは、形質人類学者同士であるから不思議ではないと思っていたが、一九三六年八月に蔡元培氏を会長にして出発した呉越地史学会の研究者との交流をもたれていたことに筆者は驚いた。東南アジアの民族学・考古学研究で知られたハイネ・ゲルデルン博士やハノイにあったフランスの極東学院の研究者との交流ももたれていた。

筆者は金関丈夫氏の寛大さに甘えて、ハイネ・ゲルデルン博士の著名な論文、「Urheimat und früheste Wanderungen der Austronesie 1928.」（オーストロネジア語族の最早の原郷と移動）なる論考を読むことも、極東学院から出ていた厖大なる研究報告をひもとくこともできたのであった。

戦後には、中国大陸のみでなく、欧米諸国の研究者の来台が頻繁に見られた。

金関丈夫氏は中国政府の要請によって、台北帝国大学を接収して出発した台湾大学の医学院に残留されていたので、金関研究室を訪ねると、それら外来の研究者に会うことができた。その中には、呉越地史学会に属していた金祖同氏もいた。北京のカソリックの大学のR・ラーマン師（Rud. Rahmann）とその同僚の研究者にも会うことができた。ラーマン師たちは、中共軍の北京進攻を避けて来台したもののようであった。それらの機会をえたのは、筆者もまた中国政府の要請をうけて、はじめは台湾省編訳館に、そして間もなく台湾大学文学院に留用されていたからであった。

戦後、李済博士らによって、北京から安陽発掘による厖大な資料が台北に新設された中央研究院（Academia Sinica）に搬入されていたので、筆者の恩師梅原末治博士は屡々来台されたが、博士は「金関さんがこれほど台湾の知識人の間に敬愛されているとは知らなかった」と語られたことがあった。

金関丈夫氏は一〇年に近い日據時代の台湾において、一度も所謂官服を着用されたことのなかった人である。そこには、金関氏の植民地官僚世界への無言の反撥が示されていたものであろうと、筆者は見ていた。

川村湊氏の「民俗台湾」の性格批判

川村氏は、「民俗台湾」創刊時の趣意書に、「支那民族を理解し悉知する上に、台湾本島人を豫め知るということは最も必要であり、且つその便宜を有することは、わが國民の他國に冠絶する強味であると云える」とある文言をとらえて、「台湾人の文化を理解することが、そのまま支那人の文化を理解することになるというのは、やや単純な嫌いがあると思われる。そのことがもたらしたものは一種の支那趣味シノワズリー的なものである。それが『民俗台湾』という雑誌の底屓《ていき》にただよう結果となったというなら、それは悪意にみちた誇張ということになるであろうか」と述べられている。

筆者は、川村氏の漢系社会の地理的歴史的関係についての理解不足からくる発言だと思う。

以上の趣意書の文言を誤りなく理解するためには、漢系民族社会の歴史的社会的事情を把握しておく必要があると思う。

台湾には福老と客家の二大部族群がいる。華南系の大部族である。その本国との交流は、戦時下を除くなら、絶えずジャンク船によって行われていた。

華南地区は大陸における孤絶地区ではなかった。絶えず中原文化を吸収していたし、同時に中原世界に影響をもたらしている。台湾の漢系社会と文化を知ることは、云うまでもなく中国人の社会と文化を知る上に、重要な手がかりをもつことになることは疑いえないのである。

戦後台湾から帰国後、法政大学の総長を長くされていた中村哲氏が後年、「中村哲先生を囲む会」において『民俗台湾』というものは政府側の天皇信仰を民間信仰に代って押しつけようとしたことに対したのです。それでこの雑誌は土着文化や土地のナショナリズムのはけ口になった」（「沖縄文化」36所収）と語られたことに対して、川村氏は次のように所見を加えられた。

それはあくまでも台湾人筆者たち（中村哲のいう「随筆趣味」の筆者たち）の思惑であって、金関丈夫など日本人側と、同床異夢の関わりにあったのではないか。そうして結果的に両者とも「台湾趣味」というエキゾチシズム（あるいはコロニアリズム）に惑溺していったと思われるのである。

しかしその裁断には誤解からきているものがあるように思われる。誤解とは、「民俗台湾」と、当時シナ趣味のロマンチストで耽美的な詩人として知られた西川満氏の主催していた「文芸台湾」との間に親近性があると川村氏がとられていたことを指している。

当時は、民族・民俗学の研究者も、作家として活動していた人たちも、ほぼ台北に集まっていた。両系の人々の間に交流があり、「文芸台湾」の民俗をテーマとする座談会に、「民俗台湾」の関係者が参加する機会があったとしても不思議ではない。しかし両誌の間には、はじめから性格のちがいがあり、殊に時局の切迫が急進する中に、両誌によった人々の間には、両誌の性格の相違からくる疎外感が強められている。

「文芸台湾」には、西川満氏を助けた浜田隼雄氏がいるが、浜田氏は「民俗台湾」の運動には批判的な立場の人であった。その力作「南方移民村」の結末も国策順応的結末となっている。

当時「文芸台湾」に対立する形で刊行されていたのは「台湾文学」であった。その主催者は、リアリズムの立場に立つ張文環氏であった。筆者は、台系社会を理解する上に役立てようと、「台湾文学」に親しんでいた。「民俗台湾」には、毎号興味深い台湾の庶民の工芸品の解説が、松山虔三氏の美しい写真を添えて掲載されていた。台湾の風土の中で、庶民の生活の中にはぐくまれてきた生活用具は、たしかにしっかりした実用性を示しながらも、美しいものであった。柳宗悦氏の民芸・工芸運動に共鳴されていた金関丈夫氏による解説は、日系の我々には有難かった。同誌には、なお画家の立石鉄臣氏による民俗図絵もかかげられていて、ひもとくものにくつろぎを与えてくれた。しかしこれらを、シナ趣味に惑溺せしめるものと見る人はなかろう。

戦時も、敗戦が決定的となってきた一九四四年頃になると、高等・専門学校においては、講義はほとんどできなくなっていた。飛行場の整備、防空壕・米軍上陸に備えての塹壕の構築などに、教官も学生もかり出されたからである。筆者が学生たちと共に作業させられていたのは、主として台湾北辺の海辺地帯であったが、サイパン島の守備隊の全滅の報を悲痛の思いで聞いたのは、台北盆地を貫流する淡水河河口に近い十三甲地区の海村においてであった。作業の間にはさまれた寸暇を盗んで学生たちと海村の民俗採集を行っていた時でもあったから、学生たちの中には、「先生、空しいことになりませんか」とうったえる者もあった。

いずれ艦砲に見舞われると、我々の構築した塹壕はほとんど役立つまい。我々が愛した漁民たちも消されてしまうかも知れない。せめてささやかな記録でも作っておこうではないか。大げさにひびくだろうが、人類史のほんの片すみに残しておこうではないか。

筆者は切ない思いで、そのようなことを学生たちに話したことを覚えている。折しも夕陽が赤々と台湾海峡に沈もうとしているのを、日台両系の学生たちは黙したまま見つめていた。

学生たちと寸暇を盗んで採集した海村民俗の記録は、都市爆撃がはじまった一九四五年初頭の「民俗台湾」の最終号に辛うじて収載された。そのあと、筆者も学生たちも、雷神部隊とよばれた、名ばかりは強そうな部隊に徴兵されてしまった。

転々と台湾北部の海辺や、空軍基地のあった桃園台地地区等に動員されながら、寸暇を盗んで進めていた採訪作業に参加した学生たちは日台両系の学生たちであったが、我々は同床異夢のエキゾチシズム、コロニアリズムに惑溺していたわけではなかった。

光復台湾の今日、「民俗台湾」はどのように受容されているか

ヒューマニストであった金関丈夫氏の提唱に共鳴して「民俗台湾」の運動に参加した日台両系の純真な人たちの多くは長逝されてしまっているので、残存している筆者は、せめてそれらの人々のために真実を語っておきたいと思う。

台湾がその本来の祖国に復帰した時、「光復」という言葉が用いられた。その光復後、既に半世紀が経過して

いるが、その半世紀の間、台湾がすべて安定した台湾であったのではなかったことは広く知られている。台湾の人たちが自由な発言ができるようになるのは、民主体制が定着してきてからのことではないであろうか。光復後、大陸から渡来した研究者によって再出発することになった中央研究院のスタッフの中にも、台湾大学からアメリカに留学した台系の人たちにも優れた社会人類学派の研究者がいるが、一九六〇年代頃までは、ほとんど台湾の原住民社会の研究に努力が集中されていた。彼らによる台湾の漢系社会の研究が登場することになるのは、一九七〇年代に入ってからであると思う。

「民俗台湾」の復刻が台湾で行われたのも一九七〇年代のことであった。筆者の『壺を祀る村——台湾民俗誌』の中国訳も書店の店頭で見られるようになったという。

筆者が招じられて台湾大学の文学院で講義していた時、短歌と俳句の会があるので出席せよと案内を受けて驚いたことを覚えている。台湾知識人たちの空気がよくわかるように思われる。「民俗台湾」はその後にも版が重ねられたという。

筆者はうかつにも、「日本語文学会」が登場、既に昨秋には七九回の例会をもっていたということを最近まで知らなかった。

興味深いことに、「民俗台湾」は教養的なものとして迎えられているようである。

台北で刊行されている一昨年の「中国時報」(一九九五年七月一日版)に、李蔚前氏による「民俗台湾」の創刊とその運動の意義についての論評が収載されている。まず若き日の金関丈夫氏の写真をかかげ、「台湾の民俗の流出と誤解されることをおもんぱかって、金関丈夫らが、『民俗台湾』の創刊を決定した」と述べ、「この雑誌は台湾の風俗と民俗を保留した」としている。なお民俗の採訪が各地で行われたことにも言及している。その上で、「皇民化的圧力の下における日本人の編集は敬重と肯定をかち得た」とし、「『民俗台湾』が台湾人の民俗・古蹟調査の興趣を培養し、影響を戦後に及ぼしている」と絶讃している。

先にふれた台北の日本語文学会のメンバーの中には、「民俗台湾」をめぐる研究をテーマとしている研究者もいる。台北の東呉大学の講師陳艶紅女史である。陳艶紅氏は一九九五年一〇月一日の日本語文学会の例会において、『民俗台湾』における金関丈夫・その作品」なる発表を行っている。その発表においては、驚くほど詳細に金関丈夫氏の執筆発表されたものを紹介した上、最後に金関丈夫観を次のようにあげている。

「金関丈夫の民俗への興味と研究は、その専攻の人類学や考古学に劣らないものである」と述べ、更に書評、民芸解説、随筆をとり上げ、次のように述べている。

書評においては、民俗・民芸に関するものばかりではなく、文中には必ず台湾の民俗研究と対照する。該書を読む人は何らかの誘発を得、台湾の民俗研究に新しい目を開かせようとの氏の懇願が窺える。民俗解説にせよ、非系列随筆にせよ、氏の台湾の美を発揮しようとし、台湾人の自負心を呼び興そうとする努力を高く評価したい。

陳艶紅女史が来日した際、筆者は一度会談する機会があった。女史が、「民俗台湾」の運動にかかわりをもっていた人で残存している人に会って、文献にもれていること、あるいは誤解による解釈などを是正したいと語られるのを聞いて、筆者は感動した。

以上は、川村氏の「民俗台湾」の運動をめぐってなされた批判と台湾における評価に対しての筆者の所感であるが、川村氏の発言の中には、筆者も共鳴するものがある。川村氏が新しい比較民俗学について提唱されている所である。要約すれば次のようになるとしてよかろうか。

いわゆる「大東亜民俗学」を揚棄し、東アジアでも、中国や日本を周圏の中心におかない新しい「比較民俗学」を作らねばならない。

今日、我々はまさに、そのような立場において、我々の研究的作業を進めなくてはならないことはいうまでもなかろう。

その点において筆者は、筑波大学の佐野研究室が中心になって進めている「比較民俗学研究」の展開に強い期待をもつものである。

川村氏の『「大東亜民俗学」の虚実』なる力著は往年の日本帝国主義下の広大な地域にわたる壮大な論著であるのに、筆者は「民俗台湾」をめぐる問題にしぼってしか発言できなかったことについて、おわびしておきたい。

（「月刊しにか」一九九七年二月号、大修館書店）

「同人回覧雑誌」回想記

梅光女学院大学の占部教室の同人たちによる「うめがとう」を読んでいると、僕の若い頃参加した同人雑誌のことが思い出される。調査のフィールド・ノートをうめることの他では、文学的な雰囲気をもったグループに参加する機会が僕にも二度あった。はじめの機会は旧制の台北高等学校の頃で、あとの機会は、太平洋戦争後、中華民国台湾省政府から留用された頃のことである。

旧制高等学校にはいると間もなく、同人誌「翔風」のメンバーに加えてもらった。その仲間から出て、作家として名をなした人は、僕のクラスメートだった中村地平氏と後輩の邱永漢氏ぐらいである。中村地平氏は東大で美学をおさめ、早いころに「熱帯柳の種子」、「南方郵信」のような佳作を発表している。後者が芥川賞候補になると、彼はそのまま文壇のメンバーになってしまった。戦後は岩波の「世界」に時おり創作を発表していたが、次第に書けなくなっていった。彼の父君の経営していた銀行の頭取役を押しつけられたりしたものだから、無理はなかった。邱永漢氏は、彼が戦後亡命した香港のことを書いて、戦後早く直木賞をえているが、種々の事業に関わるようになり、また経済的評論を書くことが多くなっているためか、文学的活動から離れてしまったように見える。しかし、國分よ、君は何を書いたかと言われると、赤面する他ない。僕は、柄にもないと文学をあきらめて、大学では史学を選んだ。事象を歴史的、社会的関連においてとらえることを説いたK・マルクスの方法に強く心うごかされたことによるものであったと思われる。当時の若者たちは、ほとんどマルクス・ボーイだったのである。しかし、僕がやがて、人類学の部門である先史学・民族学・民俗学へと傾倒していったのは、様々のエスニックな要素の重層、複合する民族文化の層を基層にまで追跡するためには、文献史学だけでは歯が立たないことがわかってきたからであった。大学を出ると、僕はある事情から台湾に渡った。

大戦末期には、僕も人なみに従軍した。しかし、終戦によって台北にもどると、早がわりした中華民国の新方針がまちかまえていた。日本人のうち、未完の研究は、帰国しないでまとめよというのである。それは「知的接収」とよばれていた。日本人の大部分は、終戦の翌年の春、祖国に引き揚げていった。僕の家族は医者であった岳父につれ帰ってもらった。三省堂を中心とした東都書籍株式会社の台北支店は、残留する我々に膨大な量の原稿用紙をのこしてくれた。

僕は、終戦後台湾省翻訳館にのこされたが、すぐに台湾大学に副教授として移籍、都合四年に及んで滞留することになった。日本人が大挙して引き揚げていくと、所謂「知的接収」された大学の人たちを中心にした少数の日本人たちは、寂寥感に支配されることになる。その頃、そろいの原稿用紙があるから、同人誌をつくろうではないかと金関丈夫先生が提案され、同人グループがうまれた。そのメンバーはなかなか興味深い。金関丈夫（台湾大学医学院＝解剖学・人類学）、森於菟《おと》（台湾大学医学院＝解剖学）、矢野峰人（台湾大学文学院＝英文学）、宮本延人（台湾大学文学院＝民族学・考古学）、早坂一郎（台湾大学理学院＝地質学）、立石鉄臣（台湾大学文学院＝画家）、松山虔三（台湾大学文学院＝写真技師）、池田敏雄（台湾省翻訳館＝民俗学）、國分直一（台湾大学文学院＝考古学・民族学）。以上のほかにも、あとから二、三の台湾大学メンバーが加わる。

一九四六年の夏に第一号「花果《かか》」を出して以来、一九四八年秋に「小集楽《おずめ》」を出すまで、一五冊の雑誌を我々は作った。編集当番は交互に当たることになり、当番の者が誌名をその時々にきめる。装幀も製本も当番が行ない、雑誌が出来上がると、回覧後、合評会は当番の編集者のところで行った。接待も当番が行うことになってい

日本人研究者らの集合写真（後列左から２人目が國分直一，ひとりおいて池田敏雄，楊雲萍，立石鉄臣。前列左から２人目が金関丈夫，中村哲。松山虔三撮影）

たので、当番に当たると大変であった。読後感は各自、回覧の時、あらかじめとじこんである雑誌の余白に書き込んでおくことになっていた。

台湾省政府は寛大で、私のため図版作りに、画家立石鉄臣氏を台湾大学文学部講師の資格で留用してくれたのである。しかし、国画会所属の著名な画家立石氏が、考古学や民族学で扱う石器や土器、その他民俗学で扱うような物質文化の図化に興味が持てるはずはなかったから、彼は怠けに怠けて、一年かけてもほぼ十数枚の彩色土器の模写をしてくれた実測図を作ってくれたのが関の山であった。しかし、雑誌作りには装幀に、挿絵に十分な天分を発揮したので、それぞれの当番者は、随分彼の世話になったものであった。立石氏はまた随筆家でもあった。

雑誌の誌名は先にもちょっとふれたが、「花《か》果《か》」に始まり、「如意《によい》」、「雙魚《そうぎょ》」、「無絃《むげん》」、「太《たい》太《たい》」、「紅玉《こうぎょく》」、「踏青《とうせい》」、「海燕《かいえん》」、「Minotaure《ミノートル》」、「青銅《せいどう》」、「茄苳《かとう》」、「冬扇《とうせん》」、「扇状地《せんじょうち》」、「刺桐《しどう》」、「小集楽《おずめ》」となっていた。一九四八年一〇月号

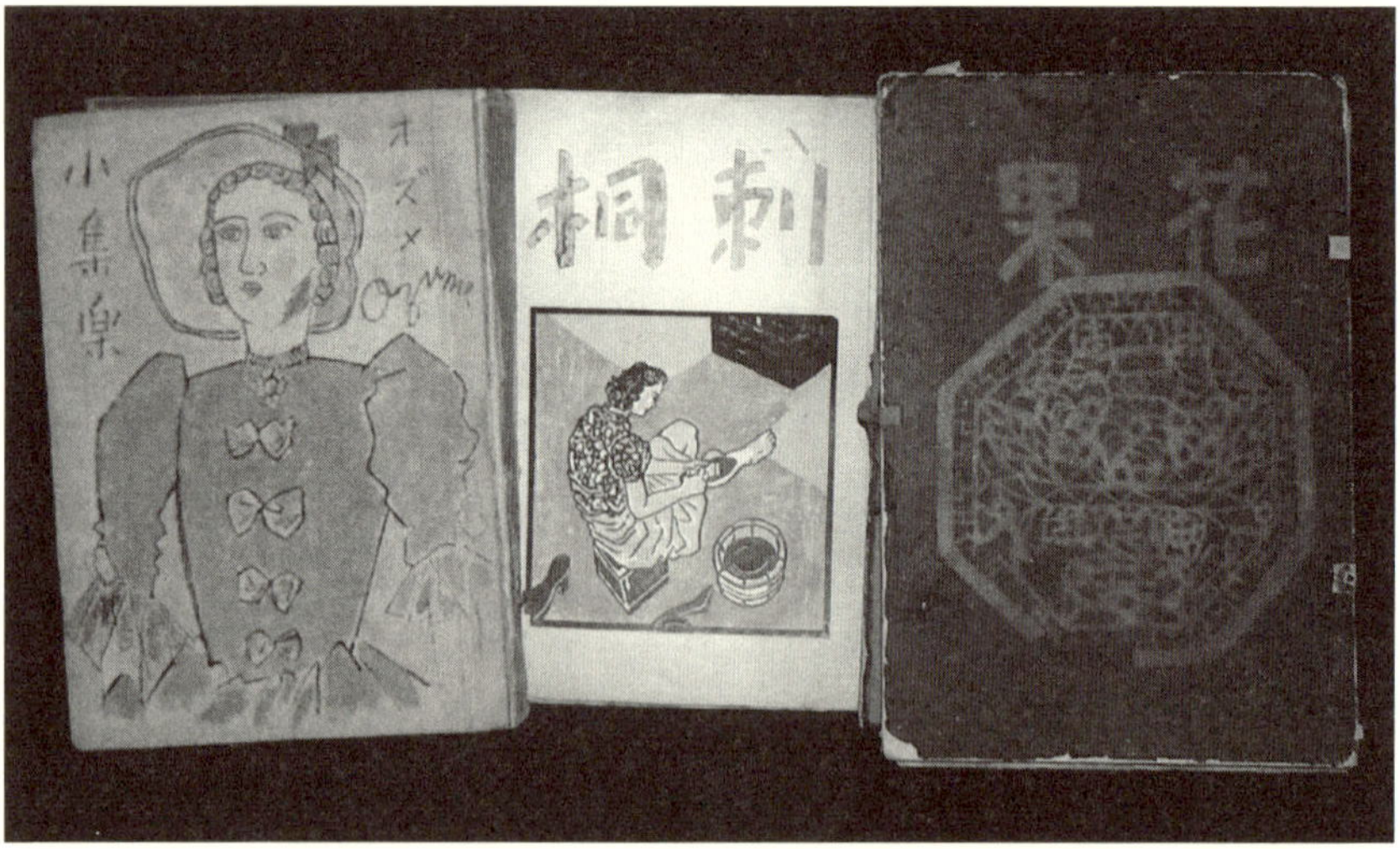

左から，「同人回覧雑誌」第15号「小集楽」，第14号「刺桐」，第１号「花果」

をもって終結したのは、台湾大学残留日本人研究者が次々に引き揚げてゆき、最後に金関丈夫・早坂一郎の両教授と僕だけになったためであった。投稿された内容も極めて興味深いものであるが、ここには一々紹介するスペースもないので、二、三を挙げるにとどめたい。

金関丈夫教授には、時々の「落穂集」、すばらしい「美術随想」のほかに、随筆「佐川田昌敏」などがある。矢野峰人教授には、「去年の雪」、「片岡鉄兵を憶ふ」、「芥川龍之介追憶」、「萩原朔太郎氏の手紙」、「沢正登場前後」などがある。それらは特に近代文学専攻の学生諸君には興味深いものがあると思われる。森於菟教授は森林太郎（鷗外）の令息、流石に随筆に優れていた。鷗外夫人（於菟氏の継母）の在世中は彼女の反対で活字になっていなかった「半日」が、第四号で発表されている。森教授は「随筆・そぞろごと」のような興味深いもののほかに「ルードルフ・ウイルヒョウの手紙」のような独文からの翻訳がある。僕も色々駄文をのせているが、金関・森両教授にほめられたものに「兵隊記」がある。立石画伯に頼まれて、アメリカ雑誌「LIFE」（一九四七年一二月号）にのっていたCharles C. Westenbyker氏の「芸術の肖像――ピカソへの誘ひ」を訳出したり（編者注）、調査紀行をのせたりした。いつか、各号のすべての内容について報告しておく必要があると思っている。

我々の雑誌は同人誌といっても、たった一冊の雑誌を同人が回覧したのであるから、回覧雑誌という方がふさわしい。各冊とも厚いもので、一九四九年夏の終わり頃、留用を解除してもらって引き揚げてくるときに、携帯を許された行李に詰めると、他の余分のものは余りはいらなかった。金関教授が携行、保管されていたが、先生が長逝されたので、今は僕のところにある。いつか学生諸君にもお見せする機会もあろう。

私が自由に書くことの面白さを思い知らされたのは、この台湾留用時代の雑誌のおかげである。金関丈夫先生が近代文学館の小田切秀雄氏にお見せになったのか、内容を話されたのかしらないが、小田切氏は金関先生に、「抑留者の文学ですね」といわれたそうである。私が戦後、初めて受け取った台湾省政府からの辞令には「征用」とあり、後に「聘用」にかわったのである。思えば敗戦による抑留であったともいえよう。

僕の書いたものなど、文学の〝ぶ〟の字にも当たらないので、えらそうなことは言えないが、占部教室の諸君は、折角洗練された表現力をえたのであるから、どうか機会ある毎に、いや機会をつくって書いていただきたい。書いたものは自分から離れるので、客観的に、そこに自己の思想の軌跡をながめられることになる。僕は若い女性諸君の書く、みずみずしい感性のにじみでた作品を読むのが好きだ。そこに漂う青春のリリシズムがすばらしいからである。

(梅光女学院大学文学部・文章表現演習教室『梅ヶ峠』第四集、一九八八年)

編者注

これは、六五歳になったピカソの紹介文であるが、「ピカソへの誘ひ」は、國分先生の訳文ではなく、それに続く立石鉄臣画伯の文章であった。

「同人回覧雑誌」一覧

号数	タイトル	発行日	國分直一執筆分
第一号	「花果」	一九四六（民国三五）年七月九日	郷愁記
第二号	「如意」全三冊	一九四六年八月二五日	離愁
第三号	「雙魚」	一九四六年九月二五日	棉の木のある学校
第四号	「無絃」全三冊	一九四六年一一月四日	山日記（國分一子）二・三分冊欠
第五号	「太太」	一九四七年一月	兵隊記——ムロラフ ピヤナン鞍部越
第六号	「紅玉」全四冊	一九四七年二月二五日	幼年時代、北安曇の山々（第一分冊） 親代の記（第二分冊）
第七号	「踏青」全二冊	一九四七年三月	幼年時代（第二回）
第八号	「海燕」	一九四七年八月	後記
第九号	「Minotaure」	一九四七年九月	
第一〇号	「青銅」	一九四七年一一月一日	変貌しつつあるヤミ
第一一号	「茄茎」	一九四七年基督降誕節	蘭嶼紀行（第一回）
第一二号	「冬扇」	一九四八年二月	蘭島紀行（第二回）
第一三号	「扇状地」	一九四八年三月	芸術家の肖像（翻訳）
第一四号	「刺桐」	一九四八年五月	
第一五号	「小集楽」	一九四八年一〇月	かえるかえらんの話

同時代の証言から

國分直一。昭和八年京都帝国大学文学部史学専攻卒業。（昭和二〇年）現在、台北師範学校にて、中国史、英語等を教ふ。曾て断崖より墜落せることあり。但し、九死に一生を得て、それより深山幽谷を避けて、平地を、足場を気にし乍ら歩く癖生じ、たまたま石包丁などひろいしことより、先史学方面に研究の熱情をかたむけ、近時、台湾に於て彩文土器を発見せる功を擔うことになり、先生の顔面、彩文土器に似通い来る。先生は甚だ気立て優しく、先生の英語の会話など、英語をしらざるものの耳には、恋の囁きの如し。物ごとに感心する方にて、感心居士など云う人あり。人を賞めるのがうまいせいか、曾て先生を慕う女人尠からざりしと聞く。

（立石鉄臣・「同人回覧雑誌」第一号）

立石鉄臣筆「緊張する國分先生」

直一兄又の名はゴゼン。二〇年前も

今もその為人些も変らず。然れども学才文才と共に加わり、離愁のやさしき調べは心にくきものなり。

八・二七

（馬場生知・「同人回覧雑誌」第二号第三分冊）

立石鉄臣筆「一子さんの手紙の指示にそって毎日ビフテキを食べる國分先生」

國分さんが慌てて事を仕損じる話はよく聞くが、慌ててお辞儀をして神様になった話は数多の慌て話の中の秀逸と言えよう。

國分さんが台南在住中の事で、道でむこうから来た婦人——若い婦人ときいたような気がする——からお辞儀をされた。どうも記憶にない人だが、あとで思い出すことにして丁寧に國分さんも会釈をしたと云う。ところが思い出したのは、その若い婦人の姓氏ではなく、そこが台南神社の前だったことである。若い婦人は即ち、台南神社へ頭を下げたんだと云うことに気がついた。國分さんは進んで生神様になったわけだ、或はひょっとすると、と私は空想する。その若い婦人は、台南神社に頭を下げる風情で、実は生神様にお辞儀をしたのではなかったか。

（立石鉄臣・「同人回覧雑誌」第八号）

Ⅱ

学問への思い

――とっておきの話

異文化にふれる——少年時代のことなど

聞き手＝劉 茂源

——先生の少年時代のことについて、お話をうかがいたいのですが。

私は一九〇八（明治四一）年に生まれました。四月の終わりぐらいに生まれて、ひどい嬰児時代を静岡で送って、その年の終わりくらいに、母に台湾に連れて行かれたのです。父がいたのは「高雄」です。

——台湾の一番南の方ですね。

高雄は当時「打狗」と書きました。ターカウという種族のいた所です。深い湾があり、向こう側は旗後《きご》、こちら側が哨船頭《しょうせんとう》と言い、哨船頭は開発地でした。旗後は福建系の漁民たちが住んでおり、中国から華南貿易船のジャンクが来ていました。貿易商などがいて、非常に面白い世界でした。全部赤い煉瓦の家で、底面には赤煉瓦を敷いてあり、異国情緒を感じる良い街でした。そこで私は育ったのです。大体は福建系の社会ですけど、少し南には広東系の人たちもいて、そこへ華南から絶えずジャンクが入りました。日本からも、いろんな地方から来た人がいたわけですから、僕の幼少年時代は、様々な種族文化の世界の中にいたようなものです。

少年時代、私は海岸に出て、中国の華南から来るジャンクを見るのが楽しみのひとつでした。ジャンクには媽《ま》祖《そ》（航海安全の女神）が祀ってあり、出航の時には鐘を叩いて祭事が行われることなどがわかりました。ジャンクは丸太を切って、自然面を外に張り合わしています。僕は台湾の人に「これはどういう意味ですか？」と聞いたのですが、こうするとぶつかった時に壊れる部分が少ないのだそうです。とくに優れた構造だなと思ったのは、中にある「仕切り」です。その意味を聞いたら、「どこか壊れても、浸水はその部分で抑えることができるから」だそうです。日本の舟は、そんな構造を持っていません。これは非常に優れた構造なのです。

後に、J・ニーダムの『中国の科学と文明』（思索社）という本を読んでみたら、これが「中国の舟の構造の優れた点で、世界的に優れた点だ」と書いてあるんですね。それが「何から来るか」というと、ニーダムは「竹」だと言うのです。竹には「節」があるでしょう。それからアイディアを得たと。

巨大なジャンクは浮きすぎて安定がとれないので、砂を積んできます。あるいは、安いので、陶磁器類を大量に積んできます。だから当時の台湾下層社会の人々は、陶磁器をどんどん使っていました。そうして舟の安定をとるのだということが、少年の目にはよくわかりました。

西表島の網取集落跡にて劉茂源とともに（1988年11月，安渓遊地撮影）

また、ルドルフ P・ホムメルが大変面白い習慣だとして、一九三七（昭和一二）年に書いていますが（國分直一訳『中国手工業誌』法政大学出版局、一九九二年）、綿をピンピンピンピンと叩き、古い綿をほぐして新鮮なものにして使う道具があります。名を「綿弓」といい、これは、ひとつの知恵だなあと思います。ほかにも、「ツォマーヨウ」（做麻油）といって、大きな木を割ってクサビを打ち込みながら、落花生の油を採る道具があります。そういうものを見て、中国系の技術に早い時期から興味を持ちました。後に中国系の物質文化・技術に興味を持つ基礎は、そのころに知らず知らずに入っていたと思います。

それから、中国の婦人がなかなか強いというのも、そのころ、よくわかりました。夫婦喧嘩をすると、ご婦人が門口に立って、自分の伴侶がどんなにけしからんやつか演説をするんです。僕は言葉がわからないから、ポカンとしてよく聞いていたものですよ。中国の男たちはけしからんと言うけど、中国のご婦人は強いなあと思って。そういうのを自然と学びました。

今の僕は、ズボラでだらしないことで有名ですけれど、非常に几帳面な少年だったようです。寝る時もキチッと上を向き、足をそろえて寝るのです。おそらく、寝たらひっくり返っちゃうんだと思いますが……。小学校から帰ってくると、その日のことをことごとく覚えていて、父や母の前で実演するんです。体操などは部屋中跳び回って実演する。そういう几帳面さがありました。その几帳面さが続けば僕は秀才になったんでしょうけど、だんだんずる賢くなりましたので、今のようなていたらくです。

当時は、総督が巡行してくるんですが、先生は「総督さんが巡行してこられたらば、ちゃんとご挨拶をするんだ。みんなで号令して、ちゃんと挨拶するんだ」と言っていました。僕が、「どういう挨拶が一番正しい挨拶なんですか」と聞いたら、「最敬礼という用法があるんだ」と教えてくれたんですね。それで、金ピカの帽子を被った安東大将の車が通る時に、先生の言われたとおり、僕ひとり前に出て最敬礼をしたんです。そうしたら、みんなはゲラゲラ笑うし、総督はそんな馬鹿な少年に会釈したりするわけありません。そういう少年だったことを思い出しますね。

僕はひとつの世界観を持っていました。地面は平べったいものであり、天はお椀型の円形のもので、地と天がくっつく所があるだろうと思っていて、これが世界だと思ってました。母がよく「どこまで遊びにいった」と聞くんです。すると「天と地がついた所まで行った」と、空想的な報告をしたりしました。そんな少年でしたけど、マラリアにやられたものですから、虚弱でした。

当時は、石川啄木の「時代閉塞の現状」が書かれるころ（一九一〇年）ですから、だんだん社会情勢が悪くなっていました。しかし欧州戦争の後、少し回復して、日本は大正デモクラシーの時代になります。そういう時期に中学期を送りました。夏目漱石や大正デモクラシーのものなどを読んだりした時期です。しかし、すぐに宮本顕治の「敗北の文学」（芥川龍之介などを取り上げた文芸世論。一九二九年）などが出てきます。文学界では「プロレタリア文学」などが幅を利かすようになりました。時代が逼迫《ひっぱく》してきますから、若い僕たちは民俗学などやってていいんだろうか？という懸念があったんですね。私が卒業論文で「変革期の時代」を扱うことになったのは、そのためなんです。

このようにして私の社会的な生活環境から、自分が持っていないようなものを持っている異文化に憧れました。山に入るようになってからは、原始文化も理解し、いっそう憧れるようになりました。片方では、社会的なインパクトが強まってきたものですから、「これを切り抜けるには社会革命しかないな」と思うようになりました。しかし、それに身を投じると、「学問に一生をかけたい」という望みを―― 儚い望みですけど―― 持っているにかかわらず、もし捕らえられてしまえば、「鉄の規則」ですから、おそらく検挙されて死んでしまうだろうと……。その心配と臆病さが、「共産主義青年同盟」などに入らなかった理由です。

共産主義運動をやっている人たちは、僕を利用しました。彼らは、同志たちの「往復書簡」のようなものは、みんな僕の所に持ってきました。僕は曼殊院（京都市左京区）のお寺にいましたから、みんな阿弥陀様の下に入れておいたのです。刑事はまさか国宝の阿弥陀様の下に社会主義者の往復書簡なんて入ってると思わないものですから、目は付けていたけど、発見されませんでした。しかし、戦前はとてもつらい思いでした。同志たち、つまり獄中で死んでいった友人たちのことが、いつもいつもコンプレックスでした。

本当に安心して自分の研究に打ち込めるようになったのは、敗戦の後からです。普通選挙が実行され、女性も男性と同じ政治的な力を持つことができる。土地解放が行われる。共産党員は解放される。労働組合が成立する。苦しい時代から、夢のような時期へと転換していくと、「すまないなあ。すまないなあ」というコンプレックスは、私からだんだん消えていきました。そして、研究に没頭できるようになり、本も多少は書くことができました。研究が生き甲斐のひとつになるなあ、と思えることが、私の心の「安心」をだんだんと固めてくれました。

——少年時代の環境は、先生の人格形成にとってプラスになったということですね。

僕もそう思います。少年時代に異文化の中にいたということは、僕の生涯を決定したと言ってもよいと思います。それから異文化に対する尊敬を持ち得たことは、本当にありがたいことだと思いました。

——そういうことを通して、それから高砂の原住民の社会に入っていかれたんですね。

私は終戦後の学生時代に、先生から「劉君、そんなやたらに人の伝記を読んだら駄目だよ」と言われたことを覚えています。先生はアルピニストの伝記を読んで

新高西山付近から関山を望む（1935年８月，國分直一撮影）

寿山（高雄市）に登られ、それで山から落ちたんでしたよね。それで眼底神経をやられて、さらに耳もやられたと。

右眼が駄目になりました。後は耳も……。

——登山は台湾でずいぶんなさったんですよね。大覇尖山は一番最後に登られたんですね。

大覇尖山は、初登山を目指して失敗しました。

――僕が戦後に先生の薫陶で大覇尖山に登った時には、まだロープが残ってましたよ。あれは先生がお付けになったんですか。

そうです。あれは非難されました。

――いや、だけど僕は、登る人にとっては、あれはかえってよかったと思いますよ。

そうですか。リベット（鋲）を打ち込んでありました。これは大丈夫なんですけど、ロープはだんだん腐食するので、後から来る人に大変な惨状を起こすという……。それで批判されました。

――それで最近、取り除いたらしいです。先生が台湾に残された足跡なんですけどね……。

先生は台湾で幼児のころから少年時代・青年時代のほとんどを過ごされたわけですね。少年時代にそういう異文化に接してこられたことが、今日の先生の人格・学問の形成に役立っていると思います。

「そうだ」と私自身も思っていますね。知らず知らずに異文化に接したことから、自分の学問形成のひとつの「道」ができていたように思います。

棉の木のある学校——京都を経て再び台湾へ

聞き手＝劉　茂源

——先生の書かれた「棉の木のある学校」は、台南第一高等女学校だと思うのですが、ここに先生が来られるまで（つまり京都大学時代）の学生生活と、どういういきさつで台南一高女に来られたのか、そのあたりのお話をお聞きしたいと思っています。

大学時代、僕自身は自分の生活体験から「異文化の問題」、「民俗学的な問題」に興味を持っていました。そのころはアメリカの人類学者F・ボアズの本でも「プリミティブ・ハート」の研究が一冊出ているだけでした。僕らが憧れたボアズのもので、現在アメリカの大学の教養課程でよく使われている「習俗」とか「カルチャー」とか「文化」とか非常に大きな総合的なボアズの研究があります。しかし、そんなものが出ていない時です。「やろう」と言っても、まだ漠然たる憧れのようなものを持っていただけで、本当に卒業論文をそういう立場で書くということは、とても考えられませんでした。

社会的な緊迫感がだんだんひどくなっていく時ですから、一方では「唯物弁証法」にかぶれました。『下部構造』の上に『上部構造』としての政治や思想形態というものは構成される」という、マルクスやエンゲルスの立場で歴史に関わりを持とうと思ったんですね。そうすれば、少なくともこの疾風怒濤の時代に多少自分の学問が寄与できるかもしれない。そういう気負ったような気持ちでした。

卒業論文は、前期の封建制度が崩壊して、後期の封建制度が形成される時期を扱ったんです。ところがそのころ、僕にショックを与える著書が出ます。それは共産党員の野呂栄太郎が書いた『日本資本主義発達史』です

（鉄塔書院、一九三〇年）。この本は「下部構造」に非常に強く入ってるんです。また、原稿が大体書き上がった一〇月の初めには西田直二郎先生の『文化史序説』（改造社、一九三二年）が出ました。これは、近世初頭における「上部構造の転換」を押さえていたんですね。だんだん個人主義みたいなのが出てくる時期なんです。

この時期、ちょっと自由主義的な思想も出てきます。堺の商人たちの中にとくに見られるんですね。僕は、どういう下部構造の変化の上に上部構造が支えられているのか、そういうものを「下部構造の転換」という観点で捉えようという視点で論文を書いたんです。

——先生と同じ切り口だったんですね。

「上部構造」は西田先生がやってる。「下部構造」は野呂栄太郎がやっている。しまったと思いました。しかし、野呂は「上部構造との関連」までは摑んでいない。西田先生は「下部構造との関連」を摑んでないんです。でも僕は、両方の関連を押さえた。それで、「これでいくよりほかない」と思って提出しました。経済学部の小島祐馬《おじますけま》教授は、とても褒めてくれました。僕は成績はあまりよくなかったんですが、それだけは「優」をもらったことを覚えています。

ところが、その最中に、「滝川幸辰《ゆきとき》事件」が起きたんです。滝川先生は刑法の教授でした。ヒューマニストの刑法学者として非常に評判のよかった方なんです。僕らは彼の刑法講義に憧れて聞きに行ったりしました。彼は『刑法読本』（一九三二年、大畑書店）で、「刑法は罪人を処罰するためにあるんではなくて解放するため、罪人をこの世の中からなくすために、刑法は存在するんです」という根本思想を述べています。

国民精神（論）的傾向が強くなり、異国文化に対する排斥が強くなってくる時に、滝川先生は『刑法読本』の巻頭に中国服を着た奥さんの写真を入れたのです。それはおそらく「時代批評」だと思うんですね。衣装による、時代への一種の抵抗だと思います。

——滝川先生の奥さんは中国人ですか？

いや、日本人です。それで解説も何もないわけです。それを見て、みんな異様に思いながらも、「ひとつの抵抗をやっているな」、「抵抗的で批判的な写真だ」と思ったのです。僕らは歴史の学生なのに、その本を買って持っていました。すると、文部省から危険思想家だからという理由で「辞職勧告」が来ます。そして法科と経済科の大ストライキが起きるのです。学生たちも先生たちも団結していました。僕も卒業論文を書きながら、ストライキのデモンストレーションがあると参加していましたが、下賀茂署の刑事は、それをずっとチェックしてました。ひどいことをされました。服を脱いでデモをやっていますから、ワイシャツに「印」をポンポンと押しつけておき、後で行動を調べるのです。それですぐに僕が曼殊院にいることがわかって、絶えずやってきました。

そのとてもつらい時期、京都に残っていれば島原の留置所に入れられるだろうという時期に、台湾の恩師が、「どうも聞くところによると、國分は今、非常に危ないらしい。放っておけば、おそらく共産党に入って、潜ってしまうだろう。救い出してやろう」と考えてくださったのです。学生主事から呼び出されて、「君、もうそんなに苦しんでるより、台湾に行きなさいよ。恩師が心配してるよ」と言うものですから、台湾へ行くことにしました。

行った学校の庭に亭々たる棉の木があったのです。春から夏のころに柿色の花が咲くんです。何とも言えない美しい暖かい花でね。今でも思い出すと懐かしい花です。街には鳳凰木がありましたし、駅には巨大な榕樹がありました。その傍には刺桐《しとう》です。火炎のような花が咲くんですね。中国の泉州（『東方見聞録』のザイトゥン）は、その花が咲いていることで有名です。

歴史のある美しい街でした。そこに前嶋信次先生がいました。後に慶應義塾大学の教授になりましたが、その時は、台南一中の教師をしていました。また、石暘睢という郷土史の研究者がおり、前島さんは石先生と組んで、一生懸命郷土史の研究をしていたのです。僕も誘い込まれて、石先生にはずいぶんお世話になりました。そして、清朝中国のエッセンスのようなものを台南で獲得しました。学生たちも純真で、良家のお嬢さんたちが入ってきてます。上品で頭が良くて、大変良い印象を持っています。

——台南と言えば、「一府二鹿《ろく》三万華《まんか》」と言って、台湾で最初に開けた都ですね。次が鹿港《ろっこう》で、三番目が台北の万華ですね。台南一高女は、学生のほとんどが日本人だったのではありませんか。

そうです。台湾の方は、非常に優秀な良家のお嬢さんたちでした。

——戦後、最初に台南に行かれた時に、台湾に残った先生方の歓迎会を元学生たちがしてくれました。先生は人気があって、教育者としてすばらしい生活をされたということですが。

いやあ、人気なんてなかったと思いますけど。教師には、いつまでも覚えていてもらえるという楽しみがありますね。学生との接触のほかにも、知的に成長する学生を眺める楽しみもあります。あのころは女子教育はすばらしいものだと思いました。ベーベルの『婦人論』を夢中になって読んだことを覚えています。

——台南に一〇年ぐらいおられたのですか。

九年です。

——その間に、台南一高女の女学生と発掘に参加されたり、台南一中におられた前嶋先生と歴史研究を深めたりと、先生は、考古学での遺跡の調査などをずいぶん精力的に行われましたね。例えば、牛稠子だとか。それは、今の台湾考古学の基礎になってます。

そうですね。海岸の沖積平野において見られる遺跡は新石器時代以降の遺跡なんです。そこで、地形によって登場する文化が違ってくるということを押さえたんです。海岸の一番奥の奥の方の砂丘の大地、これはおそらく海が奥まで入っていた海進時代には孤島のように海に囲まれていただろうと。その次に登場したものは、その次に古いに違いないと。それからだんだん海退が進むにつれて海側に展開するものは新しいだろうと……。そういうかたちで編年をしました。それが台湾の最初の編年です。発掘調査での編年ではなかったのですが。

そのころは「社会的な研究」なんて全くできませんから、精神の空白を埋めるには、そういうものに打ち込むことしかないんです。旧制高等学校時代に、山の中に閉じ込められている可哀想な高砂の人たちの話を聞いたものですから、「彼らこそ主人公」であることを僕は証明してやろうと思いました。海岸の考古学的調査を行い、山に入っては高砂の物質文化の関連を押さえる、そういう「エスノ・アーケオロジー」的な調査に没頭しました。そうしているうちに、否応なしに、流れに浮かぶうたかたのように押し流されて、戦争になったのです。台南の九年間というのは、そういう時代でした。

――その九年間に、台南大地は台南から鳳鼻頭まで延びて、中坑門の辺りや離島も調査されていますね。先生が台湾で最初の中国大陸系の黒陶・彩陶を発見されたのはこの時期ですね。

大湖貝塚の黒陶は僕のプランで発見しました。この発掘によって台湾西海岸に中国大陸系の黒陶が登場していることがわかったために、中国東南沿岸の先史文化との折衝関係が関心に上ってきたのです。また彩陶も桃仔園で発見されました。

――澎湖島にある良文港の彩陶とどちらが先の発見ですか?

良文港の方が先です。

桃仔園には警察が付いていて、「(発掘は)地形変化だ」と言って、一尺も掘らせてくれないんです。桃仔園に「海軍の分校を造る」と言っていました(後に海兵団ができた)。そこの主任である中佐が、「ここから、いろいろなものがたくさん出ていますが、見ていただけないか」と言ってきたのです。軍港の港湾形成中でしたから、パワーシャベルでどんどん敷地を掘っていました。しかし、非常に寛大で、敷地に入れてくれました。中佐自身が興味があったんです。「石膏を持ってきて復元してくれ」と言っていました。それで、石膏の缶を担いで行って、復元作業をしたりしました。

当然、重要なものは持ち出しできません。でも、彩陶のようなものは中佐が気づきませんから、僕は持ち出して実測図にしたんです。ただ、黒陶と彩陶の層序がどう関係するのか、調査ができないのでわかりませんでした。

後に張光直さんが鳳鼻頭を調査してから、ようやくわかったのです。

——台南という街は、日本の京都のような街だとよく聞きます。古い街ですが、いろんな廟がたくさんあるんですよね。

そうですね。武廟や仏廟があるしね。それがまあ、何とも美しいんだなあ。その廟が赤い。

——また、古いものがたくさん残ってますよね。路地だとか。

媽祖様のお顔などが、また美しいお顔でね。真っ黒なお顔なんだけど、何とも美しい。

——そういう所に行かれたのは、良い思い出でしたね。それから、台北に来られたわけですね。またお話をお伺いしたいんですが、今回はこれで……。ありがとうございました。

鹿野忠雄——ボルネオに消えたエスノグラファー

聞き手＝安渓遊地

誰も、生涯のうちで影響を受けた人がいると思いますが、私にとって鹿野忠雄（一九〇六－四五年）さんは忘れることのできない一人です。

私は幼い時から複数の種族文化で生活していました。初めは台湾南部の高雄で、そこには福建系の人たちがいました。それから少し南の東江という所には広東系の人がいました。日本人も、九州や満州から来ている人がいました。畿内からは少なかったのですが、意外にも東北から来ている人たちもいました。私の父も東北からでした。私は、幼年から少年時代にかけて、中国系の方々と親しくして育ちました。父は「ここには大陸から入った人たちがたくさんいて、そういう人たちを大事にしなくちゃいけないんだ」と話したものです。

山の民について関心を持つようになったのは、鹿野忠雄さんの影響です。鹿野さんは台北高等学校の理科の甲類という所にいて、私の一年先輩でした。日露戦争の時の将軍の名前を付けた児玉町という地名が台北にありましたが、そこの理髪屋の二階に下宿をしており、新聞に包んだ昆虫標本が天井まで届くほど積み上げられていました。聞くところによると、すでに昆虫学会で名前が知られているということでした。

ある時、鹿野さんに、どうして台湾に来たのだと聞いたことがあります。彼は北海道に受験に行くと言ってお金をもらって小笠原に行ったりと、お父さんをだまして入学金をもらうと、様々な所を調査して歩いたそうです。台湾にもそうやって来たのです。台湾は彼にとって驚くほど面白い所でした。熱帯や温帯、寒帯の植物や昆虫、様々な生物がいましたから。

クナナウ社の朝（松山虔三撮影）

語学がよくできる人で、英語やドイツ語は講義に出なくても困らないと言っていました。しかし物理や数学はそういうわけにいきませんから、友達が見せてくれた、つまりカンニングをさせてもらったのですね。桂田徳勝さん（のちの大阪大学教授）の後ろに座ると、桂田さんが答案をずらしてくれるのだそうです。出席もうるさい時代でしたが、絶えず山に入っていましたから、出席日数が足りるはずがないですね。三沢糾《みさわただす》という、アメリカのイェール大学を出たリベラリストの校長が、「彼は学者になるだろう。出席点が足りないと言って落とすのはもったいない」と言ったと聞いています。

鹿野さんが始終山に入るものですから、僕も山に入るようになりました。彼が当時よく歩いていたのはアタヤル族の村で、台湾北部の次高山や大覇尖山などに住んでいた、北部で最も大きな種族社会です。僕も最初に入ったのはアタヤル族の世界です。入ってみて初めて、中国系の方々とは違う、プリミティブな人たちが山にはいるということがわかったのです。台湾に中国系の人々が入る前からこの島に種族世界があるということが、よくわかりました。当時は七つの種族が挙げられていましたが、台北に大学ができて調査が進行すると、九つの種族に分類されるようになりました。

私が深い感銘を受けたのは、様々な発祥伝説を持っていることです。「我々の先祖はパッパの岩から生まれた」ということを言うのです。海との交渉

台北高等学校の寮にて（右端が國分）

が一切ない、深くて、すごい形の山がそびえ立っています。その中に入ると、確かに彼らの祖先がそこから来たのだというのは、その通りだな、無理はないなという感じがするんです。先祖については、「我々が平地にいた時、非常に暑くて太陽が二つあった。そのうちの一つを弓で落としたから暮らしよくなった」という話をするのです。山にいると、実感を持ってその通りだなと感じるわけです。私は、当時あまり歴史意識を持っていなかったのですが、日本の『古事記』もそういうプリミティブな人たちが生んだ世界なんだろうなと思い、いずれ日本に帰って歴史をやってみたいと思いました。できれば古代をやって『古事記』の世界を研究したいという気持ちを持ちました。もちろん比較文化という頭はなかったわけですけれど、種族文化の中にいましたので、比較を通じて自然に人間の文化について考える癖がついてきました。鹿野さんは、僕をそういう世界に引き入れてくれた先輩の一人です。

彼は昆虫をやっていましたが、卒業して東京大学地理学科に入り、生物地理学を専攻、英語で書いた「次高山の生物地理学的研究」を京都大学理学部に提出して理学博士号を得ました。そのころから昆虫学を離れて、原住民の生態を追いかけるというかたちの研究に変わっていきました。そうすると、いったい彼らがどこから来たのかということを考えなくてはなりません。平地の生活の伝説と山の歴史とがどういう関係にあるのかという、考古学的調査がどうしても必要になってきます。また山に残っている原始的技術をからめてエスノヒストリーを押さえていきたいという考え方を彼は展開するのです。つまり民族地理学的な研究から、民族学・考古学的な研究に変わっていきました。そういう意味では、世界で最も早いエスノ・アーケオロジーの人だったと思います。鹿野さんの影響で私もエスノ・アーケオロジーという考えを持つようになりました。

私は、その後、京都大学を出て、台湾に帰り、台南の女学校の教員をしていましたが、彼は毎年台湾へ来ていました。一回も定職を持ったことのない人でした。しかしイタリア・ルネッサンス期のような、すごいパトロンがいたのです。それは渋沢敬三先生です。渋沢栄一のお孫さんですが、渋沢先生は鹿野さんをただものでないと思ったのですね、彼に研究費を次々に与えました。彼は羨ましいような調査をやっていました。最も力を尽くしたのは、紅頭嶼、いまは蘭嶼と言っていますが、そこのヤミ族の研究です。克明に調査して生活文化を記録することになるんですけれど、短くて二か月、長いと四か月くらい入るんです。できるだけ言葉を覚えて、例えばヤミが河谷をどのように開発していったかなどを聞いたり、船に乗って一緒に魚を捕りに行ったりと、原住民の世界にどっぷりつかって調査をしていました。それでも言葉の問題がありますから、ヤミ語のできるアミ族のインテリを通訳に雇っていました。

彼と一緒に島を訪ねたところ、驚くべきことに鉄砲がありました。それはどうしてかと聞くと、鳥の標本を作るためだと言っていました。山階芳麿さんの山階鳥類研究所と接触があり、自然科学的な関心も持っていました。また、植物学者と組んで、植物調査もしておりました。考古・動物・植物、いずれにも関心を持っていたのです。

彼はポータブルの機械を持って行き、ロマン主義のレコードを携えて行っては、夜などに楽しんでいるようでした。とくにシューマンは好きだったようです。僕は台南にいましたが、週に一回船が出ていたものですから、お菓子や、時にはレコードを送りました。

一九三七（昭和一二）年、造船の季節で、夏休みだし、すばらしい祭りがあるから来ないかという手紙が来て、山口県の御園生暢哉さんと島を訪ねたことがあります。一月も滞在しました。イモウルドという集落で祭りを見たのですが、集落の真ん中に新しい船が造られて、乗組員が銀の兜をかぶり、船長になる人が長い刀を持って悪魔祓いのために立っているんです。僕たちは懸命に写真を撮りました。鹿野さんはライカを自由に操り、僕が二〇枚撮る間に彼は二〇〇枚撮っていました。すると、タガカルという涼み台からいきなり人が飛び降りてきたので、僕は襲撃されたと思ったのです。聖なる祭りによそ者が来て写真を撮っているというのでね。でも襲撃されたのではなく、大地を揺るがすようにして悪魔祓いがされたのです。拳を握り、四股を踏んで、大声を出して船の周りを回るのです。中には風邪を引いていて、水鼻を風船のように膨らませている人もいました。拭いているひまもないんですね。感動的な祭りでした。

御園生さんは画家で、さすがに感受性が強く、興奮して最後には素っ裸になって、船を担いでいく集団に入ってしまいました。僕は聖なる祭りに入ってしまい、殺されるのではないかと心配しましたが、ヤミは感激して、御園生さんへ鼻でキスをするんですね。ポリネシアにある鼻キスの習慣が台湾にもあることを、僕はその時初めて知りました。それから、すばらしいことを「チンマン」、その否定を「アボ・チンマン」というのですが、御園生さんが「チンマン」と言うと、彼らは照れ屋なものですから「アボ・チンマン、アボ・チンマン」と言いながら、御園生さんに鼻を擦り付けるのでした。

その時鹿野さんが「美しき青きドナウ」のレコードをお祭りの広場でかけたのです。ヤミ族の人たちは、鹿野さんがレコードを聴いていると知っていたので、それを貸してくれと言っていたのですね。紺碧、いや黒々とした海で、波が島に向かって打ち寄せる中、「美しき青きドナウ」が流れました。すると、それまで大騒ぎをしていた人たちが寂として聴いているのです。そして、みんな立ち上がって、御園生さんに鼻キスをするのです。

御園生さんはそれに感動して、どうしても彼らを祝福したいというので、仮装行列をすることになったのです。我々を入れても、五人くらいのものでした。御園生さんは持ってきていた手風琴を弾きながら、石畳のヤミの集落の中をねり歩くので、鹿野さんもしぶしぶ後をついていきました。ある者はインクの瓶を提げ、ある者は駐在所から借りたサーベルを肩からかけて、ねり歩きました。ヤミの家は竪穴式住居なんですが、御園生画伯は、ところどころで手風琴を置いて、屋根に登ってかっぽれを踊るんです。すると、ヤミの人たちは拍手大喝釆なんですね。そして、そこでまた鼻キスをするんです。

その後、鹿野さんは、「渋沢子爵に捧げる」と記した大きな報告書（「紅島嶼ヤミ族の大船建造と船祭」、「人類学雑誌」五三巻四号）をまとめるんですが、さすがにきまりが悪いもんですから、この裸の行列のことは一切書いていません。また、植物学者の瀬川孝吉さんと一緒に、ヤミ族の民族誌についての非常に大きな報告を英文で書きました（『台湾原住民図譜』一九四五年）。台湾原住民族について次々に出すつもりだったようですが、結局これが彼の最後の仕事になってしまいました。

鹿野忠雄（「月刊太陽」第4号〔平凡社，1963年〕より）

戦争が激しくなってきて、やがて彼も兵隊に取られることがわかっていましたから、視政官になる工作をしました。紅頭嶼のヤミ族はバタン島から移住して来たことがわかっていましたから、バタンに行こうとするんですが、そう簡単にはバタンに行けない。そこでバタン出身のフィリピン大学の学生と接触して聞き書きを作り、ベイヤーというアメリカ人の人類学・考古学者と深く接触しながら、ヤミ族とバタン島民の関係について文化の対比を行い、大きな資料を収集しまとめました。しかし、軍人には文化的な資料の価値がわかりませんから、大切な資料をほっぽり出して、その部屋を利用するなんていうことがあったのですが、鹿野さんはそれらが散逸しないように画策をしました。それで、ベイヤーは生涯、鹿野さんに深い感謝をしたようです。

鹿野さんは僕に、「われわれのような人類学をやる者は、最後には現地ではいなくなるでしょう」と言いました。

彼は、ニューギニアに行きたかったらしいんです。しかし、すぐにニューギニアに行けるはずがありません。そこで、志願してボルネオに入りました。ボルネオ島のサラワクにあるサラワク博物館のトム・ハリソンと連携をとるためだったと思います。そのころすでにトム・ハリソンは現地で原住民を組織して反日抗戦の地下に潜ってしまっていたんですね。ですから、きわめて悪い状況でした。そして鹿野さんは、終戦と同時に原住民のいる奥地に入ったという消息だけを残し、そのまま消えてしまったんです。熊野民俗の研究をやっている若い友人と山に入って、そのまま消息が絶えました。われわれは、彼のことだからそのうち帰ってくるだろうと思っておりました。

けれども、一九六一年にホノルルのハワイ大学で国際学会があり、学会のエクスカーションで海岸の洞窟画のようなものを見に行った時、海岸の珊瑚礁の上に座って弁当を開いていましたら、ある婦人が近寄ってきたのです。ボークレーというウィーン系の民族学者で、「あなたはミスター・カノの親友のコクブだろう。あなたはカノのことを知っているか」と聞くのです。それで、何か消息をご存じでしょうか、と尋ねたら、小さな声で、鹿野が失踪したのには日本の憲兵がからんでいる、これが英国の学会ではもっぱらの噂だ、と言うのです。

僕は非常に驚きました。鹿野さんの奥さんが日本にいるということはすっかり失念してしまい、ボークレーさんに聞いたことを「月刊太陽」(第四号、一九六三年、平凡社)に書いたのです。それを読んで、鹿野さんの奥さんは大きな衝撃を受けられました。きっと帰ってくると思っておられたんですね。大変お気の毒なことをしてしまったと思います。

鹿野さんの最後の著作は、英国の学会でも非常にすばらしいものだと評価され、これからはこのような方法で民族誌をまとめていこうという声があるということも、ボークレーさんから聞きました。

鹿野さんのことは、話せばきりがありません。写真の中で鹿野さんがかぶっていたヘルメットはシンガポールで買ったもので、厚みがあって、涼しいと言っておられました。

鹿野さんは、執拗に真実を摑み出そうとする、非常に意志の強い人でした。

台湾研究者の群像

聞き手＝劉　茂源

――台湾の歴史や文化について研究された方々で、先生の印象に残っている研究者のお話をお聞かせください。

まず台湾研究に携わった方で、忘れることのできない方から始めましょう。

台湾の政治的な位置が変わった一八九五（明治二八年）年、最初に登場したのは伊能嘉矩（一八六七―一九二五年）です。名前は、「かのり」というのが正式な読み方だそうですが、ペンネームを使う時にはＹＩと書いたので、「よしのり」と読ませていたのだと思います。

伊能は岩手師範学校（今日の岩手大学）を出て、新聞記者になったのですが、東京帝国大学の坪井正五郎先生が東京人類学会を組織された時に入会しています。伊能さんの人類学志向というものは坪井さんの影響でしょう。伊能は早くから諸民族の言語研究が必要と見て、東京時代から北京官語、朝鮮語、アイヌ語を学んでいます。当時田代安定という、後に南島研究などをやった有名な人類学者が活躍していましたが、彼とほとんど同時に台湾に入っています。その後一〇年間、単身台湾に滞在して、最初、福建語をものにし、次にマライ語というので、「熟蕃」とよばれる高砂、とくにアタヤル系の人たちの言葉を勉強しました。日本に帰って亡くなったのは一九二五（大正一四）年で、亡くなる前に柳田先生が訪ねています。伊能は岩手県遠野の人です。柳田先生が、遠野から、どうして人類文化に関心を持つ人が出てくるのだろうと思って訪ねたというのは有名です。

後に彼の弟子で、板沢武雄という東大の教授になった人が遺稿をまとめ、柳田先生の努力によって『台湾文化志』という大部な本が出ています（刀江書院、一九二八年）。福田徳三と柳田國男の序文があり、一九六五（昭和四〇）年にその本は再版されますが、序文に福田さんが「未だこれを越える研究はない」と書いておられます。この人の研究は忘れることができません。まさに台湾学のパイオニアなのです。

伊能が台湾で活動し始めた翌年、一八九六年には今度は鳥居龍蔵先生（一八七〇－一九五三年）が台湾に入られます。彼は坪井正五郎教室の助手をしていましたが、調査は大学の委嘱によるもので、四回にわたって行われました。第一回は一八九六年八月から一二月までの五か月間で、台湾総督行政官が手の付けることのなかった東海岸の南部に入り、台湾東海岸南部の知本渓まで。第二回は一八九七年一〇月から一二月までの七〇日に及ぶ蘭嶼の調査です。その調査に入る少し前、台北にある円山貝塚の試掘をしています。それから第三回は一八九八年七月から一二月の六か月間で、台湾南部恒春半島での調査。最後になる第四回の調査は一九〇〇年一月から八月に及び澎湖島から台南、高雄、そして中央山脈の盆地に入り、新高山（今日の玉山）にも日本人として初登頂をし、日本に紹介しました。最後に埔里盆地に平埔族の集結した場所を調査すると系統がわかったのでしょうが、とうとうその報告は書いていません。

新高主山東側背面（1938年，國分直一撮影）

その次に台湾総督府が利用したのが京都大学の法学部でした。法学部にいた織田萬教授が狩野直喜とともにまとめたのが『清国行政法』（臨時台湾旧慣調査会、一九〇五年）です。台湾を統治するためには、清国の行政組織をしっかり把握せねばならないという目的の研究でした。それから、一九〇〇年以降にとりかかった旧慣習に基づいた『台湾私法』の大集成は岡松参太郎が監修しています。だけどいずれも漢族系文化（漢化の著しい平埔族を含む）の旧慣習をめぐるもので、「熟蕃」と呼ばれる山地民族は含まれていなかったのです。

台湾原住民族の旧慣習調査は一九〇九年から開始されていますが、本格的な調査は大正年間から始まり、報告書も大正年間に出版されました。これは二種類の膨大なもので、全部で一六巻の報告書が出ます。その二種類の報告書とは小島由道を中心とするグループの『番族慣習調査報告書』五巻八冊（一九一五―二〇年）と、佐山融吉による『台湾蕃族慣習調査報告書』八冊（一九一四―二一年）です。これらは「番族」か「蕃族」かの違いだけです。また、前者の四冊と後者の二冊の刊行は、臨時台湾旧慣調査会から台湾総督府蕃族調査会に代わっています。二種類のシリーズになった理由として、別個にフィルドワークをしていたことと、調査上の視点の違いがあったと考えられます。

それから、この二つのグループとは別に森丑之助による調査報告もあります（『台湾蕃族志』一巻〔一九一七年〕、『台湾蕃族図譜』二巻〔一九一八年〕）。森丑之助の報告は、最終的には図誌が一〇巻、図譜を一〇巻出す予定で、東京で出版準備をしていたのですが、残念なことに関東大震災ですっかり焼けてしまいました。自分の一生かけて集めた資料を灰にしたため、絶望して入水自殺をしてしまうんです。とても悲しいことです。僕はそういう人たちの業績を忘れることはできません。

その後は鹿野忠雄、移川先生、僕らの時代です。戦後の台湾の様子も大変面白いです。

――先生は、戦後大陸から入ってきた李済などの学者たちと親しいお付き合いがありましたか。

それについてぜひ触れておきたいのは、許寿裳先生です。彼が館長をしていた台湾省編訳館というのは、台湾総督府の編訳館のようなものでした。専門的な資料を編訳するのではなく、もっと一般民衆の教化をするためのものが対象です。それから台湾研究班というものができて、楊雲萍という詩人で研究者であった人を部長にしまして、そこに日本人を留用したんです。池田敏雄も僕も、そして浅井恵倫先生もいました。理学部昆虫研究室の素木得一先生も留用されました。

許寿裳先生は大陸の北京大学女子部の教授で、中山大学の教授もしていて魯迅の研究では有名でした。しかしやがて二・二八事件という大事件が起きます。事件後、先生は編訳館の館長をやる気を失い、台湾大学文学部の主任教授になりましたが、その後まもなく暴徒に襲われ、首を切られてなくなってしまった。大変立派ないい先生だったのに残念でした。

その後は、今までの親日系の教授はみなお辞めになって、台湾大学学長として傅斯年が来るんです。

——アメリカ制度になる訳ですね。

台湾の総督は、陳儀長官でした。ところが、長官にはアメリカの大使だった魏道明が来るんですよ。すっかり体制が変わってしまいましてね。大学の知り合いも、それからどんどん変わっていきました。これまでの親日系の人は、だんだん退いて……。最後まで残ったのは、農学部の干景譲先生です。

しばらく後、学長の傅斯年先生が台湾に留用されている日本人を呼んでカクテルパーティを開いた際、台湾大学は日本時代よりずいぶんレベルが落ちたので、これから歴史研究所にも「日本の研究人に匹敵するすごい先生を連れてくる」と話していました。それが例の李済、董作賓、石璋如のあの一団の人たちですね。

——「殷墟発掘」の、あのスタッフですね。

そうです。それから、民俗学では芮《ゼイ》さんが来ましたし、後は凌純声も来ました。民俗学では一種の「壮観な時代」です。

かつて台北帝国大学には、東西交渉史の研究をされていた藤田豊八博士がいました。博士の業績は中国史学系の方には広く知られ、それに匹敵する方を連れてきたかったができなかった、と傅斯年先生も話されました。藤田博士と友人であった王国偉の弟さんで、英文学を講じていた王国華という人がいて、「藤田さんに会いましたか」と聞くのですね。早く亡くなられたのですが、向こうはそれを知らないのですね。しばしば博士についての思い出話をされました。それが忘れることのできない人たちです。

――そういう人たちとともに、先生が戦後発掘された台湾考古学の資料を全部まとめられてから、引き揚げられたのですね。

そうです。

――戦前・戦中・戦後をまとめて、台湾研究とはどのようなものでありましたか。

日本時代に基礎を作ったのが意味はあったと思います。それを台湾の研究者がどんどん発展させました。考古学では大規模な発掘が行われるようになりましたし、世界的な視野を持った学者がアメリカに籍を置いて、アメリカの資金を使って発掘したので、考古学は非常に進展しました。だけど高砂族の研究は、まだ展開が遅いですね。台湾ヤミ族の研究は、社会学的な研究成果が上がったと思いますし、台湾漢系社会の宗教、シャーマニズムの研究も大きく進みました。

――戦前の基礎の上に戦後の研究が発展したと位置づけてよろしいのではないでしょうか。ですから、先生が台湾で残された業績は大変貴重だと思います。

それほど大したものではありません。台湾にお世話になったわけですから、わずかな寄与ができたことは、台湾を去る時の慰みにはなったのです。

――ありがとうございました。

『台湾高砂族系統所属の研究』のころ

聞き手＝劉　茂源

移川子之蔵先生（一八八四―一九四七年）たちが台北へ登場したのは、一九二八（昭和三）年でした。私が旧制高校を終えて京都大学へ入る二年前です。私は、南洋史や高砂族の研究の講座があるというので、台湾に留まって移川先生の台北帝大研究室に行こうか、京都に行こうか、ずいぶん迷ったのですけれど、日本文化の中枢部への憧れも片方で持っていましたし、台湾はどう大学が展開するかわからないという不安もあって、京都に行きました。僕が京都に行っている間に、移川先生たちが非常な努力を傾けて『台湾高砂族系統所属の研究』（台北帝国大学土俗・人種学研究室編、刀江書院、一九三五年）を出されたわけです。

また、言語学教室の小川尚義《ひさよし》教授が『原語による台湾高砂族伝説集』（台北帝国大学言語学研究室編、刀江書院、一九三五年）という本を出されました。大阪外国語学校に浅井恵倫先生がおられまして、この本の完成に死力を尽くされました。一九三六年、小川先生が辞められると浅井先生が助教授となり、編訳館ができて、言語学教室が廃止されるまでおられました。

宮本延人先生（一九〇一―八八年）が初めて台湾のフィールドに入られたのは、一九二八年の一学期の終わりで、東海岸のタロコ峡谷を過ぎたトボコという蕃社です。移川先生が教授、宮本先生が助手でトボコ社に入るのですが、言葉ができませんから、地元の警察官にアタヤル語を通訳してもらって採取したのです。移川先生は頭目に、あなたの両親の名前は何ですか、お爺さん、お婆さんの名前は、その親戚の名前は、その人はどこから来たのですかと聞いて、ハトロン紙のような白い大きな紙に書き始めたそうです。朝から晩まで、びっしり二日間かけて、七代、二百数名の名前がわかり、移川先生は「これでいこう。これで高砂族の系統所属がわかる」とおっしゃったそうです。全台湾の種族についてこれをすれば、種族の系統がわかるというので、そうした調査方針を打ち出したようですね。次の高砂族の村では、七代、三百数名の名前を聞き出し、帰って高砂族の系統所属、つまりどこから入って、どこに展開したということを押さえるために、五万分の一の地図に綿密にプロットを打ち、追いかける研究をしたのです。

移川先生は福島の方で、非常に朴訥な感じの方でした。イリノイ大学予科を修了し、人類学専攻の学生としてシカゴ大学を卒業して、ハーバード大大学院のディクソン教授につきました。神話学に関するディクソンの研究方法は、原始芸術や原始造形にまで反映している文化を研究するという、非常に面白いものでした。その影響を受けて、オセアニアやインドネシアに近い地域の原始芸術を分析されたのが移川先生のドクター論文です。最初は慶應義塾大学で講義なさっていたのですが、台北帝大が高砂族を研究する講座を設ける際に移動されました。その時、慶應義塾大学の東洋史を卒業した宮本延人さんと、東京大学経済学部の学生だった馬淵東一さん（一九〇九－八八年）を連れていったのです。宮本先生は、写真の名人で、機転のよく利く頭の良い人で、移川先生から、名前の「延人」にひっかけて「機関車のエンジン」と呼ばれていました。移川先生と宮本先生がタロコ社から帰ってくると、学生の馬淵さんが先生たちの手伝いをすることになるんです。

一九三二年までかけた大きな調査で、莫大な費用がかかるのですが、それを助けたのが台湾総督の上山満之進です。確か山口県徳山の人でした。彼は農商務省時代、局長の石黒忠徳の下で課長をしていたのですが、その時に柳田國男先生に、農村をやるのなら役所に来てハンコをつくなどしなくてよい、農村を歩きなさいと言って、自由に研究させたのです。それが、柳田先生が民俗学に入る機縁となったのです。当時としては、まれに見る官僚でした。

上山さんが総督を辞める時、送別金や退職金で、当時としては大変なお金が集まったのですが、それを全部高砂族の系統の研究にと提供されたそうです。上山さんは、被差別部落に対して強い関心をお持ちで、差別に対して強い抵抗心をお持ちでした。高砂族は気の毒だ、いつまでもあの状態では可哀想だ、源流を明らかにすることに大学としての責任があるのではないだろうか、そうすればプライドも自覚も生まれるだろう、ということで退職金を提供されたのです。その結果、移川・宮本・馬淵の『台湾高砂族系統所属の研究』と小川・浅井の『原語による高砂族伝説集』が出ました。

　その間に一度、移川先生は命拾いをしています。一九三〇年一〇月二七日に起こった霧社事件の時のことです。霧社で運動会があるというので、役人や周辺の日本人が集まったところをアタヤル族が襲い、一三四名の日本人が殺害されたという事件です。先生は時間を守れない人で、出張というと、大抵一日か二日はずれる人でした。その日は移川先生たちが霧社に入る予定だったのですが、遅れたお陰で難を逃れたのです。だから移川先生は、宮本さんや馬淵さんに「遅れるというのは悪くないよ」とおっしゃいました。宮本さんと馬淵さんは、「この上ますます遅れるのはかなわん」と陰で言ったと聞きました。

馬淵東一（『馬淵東一先生古稀記念　社会人類学の諸問題』〔第一書房，1986年〕より）

　戦後、東京の人類学会で、移川先生が「高砂族の時の観念」という題で発表されたのですが、周囲がはらはらする中、一時間の超過。そこで「移川先生は高砂族の時の観念に生きている人だ」と言われたそうです。

　移川先生は、高砂族の系統所属だけではなく、高砂族が島外からどのように入ってくるかも調査されました。大きなものは、ヤミ族がバタンからやってきたという伝承を捉えながらの研究です。宮本先生は、移川先生の弟子ですから、台湾の高砂族がルソンから上がってきたという説を終生持ち続けておられました。中国江南との関係が明らかになっても、けっしてそれをお認めになりませんでした。

馬淵先生は、オセアニアから台湾、琉球にかけての研究で、著名な国際的学者になられました。しかし、一九八八年、彼も亡くなり、台湾研究は寂寥な時代に入ります。彼の骨は、中央山脈と池上の間に埋めたそうです（日本順益台湾原住民研究会編『台湾原住民研究』第二号〔一九九七年〕に馬淵氏の台湾分骨についての報告がある）。それほど台湾への愛着が強かったんですね。殊にブヌン族が好きで、東京外語大学でブヌン語の講義をしていました。

――『高砂族系統所属の研究』が出た翌年の一九三六年、帝国学士院賞が移川先生に贈られ、ご褒美が出たそうですが。

副賞として一〇〇〇円出たそうです。賞は先生が受けられたのですが、移川先生は諸経費で一〇〇円くらいを引いて、あとは宮本さんと馬淵さんにあげたそうです。移川先生はそういう偉いところがあったのです。研究費にもなったんでしょうが、大学の人たち一〇人ばかりを台北で有名な梅屋敷という料亭に招待して大盤振る舞いをしたそうです。芸者が五、六人いて騒いだそうですが、それでも経費はたった一〇〇円だったそうです。

宮本先生は、徹底して移川先生の助手に徹した人ですが、太平洋戦争末期に、宗教調査官になりました。民族学をやっていましたから、寺廟整理の時に、大切な廟、孔子廟とか文廟とかに手を付けてはいけないと、寺廟の保護をしました。ですから、台湾の寺廟関係者から神様のように慕われました。宮本さんの功績は亡くなる前に出た『日本統治時代台湾における寺廟整理問題』（天理教道友社、一九八八年）にまとめられています。

――宮本先生は、戦後台湾へ行かれた時に、北江という場所の媽祖廟で歓迎を受けて、御輿に乗せられてパレードをしたことがあるそうです。廟を守られた功績ですか。

はい。台湾の方たちは爆竹もならしたそうです。そして何か書いてくれと頼まれたので、「無」と書いたそう

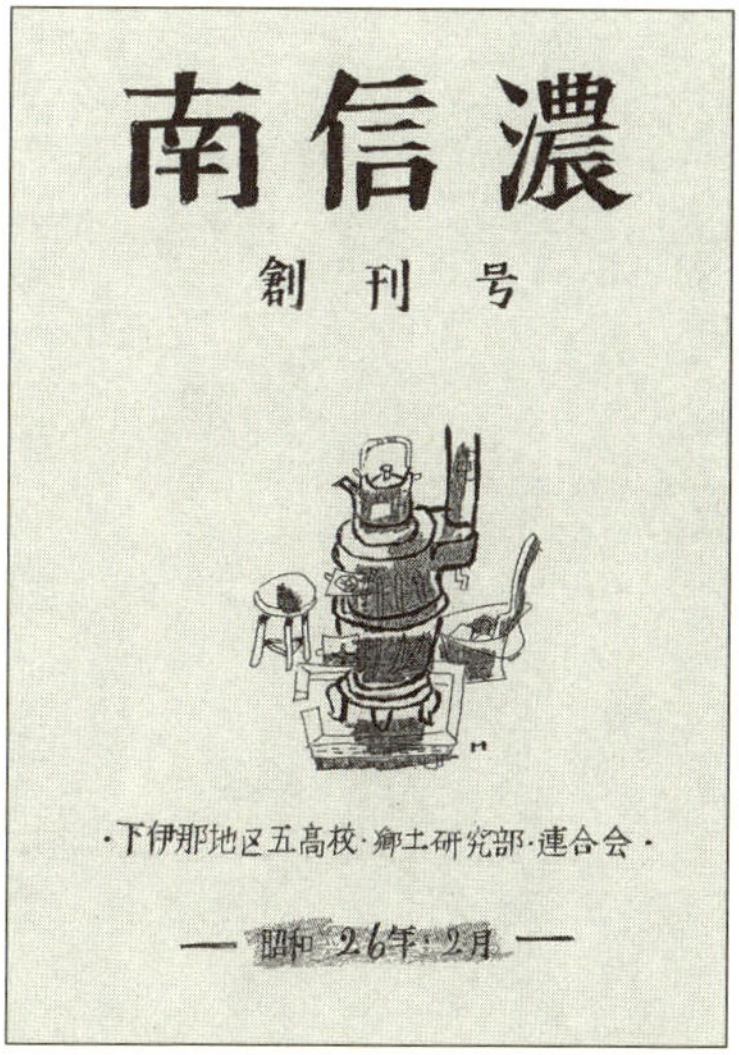

飯田高校教諭時代の同人誌「南信濃」創刊号（1951年２月。神村透氏提供）

です。どうしてそう書いたのかと聞いたら、「そういう気持ちになったから」と言っていました。

彼は帰国後、東海大学の文学部長になり、私を東海大学へ誘ってくれました。行ってみると美保の松原に仮校舎があり、「君を教養の先生に使う」、でも小声で「しかしね、僕は二か月月給が入らない」と言うのです。「部長が二か月月給が入らないというのに、これから見込みはあるのか」と聞くと「わからん」というので、逃げたんです。非常に悪いことをしました。その時、長野県に台湾の人がいて、「ここは給料が出る」というので、一九五〇年、飯田高等学校に就職しました。経済的にひどい時期でした。彼らはそれを乗り越えてきたのですね。

金関丈夫――人と学問

聞き手＝安渓遊地

金関丈夫先生（一八九七―一九八三年）は、私にとって教えや訓戒を受けた大変な恩人です。私が初めて金関先生のお顔を拝見したのは、京都大学に入った一九三〇（昭和五）年五月ごろのことでした。解剖学で有名な足立文太郎先生が、北海道アイヌのスライドを見せるというので、友人の檜垣元吉（のち九州大学名誉教授）と二人で、おずおずと研究室に訪ねて行き、隅の方で見ていました。その場に、きびきびと幻灯の用意をしたり、学生を動かしたりしている大柄の若い人がいたのですが、檜垣さんが「あれが有名な金関先生だ」と教えてくれました。直接お話しはしませんでしたが、その時の印象は消えることがありません。

先生は、そのころから琉球の研究をなさっていました。一四年間、京都大学医学部解剖学教室に勤務され、一九三六年に、森鷗外の息子の森於菟さんと一緒に台北帝国大学医学部解剖学教室を任されました。その前にヨーロッパへ三年ほど行かれました。

一九三九年、台湾南部の高雄の近く、二層行渓の大湖貝塚から初めて黒陶が出ます。僕が遺跡を見つけたことをきっかけに、本格的な発掘が始まりました。金関先生、移川子之蔵先生、宮本延人先生が来て、私が現場を指揮しました。実は、黒い土器に最初に注目したのは金関先生でした。そのころすでに中国の貿易の世界に関心を持ち、北京大学の裴文中先生と交渉を持っておられたようです。

発掘が終わり、台北に引き揚げられると、ハノイの極東学院の報告やコロニーの報告など、たくさんの文献を

発掘現場にて（左から，愛娘の紀子，金関丈夫，國分）

送っていただきました。台湾に文献などありませんし、コピーもなかったので、私は貸していただいた本を筆写しました。

その後、私も台北師範学校に任用されることとなり、台北に移りました。当時、台北師範学校は大変な秀才が集まっていました。僕は金関先生の部屋に入り浸りになり、先生の部屋の本は自由に見てよいということにしていただきました。ある時、「金関父」と書かれているダンボール箱を見つけたので開けてみますと、骨が入っているのです。お父さまは建築技師だったということですが、先生と一緒に台湾へ来られ、八十いくつで亡くなられたと言います。亡くなられる時、「あなたの研究材料にしなさい」と言われたそうです。そこで先生は骨を取るんです。煮て、肉を徐々に取りさるのだそうです。学問に徹しようという気がなければ、骨を取ることはできません。金関先生は、自分の骨も遺伝的な研究に利用してほしいと考えられていました。晩年に、「私は父の骨を残している。私は遺伝学的研究のために自分の骨を提供したい。私の息子は解剖学の医者だが、もしなまけることがあれば、彼を叱ってください」という広告を「解剖学雑誌」に出されたそうです。

また芸術性も豊かな方で、海外の美術に深い造詣がありました。先生の研究室にはレオナルド・ダビンチの絵が掛けられていました。当時、台北高等学校にE・H・カーという英語の先生がおられて、金関先生と陶器や磁器のことをお話になったようですが、カー先生は、「金関先生は日本のダビンチだ」とおっしゃっていました。

先生は人類学的研究をされており、私は先生に励まされて考古学的な研究をしていました。そのころは、まだ発掘技術が未発達な時代で、層序的な把握ができなかったことが悔やまれます。当時は発掘資金や研究費がなく、強制的にさせられていた郵便貯金を下ろしては調査に行きました。金関先生はお金持ちでしたから、調査の際、自分はお飲みにならないのにビールやお菓子を買ってきてくださいました。金関先生の所には、内外の方が訪れてこられ、戦後は北京からも有名な民族学者がやってきました。

金関先生は語学にも堪能で、英独仏と中国の古典は日本語を読むように読んでおられました。

戦後、解剖学関係の欧米の本を解剖学教室に譲り、莫大なお金を得られたそうです。そのお金で、数年台湾に残ることになっても生活には困りません、ということをおっしゃっていました。ところが先生の後を泥棒が付けてきていることを夢にも知らなかったのですね。帰って、お金をぽんと投げ出して、お風呂に入っていたのですが、出てみると、もうお金はなかったのです。窓から鉤で引っ張って取られてしまったのです。普通、そうなったら悔やみますよね。それがちっとも悔やまないので、「残念じゃないですか」と聞きましたら、「そりゃ残念だよ。でも、それでまた悔やんだら損なんだよ」、「悔やみで損が重なったら倍になるから悔やまないよ」とおっしゃり、奥さまもまったく悔やみの言葉をおっしゃいませんでした。そういう人柄でした。先生は決して卑怯なことはなさらない、公明正大な方でした。非常に暖かい、思いやりのある方で、先生の感化を身にしみて感じます。

その性格は、聖公会というキリスト教の教えからきているのでしょうか。松山にすばらしい牧師さんがいらして、中学時代に大きな感化を得たようです。英語の力も牧師さんから得たといいます。そのころに先生のヒューマニズムが形成され、トルストイに傾倒されたそうです。また大正デモクラシーの時期を経験されています。文学書では、武者小路実篤、有島武郎、志賀直哉や夏目漱石など、思想では吉野作造などの民本主義に強く影響されているのです。その後、マルキシズムの風潮が強くなりますが、それも同情して見ておられました。

アメリカやイギリスが社会化を進めたら、ソビエトのような民主化は、いずれ行き詰まりますねとおっしゃっており、その先見性には驚きました。また太平洋戦争の時に、日本の軍隊は中国でひどいことをしました。民族の戦いの恨みは消えないだろうが、「個人と個人ですよ」、「向こうから来る人と少しでも親しくすることが恨みを消す方法なんだ。向こうから来る人たちと誠実に接して、少しでも友情が芽生えれば、民族の恨みを消していくことができる」とおっしゃっていました。そういうわけで、中国から来られるお客さんに非常に心配りをされ、何でも応えられました。僕たちも感化を受けました。岩波の「思想」や「教育」は非常に大事だと思います。向こうから来た師範学校の校長に、岩波の「教育」を差し上げると、目を丸くして喜ばれました。

金関先生は、日本に帰ると民族形成の研究も始められるわけですが、台湾を中心とする東亜の人類学を完成されました。

——台湾時代、多くの日本人は軍官服を着ていたけれども、金関先生は絶対に軍官服を着なかったと、ある教え子は言っていましたが。

そうです。先生はいつも背広を着ていて、軍官服を着ていませんでした。それと先生は差別の意識をまったくお持ちになっていませんでした。当時、秀才は別にして、台湾にいた一般の中国系の人たちは差別されていましたが、先生はそれをいつも、つらいと思いますとおっしゃっていました。

台湾の先生方はみんなヒューマニストです。敗戦の結果、日本人が日本に帰らなければならなくなった時、非常に温かくしてもらいました。それは高等学校・専門学校・大学の先生方がヒューマニストだったからでしょうね。

金関丈夫（右）の朝日賞受賞に際して挨拶（1980年）

山地には高砂族、平地には漢族の民族がいるわけですね。その中に洗練された文化があるのです。先生は、そういう自然に生まれた民芸的なものを愛されました。椅子やテーブルは竹製品で、中国の美しいものを日常生活でお使いになっていました。対照的に先生のお仕事である骨学ではとても厳しく、学生たちや中国系の助教授は、学問的なことになると恐いと言っていました。

戦後、中国政府は金関先生に、解剖学教室の跡継ぎを作ってください、それまでは残ってくださいと留用を要請しました。先生は、三年もいれば台湾での仕事をまとめることができるとおっしゃり、先史学的な仕事は、鳥居龍蔵先生以来の資料があるので、あなたがまとめてくださいということで、大学の資料と総督府博物館の資料など、貴重な資料解説をたくさん書きました。四年間、僕は先生の家の離れにおいてもらい、玄関の横にある研究室に押し掛けては議論しました。先生は徹夜がお得意で、朝まで仕事をされるので、僕も夜の二時ごろ、先生の研究室に飛んで行ったことがありました。

お陰で、帰る時には東亜における台湾の人類学的な位置を大体まとめることができました。それはもちろん、中国の研究者に課題を与え、それを修正していくためのものでもあったのです。中国のことは呉越地史学会の人たちとの連絡があってご存じだったし、日本民族の起源は海峡を渡ったものだということを一番早く主張し始めたのも先生です。

帰国後はシナ海沿海文化の続きとして、日本の民族文化の続きをやるんだとおっしゃっていましたが、九州大学医学部の教授の席を得ますと『魏志倭人伝』の世界に目を向け、朝鮮半島に近い北部九州・山口の弥生時代前期の埋葬遺跡に着眼し、人骨を集め、あの有名な論「弥生人集団渡来による混血説」を形成してゆくことになります。当時わかっていたのは、韓国南部の咸鏡北道の人骨で、それと北部九州、あるいは山口県土井ヶ浜の人骨が似ているんだそうです。これらの弥生人には縄文人とかなり異なった高身長が認められることから、大陸から人が渡ってきて、北九州だけでなく畿内にまで広がり、在来の人との間で混血が起きた結果と考えたのです。古墳時代には、縄文系の民族と混血が進み、むしろ縄文時代の身長に近くなっていたという仮説を立てられました。日本人の起源の二重構造論は、実は金関先生が確立されていたのです。

当時、長谷部言人《ことんど》先生と鈴木尚先生の研究、稲作が入ってくることによって縄文人が変容していくという「変形説」との戦後を代表する二つの学説対立があったのですが、一九八〇年、長崎大学での日本人類学会・日本民族学会連合大会の時、鈴木先生が「混血もあり得るんだ」ということを初めてお認めになりました。今では混血があるという金関説が通説になっており、その定着したものが展開されています。

先生は九州大学を定年になりますと、その後は山口大学、鳥取大学と移られ、文化人類学の講義をされて、形質人類学からすっかり離れてしまいました。八〇歳くらいまでは、様々な問題に関心をお持ちでしたが、糖尿病がひどくなり、書けなくなりました。

——先生はこう書かれていますね。「金関先生とお会いして、半世紀が経ったことになる」。國分先生は半世紀という時間を一緒に過ごされたということですね。

そうですね。終生お付き合いして、時々「ああ、先生、もういないんだな」と思います。

兵隊記

聞き手＝劉　茂源

——先生は、徴兵検査で「丙種」だったとおっしゃられましたが、丙種でも兵隊に行ったのですか。

丙種でも使わなくてはならないほど、戦況が逼迫したということでしょうね。丙種でもみな兵隊にとられました。

——確か、一九四五（昭和二〇）年四月一八日のことです。学校がそのまま兵舎になったんです。先生、あの時の部隊名を覚えてらっしゃいますか。

青木少将のいる「雷神部隊」でしたね。

——僕たちの部隊名は「一二三八六三部隊」でした。三部隊から現役の兵隊が訓練に来て、二月か三月経って「現地派遣」ということで、宜蘭濁水渓に入ったのですよね。先生は高砂集落の「牛闘社」におられたわけですが、その時のお話をお願いします。情勢が緊迫してきましたね、「いざ米軍が攻めてきた時のための、台北へ撤退するための逃げ道を踏査してこい」という命令を受けて行かれたのを覚えています。

その時は兵隊時代ですけど、その前に、グラマン戦闘機の洗礼を受けてます。一九四五年というと、終戦のギリギリの時ですね。その正月に、金関丈夫先生と調査に入って……。

——台東にある卑南の発掘ですね。

はい。「マラリアのニセ診断書」を医者に出してもらって、学校を休んで調査しました。

あの時は、組合式石棺の中に、二人で逃げ込みました。金関先生は体が大きいので苦労して。何かゴソゴソやっているので、「怪しい」と思って銃撃したんだと思いますけど……。グラマンが行った後、薬莢を手に取ってみると煙が出ているのですね。そういう大変な経験をしました。その後すぐ、兵隊にとられたのです。その時は、「こんなに近くにグラマンが来て、どんどんやるならもう駄目だろう……」と思っていました。

――あの時は、アメリカの第五三機動部隊という艦載機動部隊がやってきたのです。ずっと波状攻撃で……。襲撃された時は、屋良朝苗という方も一緒でした。のちに沖縄県知事をなさった、大変立派な先生です。

――何か「塩水爆雷」みたいなものを作る火薬の実験をされていたんですね。

そうですね。宜蘭濁水渓のスレートを粉にしたもので目潰し弾を製作するための研究所のようなものを持っていました。

彼が、「この戦争どうだ?」と言うので、僕は「この戦争は、全然勝つ見込みはありません。イデオロギーから言っても、八紘一宇だなんて、そんなイデオロギーが成り立つはずがない。中国への出兵だって、侵略の意味しかないじゃないですか」って言ったんです。すると、非常に純情な方ですから怒ってね……。野太い声で「國分君。そんな馬鹿なことを言っていいのか！　憲兵に殺されるだろう」と僕に忠告してくれました。

しかし戦後、(私たちが)琉球に行った時に彼は、「自分はこういう環境の中で教育を受けました。自分は地下運動もやりました」と先生たちに言いました。

そして「あなたの思想はよくわかりました。あなたの歴史観の正しいことが、よくわかりました」と言ってくれましてね。僕は非常に嬉しかったことを覚えています。しかしあのころは、屋良先生の思想は一般の思想だったでしょうね。

――ああいう環境の下にいたら、そういうことを言わざるを得ないような状況だったのですね。

はい。だから僕など非常に異質な存在だったのでしょう。「どっかで隠れていて、鉄砲で撃たれてもしょうがない」ような存在だったかと思います。

――話は前に戻りますけど、卑南では、グラマンの襲撃下で発掘されましたね。あれは、台湾考古学史上に永久に残ります。もちろん危険を冒して発掘されたという学問的精神と、もうひとつは、初めて住居跡を発見したということです。これは、台湾の考古学における最初なのです。その住居跡について、先生はプランを出された……。

そうですね。今の調査や発掘は、平板測量器を使って測量しますが、当時、平板測量器なんて持って歩ける時期じゃないですね。そこで画板を置き、アリダードだけ持って行ったのです。そして大地の上に寝て、アリダードを覗いて測ったのです。自分で測って、自分で図を作り、そうして平面図ができあがりました。金関先生も手伝ってくださいましたけど。今の西南文化の研究は、それの展開ですね。

――西南研究は、先生のあのころの発見を基礎にして広がったのですね。鉄道を通すという計画で、たまたまそこを掘ったら出てきたということのようですが……。

それから、台湾中央山脈の調査ですね。

――現地に部隊が行きます。ピヤナンで藁葺きの兵舎を造って。その時に休みを利用して、近辺の調査をされていましたね。

寸暇を惜しんでやりましたね。

「牛頭」辺りの藁小屋で、夜寝ていると青大将のような蛇が足の所を何度も歩くんですね。何度も。怖くてね……。それから、食べ物がないでしょう。芋の茎なんかが落ちてると、それが欲しくてしょうがないんですね。まさか、拾って食うわけにもいかなかったんですが……。

ところが、面白いことがひとつありました。

若い兵隊が僕に、「手紙を書いてくれ」と頼みにきたのです。「書いてくれたら芋をやる」と言うのですね。その青年はある「人妻」に恋愛をしていたんです。それで、無理なことを言うんですよ。「色の付いた封筒はないか」と。紙もない時だから、そんなものあるはずないんです。僕はノートを破って手紙を書いてやりましたが、どんな手紙かというと、「この人は、あなたを好きらしい。しかし、この人があなたの所に来たらば、この人はけしからん人だから、知らん顔をしなさい。ものも言わん方がよいでしょう」と書きました。そのあと、僕の所へ来て、怪訝な顔をするんです。「手紙を持っていったら、怒ったような顔をしたよ。どういうわけだ」と、そして「あなたに芋をやると言ったけれども、やらない！」と。そういうことがありました。これは非常に面白い思い出のひとつです。

兵用地誌の作成命令が下ったのは、いよいよ絶望的な状況だったからです。部隊を引き揚げて、山の中に逃げる時の準備ですね。だから、条件は、

・どの道を三方から上がれるか。

・どこにはどのくらいの労働力があるか。……でも、労働力なんかないんですよ。女性しかいないんですから。

・粟の備蓄はどのくらいあるか。

そういうことをみな、いちいち略図を書いて記録を作っていくのです。僕が命令を受けました。学生諸君も、幹部候補生で僕より上官でしたけれど、助手として何人か連れて上がりました。その時は僕がキャップですから、みんなよく言うことを聞いてくれました。

その時、二つの災難にあったことを覚えています。

百歩蛇は、台湾南部のパイワン族の「聖なる蛇」で、それから頭目家が生まれたというのです。それが、北部にはいないと思っていたらいるのです。ずっと歩いて行ったら、大きなキノコのようなものが立っていました。僕は「すごく大きなキノコだね。このキノコ何だろ？」と言ったんです。すると「先生！　大変だ！　蛇だ！」と言うんですよ。大きな百歩蛇でした。結局、彼らは殺して、それを首に巻いて、その日のキャンプの所まで行き、焼いて食っちゃったんです。それがひとつです。

もうひとつは、宜蘭濁水渓で川を渡る時に流されたことです。ゲートルを履いてますから、水の抵抗があるんですね。ザアッと流されて、そのまま目も鼻もわからんようになるそうですね。ところが、アタヤル族の青年が助けてくれました。自分も一緒に飛び込んで体をぶつけて、僕を岩の上に押し上げてくれました。僕は岩の上に押し上げられると同時に、彼の背中を摑みました。ふたりとも助かったわけです。アタヤル族は恩人です。

それから山を越えて行きますが、健康な高砂族の女性たちは無聊《ぶりょう》を囲ってるのです。男性がみんな兵隊にとられ、あるいは様々な人夫などにとられてますから。

——「高砂義勇隊」などがありましたしね。

純情な、良い娘さんたちでした。「兵隊さん、遊ぼうよ、遊ぼうよ」って言うのです。可哀想だなと思いました。男性がいないんですね。

——中央山脈を越えた、すぐ西側のサラマウの方でしょう。あそこは、二〇世紀（梨）もなっています。

ピヤナンを越えたら、リンゴがなっていたのでビックリしました。

今もいっぱい作っているそうですね。

そして、台北に出てきたら、天皇の「終戦のお言葉」がありました。もう兵用地誌など、何にも役立ちませんから、それで大急ぎで原隊の雷神部隊に帰ったのです。そうしたら将校たちの間に、いっせいに自決するという話が出ているのです。これにはビックリしました。

名前は忘れましたけど、バシー海峡で遭難して台北にやってきた古参の兵隊がいました。僕はその人に「せっかく戦争が終わったのに、自決してどんな意味があると思うのか」と聞くと、その人は「意味ないなあ」と言うのですね。それで僕は、「どこをどう通っていけば粟があるのか、どういうシェルターがあるのか、これだけ資料を持っているんだ」、そして「この資料を持って、できるだけ若い学徒兵を連れて、山に入ります。もし自決命令が出たら、僕は脱走します」と言いました。その古参兵は、「僕も一緒に行こう」と言ったのです。そしたら、「自決は止めろ」という指令が出ました。脱走しないでよかった。脱走すれば、銃殺されていたかもしれません。「兵隊記」には、そのころのことを書いたのです。非常につらい思い出を書きました。

——宜蘭濁水渓に行ったころは、糧食は充分あったようです。米軍の上陸した後に備えて、備蓄していたらしいのですね。ところで先生、朝ご飯がお粥になったのを覚えておられますか？

はい。お粥の重湯《おもゆ》みたいになってましたね。お米が浮いてましたね。

——お粥にシマホロギクが入ってましたよね。その野生のキクを採りに行かされたんですよ。トゲがついているので、皮を剝いで切って、雑炊みたいに作っていましたね。それを食べたら、みんな腹を下すんですよね。野生の味ですから。あれには、もう参りました。

そうです。それから覚えていらっしゃいますか？「蛇捕り隊」というのもありましたよ。

——「蛇捕り特攻隊」と言ってましたよね。選ばれた人は「陣地構築」をしなくてよいから、一日中遊んでるんですよ。大喜びですよね。

「お前ら、蛇は捕った？」と聞かれたら、「今日は捕れなかった」、「今日は一匹だ」とか言っておけばいいし。だから一匹捕ったら、現地の娘と遊んでるんですよ。捕ったら彼ら、焼いて食べますからね。みんな羨ましがってね（笑）。

——だけど持って帰ったら、分隊で分けていました。長さにすれば二センチぐらいの小さな一切れずつでしたけど……。

悲惨な時期ですね。そういう時を過ごして、ここでこうして劉さんと話ができるなんて、夢のようだなあ。人生の不思議だなあ。

——あのころ、宜蘭濁水渓の平野に米を植えなくちゃいけないだろうと考えていたんですけどねえ。米軍の機動部隊が寄ってきたからというので、みんな実弾を渡されたのを覚えています。

悲惨な訓練でした。宜蘭濁水渓の真っ黒な砂の上で裸になって、泥を体に塗ってね……。ツツガムシがいて、体の柔らかい所に付くのです。演習が終わったら、みんな裸になってツツガムシ取りをしました。僕は肘の内側をやられたんです。小さな、蚤の何分の一かの大きさの赤い虫で、それが皮膚に食い込むと、四〇度くらいの高い熱が三〇日くらい続いて、心臓がやられて死んじゃうんです。悲惨な時期でしたね。

——戦争はやっぱりいけませんよね。戦争は絶対反対です。

僕も戦争は絶対反対だな。

留用の四年間

聞き手＝劉 茂源

――戦後、先生が台湾に残されて、残務整理と考古学的な資料の整理をなさった四年間の出来事について、お話しいただけますか。その当時、先生は回覧雑誌をお作りになってましたよね。表紙に切り絵が入り、中には挿し絵も入っています。立石鉄臣さんのイラストがあり、コメントがあります。

「國分先生深夜勉学之図。日本の女房が気にかゝる。彩色土器が気にかゝる。早く一年経てばいゝ。ゆっくり一年経てばいゝ。帰りなんいざ、いやいや止まりなんいざ」

陶淵明の「帰去来の辞」の心境ですね。

一九四六年、兵隊を解除されて帰ってくると、四月に台北師範学校に「征用」という辞令が出ました。「セイヨー」のセイは「征伐」の「征」で、「懲らしめに用いる」というような意味のようです。戦争に負けたし、日本の技術者や、多少は何か役立ちそうな者を懲らしめのために残しておく、というような意味だと思います。

――先生、それは誤解です。「セイ」というのは、「徴用」の「徴」、だから「残して徴用する」の意味です。「懲らしめる」という意味ではありません。

そうですか。後に「聘用」という言葉に変わりました。台湾大学に行っていたころは、「これは懲らしめで残されたか」と思っていました。

初めは、イェール大学から来た学校長の所で、しばらくは英語を担当させられたことを覚えています。一〇月に浅井恵倫教授らと一緒に編訳館に用いられました。その時には「知的な接収」という言葉が使われました。我

立石鉄臣筆「國分先生深夜勉学之図」

々は「頭が良い。すばらしいアイディアだ」と思いました。僕など、大して「知的接収」にならないんでしょうけど……。それでも、先史考古学のようなことを研究している人があまりいなかったので、多少なりとも資料を残し、その内容を講義や論文で残すことができたら、これまで長くお世話になった台湾への「せめてものご恩返しができる」という自覚はありました。ただし、だんだん窮迫してきましたので、家族は帰してしまいました。家内の父親が熊本の阿蘇の山裾の閑村に帰って医者を開業していましたから。単身残りました。

二・二八事件（一九四七年）の四か月ほど前に台湾省立編訳館に編審として招聘され、先史時代の資料と報告のようなものを書きました。その後、一九四七（昭和二二）年七月に、台北の台湾大学文学院史学科の「考古人類学教室」に移行しました。

——その時に、李済先生が来られたわけですか？

その直前です。宮本延人さんが土俗・人種学教室の教授でした。僕は「副教授」という辞令をもらいました。

ミュージアムは爆撃を受けてましたから、あらゆる資料が爆砕物の下に埋まっていました。民俗学の資料も埋まってしまいました。厚いガラスケースの中にありましたから、ガラスがもう滅茶苦茶に割れて、天井の漆喰壁などのいろんなものの下に埋まっていました。瓦礫を片付けるのに六か月ぐらいかかったと思います。それから拾い出して、原簿と照らし合わせ、原簿がないものは、すべて新しく書いておく。向こうの要望では『中文』と『英文』にしろ」と言うんです。中文にできないので、英訳して英文にして、それから中国の方に直していただいた（簡単なものは、僕が漢字で書きましたけど）のを覚えています。それから中国の方に直していただの時間があると、地方に調査に出るというわけです。また、「どこそこの貝塚の、貝の種類がわからない」というと、貝塚へ採集に行ったりしました。

そして、二年目の二月二八日に例の事件が起きたんですね。

二・二八事件の時、僕は金関先生と一緒に曾文渓の調査をしていたのですが、「台北で暴動が起きた」というんです。台北に急いで帰ろうとしたのですが、汽車は、新竹まで来たら止まったんです。台湾大学の学生が指導して、汽車を止めたのだそうです。

中国の精糖会社の技師が、妙齢のお嬢さんを連れていました。暴動が起きていますから、中国内地系の方というのは、ことごとく脅迫されていました。金関先生と僕は、新竹の駅でお嬢さんを連れた中国の技師を誘いました。「あなた方には危険があると思う、我々はすぐにホテルに避難するから、行きましょう」と。それで、ホテルの一番奥の部屋に、その技師を連れて（英語の通じる方でした）四日くらいいました。お嬢さんがいるものだから非常に心配して……。とても可哀想でした。それから僕は、金関先生と相談して、「この方たち、台北に連れて行きましょう。金関先生の所に置いてくれますか？」と言ったら、「よい。僕の所に連れてこい。二人を救おう」と言われました。それで僕はマダムに頼みました。「このお嬢さんに、スカートをやってください」。スカートの姿になれば、内地（中国）の人かどうかわからなくなりますからね。お父さんの方は背広を着ていました。

台湾・大甲東遺跡にて（右。1949年2月7日）

お嬢さんだけ服装を変えればよいから……。

お父さんは非常に心配しながら「どうしたらいいんだ」と言うので、「話が通じても通じなくても、日本人が話していれば日本人と思うだろう」ということで、仕方ないので、下手なイングリッシュで話しながら駅に行ったんですが、話に耳を傾ける人がいるんですね。「君、今話しているのは何だ？ あなたは何だ?」、「僕は日本人です」、「日本語じゃないじゃないか。こっちは中国人だ」と言うんですね。いくら弁解しても駄目なんです。「この人たちは技師だから。本当に技術者なんだ」と言っても、（首を横に振って）許さないんですね。結局、二人を連れて行ってしまいました。それはいつまでも消えない、何ともつらい思い出です。

――救えなかったわけですね。

救えなかった。「もし、あなたが我々を妨害するなら、あなた方を殺す」と言うのです。台北に帰って駅に降りたら、装甲車で銃撃してくるのです。金関先生と二人でドブに飛び込み、銃撃が去った後に、飛び出して帰りました。それから後、一か月間はどこにも出られなかったのです。その時に回覧雑誌、この分厚いのができたわけです。

東都書籍の台北支店から、回覧雑誌のもとになった原稿用紙をいただきました。戦後、支店長に会って「原稿用紙をくださいませんか。我々は寂しくて仕方がないから、みんなで書いて回覧雑誌を作ります」と言うと、「どうぞ。使ってください」と、大量に紙をくれました。そして金関先生を中心にして書いたものが、回覧雑誌です。そのメンバーに森於菟先生や早坂一郎先生などもいます。

——大変な時を過ごされましたね。今、台湾では二・二八事件のことを検証していますが、そういう嫌な時代もあったということなのですね。中国人の親子を救えなかったというのは、残念でしたね。ベストを尽くされたのに。

長く、心の底に残ってねえ。「どうしたらよいか」と、泣きたいような思いでしたね。

——いや、ご本人も、先生のそのお気持ちはわかっていると思いますよ。

本当にありがとうございました。

紅頭嶼（蘭嶼）の思い出

聞き手＝劉　茂源

――先生は戦前戦後合わせて何度も紅頭嶼へ行かれていますが、一九六三（昭和三八）年はカメラマンの三木淳さんとともに、私も同行して二〇日間ほどいました。今は大集落はなくなっていますが、その時の写真が載っています。「月刊太陽」の第四号（一九六三年九月）、特集「海の高砂族」というテーマでした。

三木さんの写真は、すぐれた写真ですね。

まず、一九四七年、金関先生と僕とドイツ人のシュワーベさん、台湾大学海洋研究所の所長の馬廷英さんとで理蕃行政の調査に入った時の話をして、それから三木さんらと行った話に移りましょうか。

中国系の学生たちは、大学の接収が終わって一息つくと、自分たちも何か台湾で調査をやりたいということで李済先生も山へ入るのですが、馬廷英先生は海洋研究所の所長ですから、紅頭嶼を狙ったんですね。それで日本人の学者も参加させてやるというので、金関先生と僕が参加させてもらいました。それから貝の専門家の金子寿衛男という早坂先生の所の講師の方、それと、ドイツ人の生物学者シュワーベさん、そういう人たちでひとつのグループになって入ったわけです。その時に、金関先生がお書きになっている「槍ぶすまに囲まれる」という事件がありました。

実は私は考古学的な興味から、彼らが持っていた伝来品をずっと集めていました。彼らは布地を非常に大事にしましたから、僕は持っていった何もかもを石器と交換しました。最後は台北に着て帰るワイシャツだけになりましたけど、ワイシャツの袖までもいで渡しました。だから袖のない形で帰りました。

──チョッキのような形ですね。

はい。みんなに笑われました。「その恰好は何だ」と。そんな思いをした調査だったんです。ヤユウ社という所の海岸にイガンという三角形の岩場がありましたが、そこに、金子寿衛男さんが「お骨があるよ」と僕に言うんですね。

──カニトアンですね。

いいえ、単なる墓地ではなくて、親戚、縁故者のない人たちを葬っていく所だということが後でわかったんです。それで、その時、僕はおろかだったんですが、まだ帰る前ですから、ちゃんとワイシャツを着ていました。金関先生も真っ白い半袖のシャツを着ていましたし、蔡滋理さんという先生の所の講師の人も真っ白なシャツを着ていました。三人真っ白なシャツを着たやつが、真っ黒な火成岩の岩場に上がったから、ヤユウ社からよく見えるんです。それで島では大騒ぎになったんですが、そういうことは僕は知らないんです。下りてくるまでは。

行ってみると、岩頭に累々と遺骨があるんです。すでに嵐で崖下に落ちて、海の中に消えてしまった遺骨もあるんですね。それから組合式石棺のように板を組み合わせた跡などもありました。先生にこの遺骨はどうですと聞いたら、非常に貴重なヤミ族の形質人類学の資料だとおっしゃいます。それでは、完全な頭だけここから持って行きましょう、それから四肢骨も持って行きましょう、ということになり、困った時に野宿でもするつもりだったのか、毛布を持っていたので、その毛布に七体分くらい包みました。私は体は一番小さかったけれど、一番敏捷だったものですから、それを頭にのせて岩場を下りてきたんです。金関先生も、これでヤミの形質人類学がすっかりわかると非常に喜ばれて。

そしてヤユウ社に近寄ったら、槍ぶすまに囲まれちゃったんです。僕は、ヤユウ社に寄ってお水をもらおうと思ったんですよ。

岩場に行く間にたくさんの枯れ木が立っていて、サザエのようなものがかけてあったのです。それは後でわかったんですが、魔よけらしいのです。そこは大変な恐ろしいアニト（悪霊）の世界だったんですね。これも後でわかったのですけれど、身寄りのない人は、たたりがあるというので、カニトアンという集落のお墓に葬らないんです。それで、嵐になって消えれば消えろというふうに岩頭に置いてあった。ところが、その彼らのいうアニトになったものを担いで下りてきたものですから……。彼らは、男という男は全部出ましたよ、木製の長い槍を持って。しかも兜をかぶっていました。それで僕はヤユウ社に近づいた時、「ああ、これで殺されるな」と思ったのです。せっかく台湾に残って多少の仕事はしたと思ったけど、ここで殺されるなと。「自分たちに他意はない、失礼なことをしようっていうんじゃないから、もしあなた方が怒るならば、もとの場所にちゃんと戻します」と。僕はスケッチをとりましたから、「スケッチも持っていて、これを見て、もとの場所にちゃんと戻しますから、もし、失礼なことがあったら許してください」と言おうと思い、蔡滋理さんと二人で近づいたんです。向こうに行けば、日本語のわかる人もあるだろうと思ってね。すると、近寄るごとに、いっせいに槍を振り上げるのです。そして非常に大きな声を出した。

僕はわかったんですね。ああ、僕らはアニトを持ってるんだと。そのアニトを伴って部落に入られれば、大変な災いが部落に入るんです。それであんなに怒ってるんだと。

それから部落に近づかずに、すぐに引き返して海岸の方に出ると、部落の騒ぎは静かになったものの、しかし、こちらを凝視してるんです、槍を持って。それで僕は安心したんです。「ここで殺されないですむな」と直感したものですから、「先生、珊瑚礁の海浜の砂の上を走りましょう」、「しかしこれを持って帰ったらイモウルド社で大騒ぎになるでしょう。何も言わずに船に積んでしまいましょう」と言ったのです。ちょうどその時、汽船が入っていたものですから。

そこまで距離が八キロくらいあるんですよね。もう必死になって担ぎ、珊瑚礁の上を海岸伝いに行くよりなかったのです。そして、イモウルド社に帰ると、ちょうどいた船に担ぎ込んだのです。イモウルド社ではアニトと知れてはいけないので何も言わない。それからヤユウ社の連中も追ってきたりしたらおっかないことですから、ひとこともイモウルド社に連絡しないで船に積んだのです。それが、「槍ぶすまに囲まれた話」として金関先生が随筆を書かれて有名になったのです（『南方文化誌』法政大学出版局、一九七九年）。

――ここに三木さんが撮られた写真があります。このような銀の兜をかぶった人たちですね。先生、怖かったでしょう。

いやあ、怖かったよ。槍持って怒ってますからね。これは打ち殺されて終わりになるなと思った。何ともつらい思いでしたね。

――生きた心地がしなかったでしょう。しかしそういう貴重な資料が今、台湾大学の医学部に入っていますね。今、その資料を使っている人は、こういうご苦労をされたことを知らないでしょうね。

そうですね。縁者のないものはたたりがくるので、自分たちのお墓に葬らないんですね。英語では'**platform exposure**'と言います。曝葬ですね。曝葬は南西諸島から広くあり、九州の山側あたりにもあるんですね。先史から古代に見られ、一系の思想だと思います。

――曝葬と風葬は違うのでしょうか。

同じです。柳田先生などは風葬という言葉を使われました。

――戦争中、高砂には物資がありませんでした。それが、終戦と同時にアメリカの宣教師が入り込んで、粉ミルクと衣服を持ってきたら、みんながいっぺんにキリスト教になびいちゃったんです。アニトや霊魂はあっても、高砂には宗教というものはないんです。だからいっぺんにそういうことになったんです。

戦後、私が同行して行った時、先生が牧師になられたことを覚えていらっしゃいますか。

アメリカの女性の宣教師が入っていました。ヤミ語を覚えて、「聖書」のヤミ訳をして教化していくのですが、その牧師さんたちが帰ってしまった後に、ヤミのインテリの中で助手をした人が牧師代わりをして、日曜ごとに船小屋の中で礼拝をしました。椅子は浜の丸い石です。丸石をずーっと並べ、その上にお尻をのせて、黒板は、ある所とない所とありました。

僕は、様子を見に日曜日ごとにそれに行ったのです。あんまり熱心に見ているものだから、彼らは僕を牧師だと間違えたのですね。それで僕に何かキリスト教の話をしろって言うのです。大変困りました。

アメリカの牧師さんは、死んだら天へ上がり、神様の元へ行くと言っているが、本当か。自分たちは死んだら、アニトになる。死は、死者は非常に恐い。しかし死んだら天に上がって神様の近くに行くのは本当か。こう、僕に聞くんですね。みんな聞くんですよ、ヤミ族の人が。

それで僕はこういう話をしました。あなた方は絶対に人殺しをすることもない、物を取ることもない、嘘をつくこともない、今度の戦争だって何にも関係ないだろう、あなた方のような善良な方々が亡くなった時に恐ろしいアニトになるとは、どうしても考えられない。当然、天に上がって、神様のお側に行くに違いないんだと。すると彼らは「そうか、そうか」と非常に感動して聞いていました。それが、牧師に間違えられた事件です。だけど、牧師を騙《かた》ることにはなりますね。

――それと関係があるとは考えられませんが、次の日、一軒ずつ民俗調査で入って行って、出てくる時、先生、犬に噛まれたの覚えていますか。

やられた、やられた! ふくらはぎをやられた。

――これ、何かたたったんでしょうね。僕は心配したんですよ、狂犬病だったら大変って。だからそれから一週間、先生が寝付かれるまで僕は起きてました。なんか「ワンワン」って吠えられないかなと思って。それで紅頭嶼を引き揚げて台南に行った時、まず病院の劉先生に実はこうこうで、と言ったら、いや、一週間経っているから、発病してなかったら大丈夫ですよと言われました。

それならよかったんですけどね、もう見込みないって言ったんですよ!

——見込みないって言ったんですか。

そう。もう時間が経ってるからね。もし病気を持っていたら、もう駄目ですって。

——そうだったんですか。じゃあ、今さら注射が効かない。

そう。僕、がっかりしましたね。いよいよ発病したら、劉さんに嚙みついてやろうと思ったんですよ（笑）。

——それがなくてよかったです。面白いお話をありがとうございました。

南島への思い

聞き手＝安渓遊地

——國分先生もご一緒に行かれた、一九五四（昭和二九）年の金関先生の波照間島調査のことをお話ししていただきたいと思うのですが。

金関先生は京都大学の助教授時代に沖縄の調査をなさいまして、沖縄の遺跡から出た人骨を主題にして、すでに学位論文を出しておられました。そのころの強烈な思い出があり、美しい守礼の門を再びくぐることができなければ、自分の一生は非常に不幸な一生だというような随筆を一九四〇年にお書きになって（金関丈夫『胡人の匂ひ』東都書籍台北支店、後に『琉球民俗誌』〔法政大学出版局、一九七八年〕に再録）、沖縄の方々は大変感激したということを聞いています。

私が沖縄の調査に参加することができるようになったのは、金関先生のお陰でもありますが、柳田國男先生のお計らいです。私が帰るとすぐに、石田英一郎先生が民族学会のメンバーに加えてくださいましたし、梅原末治先生は考古学協会のメンバーに加えてくださいました。そして柳田先生が日本民俗学会の会員にしてくださいました。柳田先生は一九五二年に有名な論文「海上の道」をお書きになり、沖縄もようやく戦後の混乱から回復してきたのだから、沖縄の文化の総合研究をしなければいけないとお考えになったわけです。ご自分はもうお年でしたから、現地に行って調査をするということはなさいませんでしたけど、柳田先生のお名前で研究費を取ってくださいました。そして、柳田先生の研究室から酒井卯作さんが民俗調査で来て、金関先生が調査隊の隊長で、永井昌文先生が助手として参加されました。沖縄からは多和田真淳先生が考古学の方面と栽培植物の権威として参加なさった。私は考古学の発掘の担当者として連れて行ってもらいました。

初めて沖縄に入ったのですが、ちょうどデイゴの花の咲くころで、何とも美しい季節でした。私が台湾から引き揚げてきた時に、商船大学の日本丸の船の上から眺めた沖縄の首里や那覇の山河は惨憺たるもので、一片の緑もありませんでしたが、一九五四年に私が金関先生のお供をして行った時には、すでに緑が回復していて、「沖縄はよくなったなあ」と先生もおっしゃるし、僕も安堵いたしました。

多和田先生は農業試験場の所長をしておられましたが、奥さまが戦争中に爆弾でお尻をやられ、そこが化膿して腐って、非常に惨憺たる症状になりました。その時、米軍が来て、おそらくどこかに捨てるつもりで、歩くとも何もできない奥さんを無理にトラックに乗せたそうです。多和田先生は、どこかに捨てられたら大変だと思ってトラックに飛び乗ったところ、たたき落とされたということです。そのまま奥さんの消息はわからないというお話を聞いたんですが、もう頭が上げられないんですね。悲惨で残酷で悲しくて、頭が上げられなかった。こんな苦しみをこの島の人たちがなめたのかと思うと、調査に来ました、というような顔はできないという深刻な思いがしました。

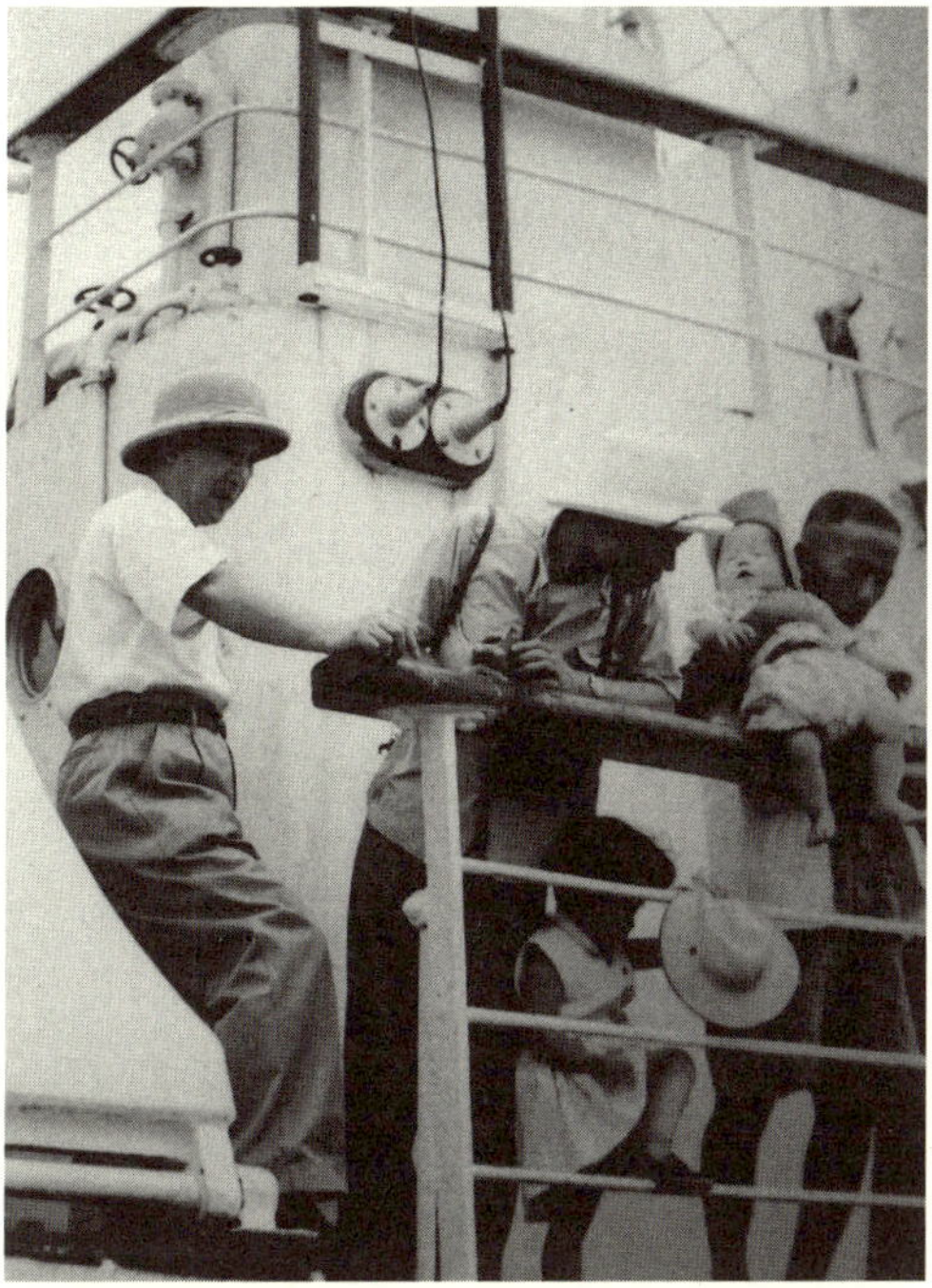
沖縄に向かうみどり丸船上にて（左端は金関丈夫）

ただ波照間は、「果てのうるま（沖縄の古称）」という説があるくらい果ての島なんですけれど、戦火は受けていませんでしたので、島の人たちは意気軒昂としていました。魚も捕れるし、貝も捕れるし、粟も作っているし、自分たちは米軍の世話になんかならんよと、非常に健康たるものでした。

僕が驚いたのは、家々に皇室の写真を掲げていることです。天皇のために今度の戦争があって、こういう目にあったというような思いの強い時ですから、不思議な気持ちがいたしました。何とも純真な人たちなのです。山田さんという農家の方でしたが、僕たちのために発掘を許してくださいましたし、それから、お芋などを弁当に用意してくださったりして、大変お世話になりました。しかし、労働を提供してもらうことは不可能なのです。毎日の暮らしで精いっぱいの生活をしていますから。

私たちは、まず、六メートルに六メートルの三本の短冊形のトレンチをあけ、そして厳しく層序的に遺物をあげたんですけど、そういう作業がすんだら、金関先生も多和田先生も、先生の助手をしていた永井先生も、みんな行ってしまいました。多和田先生は植物調査、金関、永井先生は人体の形態測定に行かれた。後は僕がやるしかないんですね。平板測量器を立ててポールを立てて、自分で覗いて、行って測るという、そういうつらい調査をしました。

ところが、そういう調査の仕方で完全な測量ができるはずはありません。大変心配しました。沖縄に帰ったら、ディーゼンバッハという司令官がいて、実測図があると言うのです。飛行機から撮った写真を実測化したものです。それをくれましたので、金関先生が僕の測量図と合わせているんです。ひやひやしました。國分君の測量は駄目だと言われると困るなと思って。しかし「ああ、正確だね、君、一人でやっても正確だね」と言われ、そのことは今でも僕は嬉しく思っています。

そのころ、デイゴの花が真っ赤に咲いて、緑が燃え上がって、非常に濃厚な油絵のタッチを思わせるような情景だったものですから、先生は興奮して、「ゴッホだ、ゴッホだ、ゴッホだ」と言って歩かれた。その時のことをよく覚えています。

地形測量では非常に単純な測量をしました。トレンチに沿って一本、海岸のリーフ（岩礁）まで、ずっと海面まで下ろしたひとつの線をとって、もうひとつは、海岸線に沿ってまっすぐ一本の線をとって、そして、そのエレベーションをとる作業、それしかやっていません。僕一人でやったんですから、とても大変だったという思い出があります。

その時、お墓の至る所に陶器が捨ててあることに気づきました。その陶器を見ると、日本の古い古陶磁で、よだれが出るほどすばらしいものなのです。古伊万里のような、おそらく何十万するかわからないようなものが捨ててある。波照間の人たちに聞くと、死者とともに忘れられていった資料で、持って行ってもかまわないという。金関先生はそれを採集され、持って帰られたのですが、ご自分で所有しなくて、柳宗悦さんの日本民藝館に全部入れられました。僕は立派な人だなあと思いました。

デッキでフィールドノートに目を通す
（1954年３月16日，金関丈夫撮影）

その後、東京に帰ってきて、柳田先生の所に二人で行きました。波照間の人は元気でしたよ、けっしてひるんでいませんでしたよ、「自分ら、米軍の世話なんかにならんでも生きていける」と言っていましたよ、と。先生もとても喜ばれて、「そうか、それはすばらしい」、そして「天皇が大変ご心配になっているから、明日、天皇の所に行きなさい。天皇は非常にご心配になっている」と言われました。僕は、天皇は痛烈な戦争責任感を持っていたと思うんです。

先生はすぐに侍従長に電話をしていましたけ

石垣島遺跡調査（1989年８月５日，安渓遊地撮影）

ど、僕は汚いなりをして、兵隊靴を履いていましたし、困りました。そんな汚いなりで天皇の所に行くわけにいかんだろうと、池田敏雄さんが洋服を貸してくれました。ところが彼の洋服が非常に長いんです。その袖を折りまげて着て行ったことを覚えています。それから靴は鯨の油か何かを塗ってくれました。こうしたら少しは見やすいだろうと。柳田先生にこんな恰好でいいですかと言ったら、「かまいませんよ。とにかく天皇に様子をお聞かせしなさい」と。

天皇には、五〇分ぐらい僕がスライドをくり、お見せしました。天皇は心配しているものですから、伸びるようにして見ているのです。その後で、フランス大使やヨーロッパから帰ってきた天皇の側近の人たちとともに座談会のようなことをしました。ほかの大使はみんな謹んでだまっている中、天皇はお一人で質問をするんです。日本の原始文化との関連が気になるのですよ。「縄文とどう関わりがありますか。弥生はどう関わりがありますか」と。それで金関先生は「天皇は新制大学の先生ができるよ」とおっしゃっていたのを思い出します。

帰ってきたら、柳田先生が「陛下はどういうふうなことでした」と非常に心配しているんですね。大変天皇びいきな人ですから、自分が計画した調査で天皇を慰めたいんです。ひたすら天皇の気持ちを心配しているんですね。それで金関先生が、「非常に関心を持たれて安心されたようです」と言ったら、柳田先生のお喜びの顔がね……今でも目に浮かびます。

僕が本当に感心したのは、金関先生は、その時に撮ったイーストマンのカラーフィルムを柳田先生に全部あげたことです。学会で発表した後に全部あげました。大変立派ですね。

それから、僕に言うんです。波照間島には今読むものが何にもない、何か集めて送りましょうと。雑誌だとか参考書だとかね、集められるだけ集めて送りました。それは島の人にとって非常な喜びだったと思います。

新城祐介という人は波照間の巡査で、私たちにずいぶんよくしてくれました。その人の弟が下関の豊浦の結核療養所に入院していたのです。金関先生はわざわざやってこられて、新城さんの弟さんを見舞いましょうと。まだスライドを渡す前ですから、彼にスライドを見せて、あなた早くよくなってくださいよ、あなたの故郷はこんなですよ、村の人たちはこんなに元気にしてますよと、涙の出るような話をされました。新城さんはそれから元気を回復して後に退院し、看護婦さんと結婚して今、川棚においでです。

――沖縄の人たちの優しくて強い生き方、それと金関先生が暖かく沖縄の人に接してきたということが感じられるお話ですね。

そうですね。金関先生と沖縄の人々との間には、胸に迫るエピソードがいっぱいあります。台湾で持っていたあらゆる沖縄関係の文献を全部寄贈されたのですが、それが少しずつ抜かれた。みんな文献がほしい時だったでしょうからね。結局は散逸してしまったことを、先生は非常に残念がっていました。

――今、石垣島に立派な図書館もできました。各島々にこども文庫という活動もできておりますから、金関先生の願いは叶えられていると思います。

ブルとにらみあう——ベトナム戦争と綾羅木郷遺跡

聞き手＝平川敬治

——先生は国内でも数々の発掘調査をなさいましたが、山口県の下関にある綾羅木郷遺跡についてのお話をお聞きしたいと思います。綾羅木郷遺跡の調査があったころ、私は中学生でした。テレビで流される遺跡破壊のニュースを見て考えさせられました。この遺跡は内容もすばらしいものでしたが、開発と文化財の問題に対して社会的な関心を呼びましたし、大きな市民運動をも起こしました。今回それにまつわる話を先生にお聞きしたいと思います。

綾羅木の遺跡の発見は明治三〇年代に遡るのです。そのころから、あるということはわかってましたけど、その後、砂に埋まって形跡がわからなくなってしまったのです。ところが、一九六五（昭和四〇）年に、ここに非常に大きな竪穴遺構があるだろうと、それも大きいだけではなく、たくさんの竪穴遺構があるだろうと見当がつきました。

そのきっかけは、ベトナム戦争です。ベトナム戦争でカムラン湾の硅砂、これは鋳物業者が鋳物の型にするために使っていた、真っ白な非常に綺麗で新鮮な砂なのですが、そのカムラン湾の硅砂を輸入できなくなったのです。カムラン湾の硅砂は、ほとんど手を加えないでも、九八％もの純度の高い美しい硅砂だと言われています。米軍が占領したために硅砂が輸入できなくなったものですから、日本の鋳物業者は血眼になって硅砂の出る所を探したのです。

綾羅木郷遺跡のある台地は洪積世の古砂丘で、弥生時代以降に形成された新しい砂丘が覆っています。だから、一番上層は黒い耕土になっていました。耕すための黒い土の下は、砂が酸化した赤い層でした。これは洪積世のリス・ウルム間氷期で亜熱帯性の暑い時代に酸化したものだと言われています。その赤い層は三メートル、厚い所では四メートルくらいありますが、そういう砂を除くと、下に真っ白な硅砂の層があるのです。それに目をつけた瓢屋産業という資本家が、村の方々に権利金を与えて、そこを掘る権利を獲得するのです。その後、ブルドーザーでもって上の層を剥がしながら、硅砂を取り始めました。弥生時代の遺跡はこの赤い層の部分に掘り込まれ、一部硅砂の層にも達しているものがありました。それでたちまち竪穴が出てきて、豊富な遺物を含んでいる竪穴が壊され始める。それが一九六五年のことで、大騒ぎになったのです。

山口県下関市豊浦町・中の浜遺跡発掘現場（右が國分）

その当時、私は下関水産大学校におりましたけど、これは非常に重要な問題になったということがわかりました。だけど下関には考古学系の大学もありませんし、僕の所にもそういう講座はありません。その大規模な破壊に対して大至急大きな調査をやるためには、かなりの大きな組織がいることを知っていましたから、金関丈夫先生に、「先生、団長になっていただけませんか」とお願いしました。「先生が団長になられれば、どんな考古学者でも来てくれると思います」と。「それでは僕が団長になりましょう」ということで、金関先生を団長にして、綾羅木郷の調査が始まりました。

実際上は私が手だてを尽くしました。それから技術的には、金関先生の息子さんの金関恕《ひろし》さんが非常に優れたフィールドアーケオロジスト（野外考古学者）でしたから、彼がやってくれました。そのころから初めてトランシットを使って調査を始めました。箱尺（スタッフ）を読みながら調査します。僕はまだ目が使える時期でしたから、箱尺を読んだりトランシットを読んだりすることができた、僕の最後の調査だったと思います。

そして、一九六五、六六、六七年と瓢屋産業に「僕らが調査した後で赤い層を剥がしてください」、「調査がすむまでは我慢してください」という交渉を僕は強力にしました。もちろん市の援護射撃もありました。瓢屋産業も初めは了解してくれたのです。ただ、まどろっこしく思われたのは無理もないのです、時間がかかりますから。その時、「どのぐらいの純度があるんでしょうか」と聞いたら、「ほとんどカムラン湾の硅砂と変わらない」、「すごくいい」と言うんです。そして「自分たちはちゃんと鉱業権は得ているのに、妨害されたら非常な損害になる」と言う。そういう立場はよくわかるのですけれど、どうにもそのまま破壊されていくのはやりきれないものですから、彼らと交渉し交渉し、雨の日も雪が降る日も調査をしました。夜はとっぷり日が暮れるまでやりました。

調査には、下関市立大学の生徒も、梅光女学院の短大や大学の方も、水産大学校の人たちも来てくれました。それから市民が参加してくれました。市民が参加してくれたことが、瓢屋産業が折れてくれた理由だと思います。市民の方たちがお茶やお菓子を差し入れてくれたり、また、市役所の社会課の課長以下全員が出てきて土剥がしの労働をしてくれたりしましたので、そういう熱意に対してむやみにブルを入れてはならないという彼らなりの気持ちがあったのだと思います。次々に資料実測して取り上げていったのですが、彼らはだんだん堪忍ができなくなったんですね。

一九六七年一月に東京教育大学の八幡一郎先生が定年でお辞めになり、「自分の後を國分さんやれ」と言われるものですから、僕は東京教育大学に赴任しました。その僕のいない留守に、その春に、例の大破壊が起きたのです。一番うるさい國分が東京に行ったということもあったと思います。いつも抵抗して、自分らと接触していた國分がもう向こうへ行ったと。もうこれ以上我慢はできないというので、十数台のブルドーザーを入れて、そして破壊したのです。調査予定地を全部破壊したんです。向こうは、こんなに滅茶苦茶にしたらもう調査の意味がないから彼らは諦めるだろうと思ったんですね。

伊藤照雄さん（後の下関市教育委員会）から電話がかかってきて、電話口で泣いているのです。「大変だ、非常な大破壊が行われた」と。「どうにかしてくれ」、「すぐ、すぐ帰ってきてくれ」と泣いているのです。でも、僕は飛んで行っても駄目だと思いました。今、破壊を止めさせる方法としては、史跡に指定してもらうよりほかに方法はないのです。史跡指定の指令が出れば、彼らが手をつければ法律に引っかかりますから。

農林省水産講習所の研究室にて（学生の撮影）

僕はすぐに、八幡一郎先生に電話で連絡しました。八幡先生の所に行く暇もないのです、もう緊急状態ですから。「国の文化財の人たちを集めて会議をしている暇はもうありませんから、先生はご面倒ですけど、電話で全部の審査員の方たちに連絡をして、そして電話で決議を採っていただけませんか」と。そして「審査員の方たちでこれを指定にするという意向がはっきりしたならば、文部省の方ではおそらくＯＫを出してくれるでしょう」と八幡先生に懇願したのです。そうしたら八幡先生は電話で全部の審査員たちに連絡をした上で、文部省と交渉してく

綾羅木郷遺跡でブルドーザーとにらみ合う（1974年。
グループＳＹＳ撮影，下関市立考古博物館提供）

ださったのです。文部省の調査官の主任に、平野邦雄さんがいました。彼は九州の戸畑にある工業高等専門学校（後の九州工業大学）にいた方で、著名な古代史研究の学者でした。彼はすぐに、これをすぐにやれと理解してくれたそうです。

八幡先生と平野先生がいたので、明くる日、史跡指定ができたのです。指定が出ると同時に、河野良輔さん（山口県教育委員会）は現地に行って言ったんです、国指定史跡になったと。彼らは手も何もつけることができなくなった。それが郷台地事件です。

その時に河野さんは、伊藤照雄さんや、そこにいて呆然としてる連中の真ん中で、ブルドーザーの前に立って手を広げていましたね。非常によく尽くしてくれました。もし、僕が東京にいなかったら、こんなに早く片づかなかったと思います。僕は冷淡だと思われても、東京で工作するよりほかは方法がないと思いましたから。工作をした上で綾羅木郷を訪ねてみまして、ほんとに呆然としてしまいました。そういう事件でした。

――先生、ここに、綾羅木郷遺跡の調査をしている中、まさにブルドーザーが遺跡を破壊している写真がありま す。寒い中、國分先生が実測をおとりになっているのです。そして、ブルドーザーが近寄ってくる。そのブルドーザーをにらみつけている写真です。これは一九八八年に出た『弥生文化の研究』10（金関恕・佐原眞編、雄山閣出版）の中にも載っています。いつも微笑みを絶やさない國分先生が、この時はものすごい顔をしてにらみつけている。これがすごく効いたのではなかろうか、という金関恕先生のコメントがあります。この写真を見ると、國分先生の遺跡に対する想いが伝わってきます。とても感動的で衝撃的でした。

國分先生の綾羅木郷の調査はいろんな問題を投げかけました。私は中学生で専門的なことは何ひとつわからなかったのですが、ただ考古学者のひたむきな姿が今でも思い出されます。今日のお話も、いつもお優しい國分先生らしからぬ激しい言葉も時おり入り、社会正義に燃える先生のお姿を拝見いたしました。どうもありがとうございました。

雑誌「えとのす」と私の夢

聞き手＝村崎真智子、檜垣みどり

――（村崎）「えとのす」は、一九七四（昭和四九）年に発刊されたのですが、私はちょうどこの時に、熊本大学の学生でした。それでよく授業中に紹介していただいたんです。「えとのす」に込められた先生の思いというものをお話しください。

村崎さんは私が熊本大学にいた時の国文学の学生で、檜垣さんは梅光女学院大学の出身で、僕の親友だった檜垣元吉さんのお孫さんです。

僕は東京教育大学を退官した後、熊本大学に考古学教室を作るために呼ばれて実は二年間いたんですけど、その大学の終わりくらいの、いよいよ熊本大学とお別れしなくてはならないという早春、藤田修司という新日本教育図書の社長が訪ねてみえました。彼は沖縄の民俗に興味を持っていて、沖縄の人たちを動員して、民俗採集をしているということでした。僕の所に来て、「先生、ここを辞めたらどうします」と聞くので、とにかく本を置く所がないし、僕は山口に娘がいるので、その近くにバラックを建てて山口に帰ろうと思うと言いました。

そうしたら、「それじゃあ何か雑誌を出しませんか」と言うのです。「僕は日本民族文化の形成は、海峡が形成されて後は海峡を通してできていると思うので、海峡地帯というようなものを出したい。しかしお金がないから、まず朝鮮対馬海峡を中心にした小さな雑誌、昔やった『民俗台湾』のような程度のものを出したいなあ」と言ったら、「お金はいくらかかってもかまいません。自分の所は金があります。出すならば、『太陽』のようなサイズのものを出し、カラーも自信を持っていますので入れましょう」と言うのです。僕はほんとに嬉しく思いました。

それでこの雑誌が出ることになりました。

「だけど、それで海峡地帯では話が非常に限定されますので、地域や地域相に従いつつ、地域の文化形成の片鱗を掴みながら、その周辺世界との関連を見ていくようなものを雑誌の中に盛り込んでいきたい。そういうプランはどうです」と藤田さんに言ったら、彼は早稲田の西村朝日太郎先生の講義を聞いているものですから、すぐに了解してくれ、自分は今、沖縄に関心を持っているし、台湾にも出張所を持っている、だから出すなら南の方から出したらどうかということで、創刊号の「高砂族の歴史と文化」が一九七四年に出ました。

「えとのす」創刊号（左）と第20号。創刊号の題字は金関丈夫筆

「えとのす」という題は金関先生に相談した時に、そうだね、ギリシャ語ですが、人種とか民族という意味を「えとのす」という言葉は持っているので、それではどうですかって言われるんで、「なるほど、それはすばらしいな」と、それで決めたんです。先生は「えとのす」という字を書いてくださったのですが、読めないんですね。それで次からは活字でひらがなの「えとのす」にしました。

このような主旨で「えとのす」を出したんですが、これに賛同してくださったのは明治大学教授であり、国際的に高名な民族学者岡正雄先生で、僕が書いた巻頭の言葉（後掲）を「これは優れている」と言ってくださったそうです。けれど、僕が岡先生に「原稿書いてください」と頼んだら、「電報は一番短いのが十五字だから、十五字くらいなら書く」と、彼らしい諧謔をもって応えました。それから、「國分さん、君、出すと言うけれど、下関のような田舎で出すので、もし四回出せたら僕は首をやる」と、また痛いこともおっしゃるのです。俗に「三号雑誌」といって三号で廃刊になるものも多いのです。だけど癪にさわりましてね。「四回出せたら首をやる」だなんて、と思いましたけど、相手が岡先生だもんですから、「とにかく出そう」と思って力を入れて頑張りました。

そして第四号を出して、五号の準備ができた時に、先生に手紙を出しました。「先生、四号はもう出まして、五号の準備もできました。いずれ、岡先生の首をいただきに行きますから」と。先生は何も返事をくれませんでした。

そんなことがありましたが、とにかくその後は継続して三二号まで出しましたけれども、そのころになって販売面で行き詰まってきました。というのは、その前に、同じような複合的な視点で編集され、東京で出版していた「ドルメン」が潰れちゃったんです。で、僕も「危ないなあ」と思って、事情を「ドルメン」の編集者に聞くと、「考古学的なアプローチによる縄文文化関係のものだけを出したら雑誌はやっていけるけれど、それ以外は雑誌が売れないから潰れました」と言うんです。「『えとのす』はどうか?」と言うので、「まだ出していますが」とその時は答えたのですが……。

実は問題があったのです。「えとのす」も考古学関係のものを出すと、全部売れるんです。でも民族・民俗関係のものはさっぱり売れないんですね。二七号で扱ったフィリピンの先住民族ネグリートの特集など、すごく面白いと僕は思いましたけど、これ売れないんです。売れない時は、一〇〇部くらいしか売れないんです。「えとのす」は一〇〇人くらい定期購読の会員がいたんです。「朝鮮対馬海峡を越えての交渉の問題」(三〇号)など扱っても、僕は充分面白いと思うのに、これでも売れないんですね。それでだんだん、編集者の上村さんは、機嫌が悪くなりました。

それはそうでしょう。一生懸命やって本を作っても、たった一〇〇部しか売れない。その結果、出版社にはたくさんの在庫の山と借金が残るというのでは、たまったもんではないですからね。

販売という点からだけ考えたら、考古学のものを出せばよいのでしょうが、僕は「考古学関係だけ出す」というのでは、「えとのす」本来の主旨と違うと思ったのです。「考古学」、「民族学」、「フォークロア（民俗学）」、そして「文献史学」のようなものを組み合わして、消えた文化のリコンストラクション（再構成）をやるのが我々の理想であって、「それができないのなら、きっぱり諦めますよ」と言って、中断してしまったんです。

これが「えとのす」の運動の結末なのですが、だけども僕は「こういうのをまた、続けて出せたらいいな」という夢があります。ですからあなた方のような若い方に、夢を託すわけです。今は、僕らのように社会的な強烈なインパクトを受けたような時代じゃありませんし、そういう煩悶無しに、本当に純粋に研究生活ができるような良い時代になりましたので、ぜひひとつ民族文化の再構成のお仕事をやっていただきたいのです。学問を制約されることなく、本当に自由にノビノビとやれると思います。

その場合に、金関丈夫先生もよくおっしゃっていましたが、「かたパン」の考古学者ではいけないと思います。しばしば考古学者が「純粋考古学」などと言いますが、そういうかたちにしては絶対に駄目です。人類の文化は、非常に複雑なものですから、考古学オンリーではとても追跡できるはずがありません。また、民族学、民俗学の研究でも同様です。ものと時間の深さを知ることも、とても重要なことです。多面的に見ることも必要です。ほかの関連科学の助けや協力関係というのも重視しながら、お仕事をして欲しい。そう思います。

ここにおられる村崎さんの場合は、国文学から阿蘇研究に入ってらっしゃいますが、幸いに文献が読めますから、「文書類や文献類を通して、民俗学的な採集と組み合わせながら、再構成をする」というお仕事を、段々展開していただいたらよいと思います。

また、檜垣さんの場合は、非常にエスノロジーにも興味を持ってらっしゃるし、僕は期待しています。お祖父さんは、お孫さんのあなたがそういう道に入って行かれたことを、恐らく「入って行ったなあ」と思っていらっしゃるだろうと思います。

お二人にそういう期待をするということは、もっと若い方々に、同じようにそういう期待を持っているということです。「小さなセクションに固まらない」ということが、僕は大切だと思います。そして、夢をぜひ追い続けてください。

創刊のことば

我々は〝えとのす〟即ち人種や種族、民族をめぐる世界に広く関心をもっている。とりわけ、日本民族とその文化の形成をめぐる問題には強い関心をもっている。わが列島はユーラシア大陸の東のはてに位置するが故に、広大な大陸のさまざまの種族文化の流れが、比較的大陸に接近する海峡地帯を通して入ってきた可能性は高いと見られよう。氷期に海面の強い低下が見られた時には、海峡地帯は陸橋化するから、陸橋を通しての獣類と人類の移動のあったことが考えられる。氷期にせよ、海峡が形成されてからにせよ、一度大陸から列島地区に流れこむものがあれば、その東進を茫漠たる太平洋が妨げるから、流れ入った諸要素は袋小路の列島地区において複合重層して、列島の民族文化を形成することになるのである。そのさまざまの要素の組合せや複雑な層序を明らかにすることは容易でない。なぜかなら同質化がわが列島の広い地域にわたって進められているからである。わが民族文化の形成過程を解きほぐすことは容易でないが故に、我々はむきにもなるし、究明を進める作業にいよいよ強い関心を抱くことにもなるのである。わが民族学界の大先達であられる岡正雄教授が、戦後に発表された『日本民族文化の形成』なる論考は、教授がウィーン大学にのこされた「古日本の文化層」に基づくものとされているが、日本民族文化の形成を列島の外の世界からする種族文化の流入、複合による形成としてとらえ、その層序の形成を究明しようとする方法を示された点において画期的な意義をもつものであったことは、いまさら言うまでもあるまい。そして今日では、わが民族文化の複合重層の過程を解きほぐしていこうとする多くの優れた学徒をこの国の学界はもつようになっている。

戦後、次第に多くの研究者がわが列島の外の世界にも出かけるようになった。そのために広い種族や民族文化の研究を通して、わが民族文化史の研究の上に光の導かれる機会も多くなっていると考えられる。

列島の内と外とを問わず、日夜孜々として研究の旅を続けている研究者たちがいるわけであるが、それらの方々にしても、一服煙草をつけるような気持で、その研究の意味とか、見通しを語って見たくなることもあるであろう。

わが〝えとのす〟を煙草に火をつける場所として利用していただけないものであろうか。

一服つけながら語っていただくことが、一粒の麦をまくと同様の意義をもつこともあろう。一粒の麦もし地におちたなら、やがて多くの芽をふき出すであろう。我々の〝えとのす〟は一切のセクショナリズムを排するものであるから、〝えとのす〟の世界にかかわるものであるなら研究上のいかなる分野に属していようとも、学界・在野を問わず、参加して下さることを心から歓迎する。

誌名を〝えとのす〟とし、欧文で表貌する時には"**Ethnos in Asia**"とするに至ったのは金開丈夫教授とW・エーバハルト教授からいただいた示唆による。欧文表現を"**Ethnos in Asia**"としたのは、わが〝えとのす〟が、欧米の図書館にいれられる時に、ストックホルムの民族博物館から半世紀にわたって出版されている"**Ethnos**"との混同をさけるための配慮によるものである。"**Ethnos in Asia**"を"**Ethnos Asianon**"とギリシャ語で統一しなかったのは、"**in Asia**"という方がわが国では一般に広く理解して頂くのに都合よかろうと考えたためである。

最後になったが表紙の題字〝えとのす〟は金関丈夫教授の筆になるものである。明記しておきたい。

（「えとのす」第一号、新日本教育図書、一九七四年）

國分直一略年譜

一九〇八（明治四一）年
四月二八日、東京都港区芝白金三光町五三一番地で、父直吉（福島出身）、母とめ（静岡出身）の長子として誕生。
一〇月、台湾打狗（高雄市）の郵便局に転勤になった父のもとへ、母と一緒に渡台。

一九一五（大正四）年　七歳
四月、打狗尋常高等小学校入学。

一九一八（大正七）年　一〇歳
父の転任により、台南州嘉義郡大莆林（大林）小学校に転入。

一九二二（大正一一）年　一四歳
台南第一中学校入学。

一九二七（昭和二）年　一九歳
台北高等学校文化甲類に入学。一年上級には鹿野忠雄がいた。鹿野から台湾の中央山地と高砂族の話を聞き、山行に夢中になり、民族学的関心を深めることとなった。

一九三〇（昭和五）年　二二歳
京都帝国大学史学科入学。翌年、国史学専攻生となる。卒業論文では、前期封建制度社会から後期封建制度社会に再組織される思想を社会的・経済的構造との関連において把握しようとした。

一九三三（昭和八）年　二五歳
三月、京都帝国大学史学科（国史学専攻）卒業。
四－八月、期間代用教員となる。
京都の少年赤十字運動と関わりを持つようになり、ヨーロッパからの来信類の翻訳と整理にあたる。
六月、五月の文部省による京都帝大教授滝川幸辰の強制免官処置に端を発した法・経済学部の教授団と学生による組織抵抗運動が起き、学生のデモンストレーションに参加したことで、京都市下鴨署の特高警察の思想係刑事につけ狙われることになる。

一九三四（昭和九）年　二六歳
九月、台湾台南第一高等女学校に赴任。
「近世初頭における精神発展」（「台湾教育」第四〇二－四〇三号）を執筆。

一九三五（昭和一〇）年　二七歳
三月、熊本県出身の野田兵三、松乃の長女一子と結婚。

一九三六（昭和一一）年　二八歳
一一月、長女紀子誕生。
「台南地方の山丘」（「台湾時報」五七号）を執筆。

一九三九（昭和一四）年　三一歳
一月、高雄州大湖貝塚発掘を行う。台北から移川子之蔵、助手宮本延人、金関丈夫が南下。同貝塚出土の磨研黒色土器が大陸系黒陶であることが、金関により初めて注目された。この調査以来、台北の金関より送られてくる呉越地史学会の文献を読み、華南先史時代に強い関心を持つようになる。

「小崗山発見の先史時代遺物」（翁長林正との共著。「民族學研究」第五巻四号）を執筆。

一九四〇（昭和一五）年　三二歳

「台南台地における先史文化の遺跡に就いて　第一報台南西南周縁部の遺跡及遺物」（金子寿衛男との共著。東京考古学会編「考古学」第一三巻一〇号）を執筆。

一九四一（昭和一六）年　三三歳

七月、金関丈夫によって「民俗台湾」が創刊される。そのころから、台湾南部の平埔族社会に関心を持つようになる。一九三五年から四一年にかけて、生物地理学から民族学・先史学へと関心を深めていた鹿野忠雄が来台、紅頭嶼（蘭嶼）などの調査を行った際、その前後にしばしば会った。そのことは民族考古学的な視点を形成する上で大なるものであった。

一九四二（昭和一七）年　三四歳

「台湾南部新石器時代遺跡発見の貝輪と台湾南部漁村に於いて漁具として使用されている貝輪について」（「民族學研究」第八巻第二号）を執筆。

一九四三（昭和一八）年　三五歳

五月、新制度による台北師範学校本科教授として任用される。この師範学校の学生に劉茂源（後の梅光学院大学教授）などがいた。

一九四四（昭和一九）年　三六歳

『壺を祀る村』（東都書籍）刊行。

一九四五（昭和二〇）年　三七歳

一月、金関丈夫と台東市郊外の卑南社地区にある巨石遺跡を発掘。発掘中、アメリカ海軍の艦載機グラマンの機銃掃射を受けるが、発掘続行。東海岸における巨石遺跡の性格の一部をほぼ把握する。

三月、警備召集の令状を受ける。台湾北部宜蘭濁水渓の雷神部隊に入隊。上官に屋良朝苗（後の沖縄県知事）がいた。八月一五日、終戦の玉音放送を台北で聞く。自決の指令が出たら学徒兵を引き連れて中央山脈に脱出しようと画策。しかし、無事に終わる。二〇日に召集解除。

一九四六（昭和二一）年　三八歳

四月、台湾省に移管された台北師範学校教官として留用される。

一〇月、台湾省立編訳館編審として招聘。同編訳館には言語学の浅井恵倫、民俗学の池田敏雄などがいた。

一九四七（昭和二二）年　三九歳

五－六月、台湾大学海洋研究所教授馬廷英を団長とする蘭嶼科学調査団のメンバーとして金関丈夫などとともに蘭嶼を訪ねる。
七月、台湾大学文学院史学科系副教授として招聘される。宮本延人が移川子之蔵帰国後の土俗人種学教室を引き継いでいた。

一九四八（昭和二三）年　四〇歳

春、北京大学学長であった傅斯年が台湾大学学長として赴任。また、安陽発掘調査の指導者李済が発掘資料とメンバーを帯同して中央研究院に来任し、翌年、考古人類学教室の組織者となる。台湾大学の学生には、後に教授になる陳奇祿、宋文薫などがいた。

一九四九（昭和二四）年　四一歳

八月、台湾大学文学院を辞して日本へ帰還する。

一九五〇（昭和二五）年　四二歳

四月、長野県飯田高等学校教諭に任用される。受け持ちクラスに、後に考古学の研究者になる神村透がいた。

一九五一（昭和二六）年　四三歳

九月、鹿児島県指宿高等学校教諭に任用される。薩南は東シナ海北辺の調査上の拠点になるのではないかという思いであった。考古学では寺師見国、三友国五郎、川口貞徳、盛園尚孝と調査研究をともにした。また、民俗学研究では「薩南民俗」を創刊し、小野重朗、重九十郎を見出した。「戦後台湾における史学民族学界」（「東洋史研究」第一一巻二号）を執筆。

一九五二（昭和二七）年　四四歳

「開聞嶽と開聞神社」（「薩南民俗」第一号）を執筆。「種子島・屋久島　先史遺跡調査報告二　種子島・屋久島発見の石器」（「鹿児島県考古学紀要」第二号）を執筆。

一九五四（昭和二九）年　四六歳

一月、農林省水産講習所助教授として任用される。
三月、柳田国男企画の南島文化総合調査のため、金関丈夫班に参加。琉球列島波照間島下田原貝塚の発掘調査を行う。江南、台湾、フィリピンを含む南方文化との関係をめぐって関心を深める。
四月、北九州大学兼任講師（一九六七年まで）。

一九五五（昭和三〇）年　四七歳

四月、農林省水産講習所教授となる。講習所赴任直後から、響灘の海島の民俗学的調査にとりかかる。
「我が国古代稲作の系統」（「農林省水産講習所報告　人文科学篇」第一号）を執筆。

一九五七（昭和三二）年　四九歳

「台湾東海岸卑南遺跡発掘報告」（金関丈夫との共著。「農林省水産講習所報告　人文科学篇」第三号）を執筆。
「蓋井島村落の歴史的・社会的構造」（松沢寿一・中村省吾・植松一郎との共著。「農林省水産講習所研究報告　人文科学篇」第三号）を執筆。

一九五八（昭和三三）年　五〇歳

「種子島広田の埋葬遺跡調査概報」（「考古学雑誌」第五三巻三号）を執筆。

一九五九（昭和三四）年　五一歳

「種子島広田遺跡の調査を終えて」（「毎日新聞」九月一二日）を執筆。

「史前時代の沖縄」（岩村忍・関敬吾編『日本の民族・文化――日本の人類学的研究』講談社）を執筆。

一九六三（昭和三八）年　五五歳

三―四月、写真家の三木淳、台北にいた劉茂源とともに蘭嶼に入る。

「海の高砂族　バシー海峡の孤島――紅頭嶼」（「月刊太陽」第四号、平凡社）を執筆。

一九六四（昭和三九）年　五六歳

一〇月、フィリピンに出張し、日比合同のバタン・カミギン島調査に参加する。

一九六五（昭和四〇）年　五七歳

五月、下関市綾羅木郷台地遺跡の緊急調査開始。以後、緊急調査は一九六八年にまで及ぶ。

一九六七（昭和四二）年　五九歳

一月、東京教育大学文学部教授として任用される。

四月、東京大学教養部に出講。

『日本民族文化の研究』（慶友社）刊行。

一九六八（昭和四三）年　六〇歳

八月、台湾人類学会の招聘を受けて渡台し、蘭嶼のヤミ族、曾文渓上流のシラヤ系平埔族村落の調査を劉茂源とともに行う。

『台湾の民俗』（岩崎美術社）刊行。

「陶塤の発見」（金関丈夫博士古稀記念論集『日本民族と南方文化』平凡社）を執筆。

一九六九（昭和四四）年　六一歳

「東亜の終着駅」、「呪術――その役割」（『大地と呪術』岡本太郎と共編、学習研究所）を執筆。

一九七〇（昭和四五）年　六二歳

夏、八幡一郎が展開しつつあった北海道根室半島の調査に初めて参加。

「台湾東海岸における先陶文化の発見」（「貝塚」第四号、物質文化研究会）を執筆。

「岡学説と日本民族=文化の系統起源論の現段階」（伊藤幹治・大林太良ほか九名によるシンポジウムをまとめたもの。『民族学からみた日本――岡正雄教授古稀記念論文集』河出書房新社に収録）を執筆。

一九七一（昭和四六）年　六三歳

鹿児島大学法文学部講師兼任。拓殖大学講師兼任。

前年に参加した北海道根室半島調査の夏調査に再び参加。

道東のオホーツク文化遺跡を広く歩き、知見を深めた。

一九七二（昭和四七）年　六四歳

四月、熊本大学法文学部教授として任用される。
『南島先史時代の研究』（慶友社）刊行。

一九七三（昭和四八）年　六五歳

四月、九州大学文学部講師兼任。鹿児島大学法文学部講師兼任。

「佐々木高明氏の『稲作以前』（日本放送出版協会、一九七一年）――特に佐々木氏の原初焼畑作物構成の想定について」（「民族學研究」第三八巻一号）を執筆。

一九七四（昭和四九）年　六六歳

四月、梅光女学院大学教授に任用される。

一一月、新日本教育図書より「えとのす」創刊。編集主幹として、日本民族文化形成とそのエスノヒストリーの追跡をめざす。

「台湾先史文化と原住民族文化」（「えとのす」第一号、新日本教育図書）を執筆。

一九七五（昭和五〇）年　六七歳

「海上の道――海流・季節風・動物を巡って」（「えとのす」第二号）を執筆。

『倭と倭人の世界』（編著、毎日新聞社）刊行。

一九七六（昭和五一）年　六八歳

『環シナ海民族文化考』（慶友社）刊行。

「考古学における文化人類学の援用」（江上波夫監修『考古学ゼミナール』山川出版社）を執筆。

「柳田国男と『海上の道』」（「沖縄文化研究」三、法政大学沖縄文化研究所）を執筆。

一九七七（昭和五二）年　六九歳

秋、東京教育大学に学位請求。翌年、文学博士号を授与される。

一九七八（昭和五三）年　七〇歳

伊波普猷賞（沖縄タイムス社主催）受賞。

金関丈夫『南方文化誌』（解説、法政大学出版局）刊行。

一九七九（昭和五四）年　七一歳

『海上の道』（編著、大和書房）刊行。

五月、長女紀子を失う。

『台湾考古誌』（金関丈夫との共著、法政大学出版局）刊行。

『原始日本語と民族文化』（村山七郎との共著、三一書房）刊行。

一九八〇（昭和五五）年　七二歳

四月、台湾大学文学院考古人類学教室の招聘を受ける。財団法人交流協会から旅費・研究費の援助を受けて渡台し、「東シナ海の考古学」をめぐって講義を行う。また、その後台南の成功大学で「考古学民族学から見た南部台湾」について講演。

一〇月、『國分直一博士古稀記念論集　日本民族文化とその周辺』全二冊（新日本教育図書）刊行。

一二月、金関丈夫の朝日賞受賞と合わせ、福岡で記念合同祝賀会が開催される。
「李済博士の逝去」(「えとのす」第一三号)を執筆
『東シナ海の道――倭と倭種の世界』(法政大学出版局)刊行。

一九八一(昭和五六)年　七三歳

一一月下旬―一二月上旬、文部省科学研究助成国際学術調査(代表・熊本大学教授白木原和美)に同行、フィリピンのバタン島において考古・民族調査を行う。
『台湾考古民族誌』(慶友社)刊行。

一九八二(昭和五七)年　七四歳

李済『安陽発掘』(訳、新日本教育図書)刊行。

一九八三(昭和五八)年　七五歳

二月、金関丈夫逝去。
「弥生社会と蘇塗系信仰――古代日韓関係の一面を窺う」(『韓国文化』韓国文化学院)を執筆。
「金関丈夫先生との半世紀」(「えとのす」第二一号)を執筆。
F・E・ゾイナー『家畜の歴史』(木村伸義との共訳、法政大学出版局)刊行。

一九八四(昭和五九)年　七六歳

「琉球列島の局部磨研石器所見――高山純氏の金関丈夫博士ならびに筆者への批判をめぐって」(「えとのす」第二三号)を執筆。
『南島雑話――幕末奄美民俗誌』一・二(國分直一・恵良宏校注、名越左源太著、平凡社)刊行。

一九八五(昭和六〇)年　七七歳

R・ピアソン『東アジア古代社会と考古学』(序文、雄山閣)刊行。
「総論　先史時代の東シナ海」(『西海の歴史と民俗――九州西岸域の文化交流史』立平進との共著、暁書房)を執筆
「戦時体制下における『民俗台湾』の運動」(「民俗台湾」(再刊)、湖南堂)を執筆。

一九八六(昭和六一)年　七八歳

一〇月、韓国道教学会主催国際シンポジウム「東アジア文化と韓国文化」において講演。
『海上の道――倭と倭的世界の模索』(福武書店)刊行。

一九八七(昭和六二)年　七九歳

四月、「えとのす」第三二号(特集「古代日向　二」)刊行。この号をもって「えとのす」の運動は終了。
九月、中国シルクロードを旅行。天山南路と西域南道を歩き、天山山脈の雪山に登る。
一二月―翌年一月、再び中国を旅行し、中原の遺跡を見学。

一九八八(昭和六三)年　八〇歳

「沖縄学の視点――特に文化系統論をめぐって」(『日本民族・文化の生成――永井昌文教授退官記念論文集』六興出版)を執筆。

「東北の海と川とアイヌ語族」（『東北の民俗――海と川と人』高松敬吉との共編、慶友社）を執筆。

「栽培植物の登場――特にイネ・イモ導入のルートをめぐる問題」（『斎藤忠先生頌寿記念論文集　考古学叢考』吉川弘文館）を執筆。

一一月、西表島シンポジウムに劉茂源と参加。「八重山の古代文化」と題して講演。

一九八九（平成元）年　八一歳

一－二月、文部省科学研究助成国際学術研究（代表・山口大学教授鈴木満男）に参加。劉茂源らとともに中国浙江省、福建省において民族調査を行う。

一九九〇（平成二）年　八二歳

八月、中国浙江省における国際百越学術会議に劉茂源らと参加。「種子島の広田遺跡出土の貝符について」と題し講演、大きな反響を呼ぶ。

一一月、日本民族学会「國分直一教授に聞く」、國分直一先生ファンのつどい「國分直一先生のとっておきの話」VTRに出演。

「諸職――手工業的職種を主体としての一調査とその現代的意義」（『山口県の諸職』山口県教育委員会）を執筆。

『盃状穴考――その呪術的造形の追跡』（監修、国領駿・小早川成博編、慶友社）刊行。

トール・ヘイエルダール『海洋の人類誌――初期の航海・探検・植民』（木村伸義との共訳、法政大学出版局）刊行。

一九九一（平成三）年　八三歳

八月、中国江西省南昌市において、農業考古学会国際学術会議に劉茂源と参加し、「日本西南諸島栽培作物起源之径路」と題して発表。その後、江西省奥地、揚子江上流を踏査。

「鳥居龍蔵博士と台湾の平埔族」（『乾板に刻まれた世界――鳥居龍蔵の見たアジア』東京大学総合研究資料館）を執筆。

一九九二（平成四）年　八四歳

四月、勲三等旭日中綬章叙勲。

同月、柳田国男記念伊那民俗学研究総会において「民俗学・考古学の世界」という題で講演。

一〇月、復帰二〇周年記念沖縄研究国際シンポジウム沖縄大会において、「先史時代の琉球――東中国海の道に探る」という演題で講演。

一一月、中国貴州省凱里市における国際百越会議に劉茂源と参加。その後、福建省博物館において「日本近代における考古学研究の発達と文化財行政の展開」という題で講演。

『日本文化の古層――列島の地理的位相と民族文化』（第一書房）刊行。

『北の道　南の道――日本文化と海上の道』（第一書房）刊行。

「種子島広田遺跡上層の貝符の彫文をめぐる問題 ― 新田栄治教授の批判に答えて」（「古代文化」第四四巻四号、古代学協会）を執筆。

R・P・ホムメル『中国手工業誌』（翻訳、法政大学出版局）刊行

一九九三（平成五）年　八五歳

一〇月、学習院大学東洋文化研究所主催「アジア稲作民の民俗と芸能」フォーラムにおいて「アジア稲作民の道」という題で講演。

「種子島広田遺跡出土の貝符の『山』字彫刻をめぐって ― 中園聡氏の批判に答えて」（「古代文化」第四五巻一二号、古代学協会）を執筆。

一九九四（平成六）年　八六歳

四月、第四回南方熊楠賞受賞。和歌山県田辺市において授賞式と記念講演「古代の鳥霊信仰 ― 穀作の道からみた」が行われる。翌年、同題名で『南方熊楠受賞者記念講演記録集』（田辺市・南方熊楠邸保存顕彰会）が刊行。

六月、南方熊楠賞受賞の祝賀会が下関市火の山で行われる。

「アジア稲作文化の道 ― わが古層の稲作をめぐる民俗とのかかわり」（諏訪春雄・川村湊編『アジア稲作民の民俗と芸能』雄山閣）を執筆。

「鳥居龍蔵先生與平埔族」（『鳥居龍蔵眼中的台湾原住民族跨越世系中的影像』中華民国台湾原住民博物館）を執筆。

「日本民俗学の回顧と展望 ― 民俗学と考古学」（「日本民俗学」二〇〇号、日本民俗学会）を執筆。

一九九五（平成七）年　八七歳

九月、中華民国国師創校一〇〇周年記念学術講演会の招聘により、梅光女学院大学教授劉茂源らと台湾を訪問。国立台北師範学校で「日據時代の台湾教会回想 ― 台湾教学一〇〇周年の行事に際して」、実践設計管理学院において「台湾文化史のパイオニア連雅堂先生と伊能嘉矩先生」という演題で講演。合間に澎湖島などを訪れる。

一〇月、東京で「國分直一先生の米寿を祝う会」が催される。

『東アジア地中海の道』（慶友社）刊行。

一九九六（平成八）年　八八歳

三月、「地域文化研究一一 ― 國分直一教授米寿記念など」（梅光女学院大学）刊行。

同月、『蒼海を駆る ― 國分直一先生の軌跡』（熊本大学文学部考古学研究室）刊行。

四月、「國分直一先生の米寿を祝う会」が山口市で開催。

六月、劉茂源編『國分直一博士米寿記念論文集　ヒト・モノ・コトバの人類学』（慶友社）刊行。

「二誌回想 ― 『民俗台湾』と『えとのす』の運動」（『蒼海を駆る ― 國分直一先生の軌跡』熊本大学考古学研究室）を執筆。

一九九七（平成九）年　八九歳

一月、梅光女学院大学において文化人類学の最終講義「民族をめぐる——民族の成立と形成」を行う。

一〇月、卒寿の祝賀会が熊本市で行われる。

『民俗台湾』の運動はなんであったか——川村湊氏の所見をめぐって」（「月刊しにか」第八巻第二号、大修館書店）を執筆。

一九九八（平成一〇）年　九〇歳

五月、日本民族学会第三二回研究大会（九州大学・西南学院大学連合）に参加、懇親会で歓迎の代表スピーチをする。

一〇月、一子夫人死去。

一九九九（平成一一）年　九一歳

一二月、九州大学で開催された恒例の九州考古学会に参加。同月、自転車で転倒、骨折し入院。以後、療養生活を余儀なくされる。

同年末、「赤坂憲雄著『柳田國男と沖縄』なる論考（「沖縄文化」第三四巻一号、一九九八年）にはさまれた誤った情報によると見られる記事について」を執筆（未発表）。

二〇〇〇（平成一二）年　九二歳

六月、奈良県天理大学で行われた天理台湾学会で講演。これが最後の学会参加、講演となる。

二〇〇一（平成一三）年　九三歳

前年の公開講演「國分直一先生にきく」（インタビュアー・金関恕）が「天理臺灣學會年報」第一〇号（天理台湾学会）に収録される。

二〇〇三（平成一五）年　九五歳

種子島広田遺跡の報告書「調査の経緯と概要」（盛園尚孝との共著。広田遺跡学術調査研究会編『種子島　廣田遺跡』鹿児島県立歴史資料センター黎明館）を執筆。

二〇〇五（平成一七）年　九六歳

一月一一日、死去。一三日、山口市典礼会館において葬儀が行われ、盛大に見送られる。

この略年譜は、一九〇八—一九八〇年を甲元眞之「國分直一博士著作目録」、「國分直一博士略年譜」（『國分直一博士古希記念論集　日本民族文化とその周辺』新日本教育図書、一九八〇年）から、一九八一—一九九五年を甲元眞之・木下尚子「國分直一先生著作ならびに研究活動年譜」（『國分直一先生米寿記念論文集　ヒト・モノ・コトバの人類学』慶友社、一九九六年）から抜粋・改編して補足し、それ以後を追加したものであるが、國分先生のご活躍は多年、多岐にわたるのでかなり割愛させていただいた。なお、文中の敬称は略した。

（略年譜の文責は平川敬治に帰す）

あとがき

この本は、わたしたちが敬愛してやまない國分直一先生の自伝的な語りの集成です。

國分先生の七〇年にわたる東アジア全体の考古学・人類学・民族学・民俗学研究の出発点となった台湾時代のことや、その魅力的なお人柄については、國分先生の生涯の師であった金関丈夫先生の令息である金関恕先生が序文で書いてくださいました。

そこで、ここでは、この本が生まれたいきさつを簡単にご紹介しておきます。

わたしたちが國分先生の自伝の魅力に本格的に触れたのは、一九九〇年のことでした。日本民族学会（現在の日本文化人類学会）が、学会の長老の語りを収録しようという「映像記録プロジェクト」を提案しました。編者のひとりの安渓遊地（現在山口県立大学教授）は、國分先生の映像記録を作成することを計画して、学会に申し出ました。先生は、収録に同意してくださり、一九九〇年一一月に、山口市内のホテルでのビデオ収録が実現しました。その時、聞き手として、國分先生との六〇年にわたる師弟関係におありの劉茂源先生（当時梅光女学院大学教授）を始めとして、多くの方々のご援助を受けました。

ビデオ収録は、プロに依頼してテレビ放映も可能な画質のものとしましたので、学会の予算では足りず、学会員のみなさんからの浄財を加えて、合計約八時間におよぶ先生の語りが完成しました。学会には、台湾における学問的研究や交流の部分を中心に編集した「國分直一教授に聞く」という作品を提出し、先生の幼年期のお話や、京都・沖縄・山口でのご経験については、「國分先生のとっておきの話」として別の作品としました。

このビデオ収録のためのシナリオづくりの中で、戦後台湾に残った日本人研究者たちの間で作成し、回覧された膨大な「同人回覧雑誌」を見せていただくことができました。その中で、國分先生は「自伝的フィクションです」とことわって、「幼年時代」を皮切りに、「きぬごし豆腐のよう」だと同人に歓迎された筆で次々に紙面を飾っておられました。

この本は、その「同人回覧雑誌」に載せられたものを中心に、國分直一先生の半生についての自伝的語りを第一部としています。そして、それから約四五年を経たビデオ収録時の先生の語りを、ビデオからのテープおこしによって付け加えて第二部としました。

「國分先生のとっておきの話」からのテープおこしは、安渓大慧、伊東尚美、平川敬康のお三方にお願いしました。学会に納めた「國分直一教授に聞く」については、中生勝美氏（大阪市立大学）がテープおこしをされたものの一部を収録させていただくことができました。ご協力に感謝します。

國分先生は、ご自分の学問的な歩みの集大成として、浩瀚《こうかん》な学問的自伝『閉塞の時代を超えて』の執筆を準備しておられました。その骨子は、いつも授業で語られていたように「自由な学問研究を許さないような政治的状況におかれた苦しみを、若いみなさんが二度と味わうことがあってはならない」というメッセージでしたが、先生のご病気のために完成を見なかったことは、かえすがえすも残念なことでした。この本に収録された自伝的な語りのうち、台湾時代に発表された文章を、はにかみ屋の國分先生は「自伝的フィクションです」と語られましたが、まぎれもないドキュメンタリーです。ただし、発表された当時のものを安渓遊地と安渓貴子がワープロ入力し一冊にまとめたものについて、あらためて先生の目を通していただき、一部今日では不適切と思われるところなどを中心に若干の補訂を施していただきました。また本書への収録に当たっては、適宜ふりがなや句読点を補い、誤字は訂正しました。

一九八〇年代の終わりに國分先生や劉先生とともに訪れた西表島や石垣島の訪問記や、猫をかわいがっておられた一子夫人との団欒のひとときなど、編者にとって思い起こされることは多いのですが、そうしたこの自伝には収録されていない思い出については、あらためて文集のようなものを編むことを期したいと思います。

國分先生の台湾時代の教え子で、その後来日され、熊本大学、九州大学で中国考古学研究を深められ、九州大学で学位を授与された後、梅光学院大学で教鞭をとられてきた劉茂源先生が、國分先生逝去の悲しみも消えないで、二〇〇五年四月に、先生の後を追うように他界されてしまいました。お二人は実に六〇年以上にわたるお付き合いで、この本に収録した語りでもわかるように、いつでもうち解けた暖かい雰囲気を醸し出し、そばにいる私たちを和ませてくださいました。本来なら、この本の編集を指揮してくださったに違いない劉先生、今ごろは、彼岸の世界でゆっくりと國分先生と語り合われておられることでしょう。

ご遺族の伊藤圭一さんは、國分先生の写真などの貴重な資料を提供してくださいました。

出版にあたっては、およそ二〇年前に國分先生が自伝の執筆を約束されていた、福岡市の海鳥社にお願いすることができました。國分先生のハガキを机の前に貼り付けて、今日の日まで辛抱強く待ってくださった西俊明社長と、編集にあたられた杉本雅子さんの御労苦を多といたします。

編者のひとり、平川敬治（現在日本文化人類学会会員）は、國分先生の晩年、よく先生のおともをして学会に参加させていただくという機会を得ました。車中で、また宿舎で問わず語りに話される、先生の「三つの夢」をお聞きしたものでした。

一つには、何としても国立考古学博物館を設けたい。

二つめは、先生の長年のライフワークであった考古学と民族学の手法を統合した、東シナ海を巡る総合的先史学を構築して世に問いたい。

そして最後に、考古学や民族学をめざす若い人たちに、夢のある学問の世界の魅力をいきいきと伝えることができるような本を作りたい。

少年のような情熱で熱く語り続けられた國分先生のお姿が、ありありと思い起こされます。わたしたちは、國分直一先生の人と学問に魅了された多くの人たちとともに、永遠の青年であった國分直一先生の夢を夢のままに終わらせることなく、できる限りの努力をそれぞれの場で続けていくことを先生の御霊前にお誓いしたいと思っています。

二〇〇五年一二月

安渓遊地
平川敬治

安渓遊地（あんけい・ゆうじ）
1951年生まれ。京都大学理学博士。人と自然の人類学専攻。1974年から妻・貴子と西表島の人と自然を研究。1982年，近所に転居したことから國分先生との交流が始まる。現在，山口県立大学国際文化学部教授。フィールドは西表島を始めとする琉球弧の島々と熱帯アフリカ。
ＨＰアドレス http://ankei.jp　e-mail ankei@fis.ypu.jp

平川敬治（ひらかわ・けいじ）
1955年生まれ。九州大学大学教育研究センター講師などを歴任。民族学，考古学，地理学を専攻し，民族考古学，比較文化史に興味を抱く。1990年以降はイスラエル・ガリラヤ湖畔にて発掘調査に従事。國分先生の「現代に生きる鹿野忠雄ですね」という言葉に励まされ，今日に至る。著書に『考古学による日本歴史』（共著，雄山閣出版，1996年），『カミと食と生業の文化誌』（創文社，2001年）など。

遠《とお》い空《そら》―― 國分直一《こくぶなおいち》，人《ひと》と学問《がくもん》
■
2006年3月16日　第1刷発行
■
編者　安渓遊地
平川敬治
発行者　西　俊明
発行所　有限会社海鳥社
〒810-0074　福岡市中央区大手門3丁目6番13号
電話092(771)0132　FAX092(771)2546
印刷・製本　大村印刷株式会社
ISBN 4-87415-567-7
http://www.kaichosha-f.co.jp
［定価は表紙カバーに表示］